Letzte Tage
Die Łódzer Getto-Chronik
Juni/Juli 1944

Schriftenreihe zur Łódzer Getto-Chronik
Herausgegeben von der
Arbeitsstelle Holocaustliteratur (Universität Gießen)
und dem Staatsarchiv Łódź

Letzte Tage
Die Łódzer Getto-Chronik
Juni/Juli 1944

Herausgegeben von
Sascha Feuchert, Erwin Leibfried,
Jörg Riecke sowie Julian Baranowski und
Krystyna Radziszewska

WALLSTEIN VERLAG

Die Edition der Łódzer Getto-Chronik
wird von der Deutschen Forschungsgemeinschaft gefördert.

Die Drucklegung dieses Werkes wurde durch großzügige Zuwendungen
des Auswärtigen Amtes
und der Ernst-Ludwig Chambré-Stiftung zu Lich
ermöglicht.

Bibliografische Information Der Deutschen Bibliothek
Die Deutsche Bibliothek verzeichnet diese Publikation in der
Deutschen Nationalbibliografie; detaillierte bibliografische Daten
sind im Internet über http://dnb.ddb.de abrufbar.

© Wallstein Verlag, Göttingen 2004
www.wallstein-verlag.de
Vom Verlag gesetzt aus der Sabon
Umschlag: Susanne Gerhards, Düsseldorf
Unter Verwendung zweier Fotografien.
Vorderseite: Jüdisches Museum Frankfurt am Main.
Die Aufnahme zeigt einen Deportationszug,
der im Mai 1942 in das Vernichtungslager Chełmno fuhr.
Rückseite: United States Holocaust Memorial Museum,
courtesy of National Archives.
Druck: Hubert & Co., Göttingen
ISBN 3-89244-801-9

Inhalt

SASCHA FEUCHERT
   Einleitung 7

JÖRG RIECKE
   Die Sprache der »Chronik«. Schreiben im Angesicht des Todes 43

   Zur Textgestaltung. Editorische Notiz 54
   Danksagung. 58
   Literaturverzeichnis. 59

Tageschronik
   Juni/Juli 1944 63

   Chronologie zur Geschichte des Gettos Łódź/Litzmannstadt 219
   Liste der Straßennamen im Łódzer Getto 229
   Abbildungen 233

Sascha Feuchert

Einleitung

60 Jahre sind vergangen, seitdem das Getto Łódź/Litzmannstadt aufgelöst wurde und die damals noch im Getto verbliebenen 76.000 Menschen nach Chełmno, jenem Vernichtungslager nur 55 Kilometer von Łódź entfernt, und nach Auschwitz-Birkenau verschleppt wurden. 60 Jahre, in denen wir viel gelernt haben über das Leben in diesem »Krepierwinkel Europas« (Oskar Rosenfeld), in denen zahlreiche Erinnerungsberichte und zeitgenössische Tagebücher publiziert wurden, die uns tiefe Einblicke gestatten in eine Existenz jenseits humaner Lebensbedingungen. Und doch: Łódź blieb – ganz anders als Warschau – auch ein Getto am Rand, eines, dessen Geschichte man weniger intensiv erforscht, dessen Geschichten man seltener erzählte. Erst seit einigen wenigen Jahren ändert sich das – und auch das Jahr 2004 markiert einen weiteren deutlichen Wendepunkt. Erstmals widmen sich Wissenschaftler in einem großen, international besetzten Symposium vor Ort dem Getto Łódź, erstmals gedenkt die Stadt, deren Namen mit dem zweitgrößten nationalsozialistischen Getto auf polnischem Gebiet verbunden ist, der zahllosen Opfer in großen öffentlichen Gedenkveranstaltungen, unter Beteiligung zahlreicher Überlebender. Das Getto kehrt auch in das Bewusstsein der Łódzer Bürger zurück. Vorbei scheinen die Zeiten, in denen, wenn man als unbedarfter Besucher von Łódź Passanten nach dem ehemaligen Gettogebiet befragte, nur ein Schulterzucken zur Antwort bekam. Und auch die vergebliche Suche nach Hinweistafeln an ehemaligen Gettogebäuden oder historischen Orten der nationalsozialistischen Vernichtungspolitik scheint bald der Vergangenheit anzugehören.[1]

Es gab und gibt viele Gründe, warum das Getto Łódź lange Zeit abseits eines wissenschaftlichen und öffentlichen *Mainstreams* lag: Es fehlten die großen, symbolischen Widerstandshandlungen, die zur Identifikation hätten einladen können, und an der Spitze der scheinbaren jüdischen Selbstverwaltung stand mit Mordechaj Chaim Rumkowski eine der umstrittensten Figuren in der Geschichte des Holocaust. »Chaim I.« hatte Hannah Arendt ihn in ihrem Essay »Eichmann in Jerusalem. Über die Banalität des Bösen« genannt, und ihn hatte sie vor

---

1 Man verstehe diese Bemerkungen nicht falsch: Hier soll keine Kritik an der Stadt Łódź geübt, sondern ein allgemeines Datum notiert werden, das höchstens auch illustriert, wie Polen – beileibe nicht nur in Łódź – mit der Erinnerungsarbeit an die nationalsozialistischen Verbrechen alleine gelassen wurde. Für den Erhalt solcher Monumente hat sich die Bundesrepublik Deutschland nur sehr zögerlich mit zuständig erklärt.

Augen, als sie die Rolle der Judenräte als das für Juden »zweifellos [...] dunkelste Kapitel in der ganzen dunklen Geschichte«[2] bezeichnete.

In der Behandlung der so genannten Łódzer »Getto-Chronik«, jenem 2.000-seitigen Text, der Tag für Tag alle relevanten Ereignisse im Getto – aus der Perspektive der Verwaltung des »Judenältesten« – festhielt und kommentierte, spiegelt sich als *pars pro toto* die generelle Auseinandersetzung mit dem Łódzer Getto wider: Trotz ihrer unbestreitbaren historischen – und literarischen – Bedeutung wurde die »Chronik« bislang niemals in Gänze in ihren Originalsprachen Polnisch und Deutsch veröffentlicht.[3] Ein polnischer Editionsversuch blieb nach zwei Bänden Mitte der 1960er Jahre stecken, die Editoren gerieten in die Mühlen der alle gesellschaftlichen Bereiche ergreifenden antisemitischen Unruhen in Polen.[4] Einer der Herausgeber, Lucjan Dobroszycki, konnte seine Arbeit freilich in Amerika fortsetzen. Doch entschied er sich – der Interessenlage angemessen – für eine Kurzausgabe in englischer Übersetzung[5]: Nur rund ein Viertel des Chroniktextes wurde von ihm publiziert, den er zudem häufig bearbeitete und an verschiedenen Stellen sogar neu arrangierte.[6] Wissenschaftlicher Konsens wurde, dass die »Chronik« ein Oberklassentext sei, der nicht die »tatsächliche Geschichte« des Gettos wiedergebe und »die Lebensumstände der Juden [ignoriere], die keine offizielle Funktion im Ghetto wahrnahmen«.[7]

All dies ist selbstverständlich nicht falsch – und greift doch auch zu kurz. Seit einigen Jahren gibt es, wie für das Getto insgesamt, ein größeres Interesse für die »Chronik«: Die Arbeiten der Gießen-Łódzer Arbeitsgruppe, die die vorliegende Ausgabe der Monate Juni/Juli 1944 bearbeitet hat und zudem eine Gesamtausgabe der Chronik in ihren Originalsprachen bis 2006 in Angriff nimmt, sind dafür nur ein Beleg.[8] Seither wandelt sich langsam aber sicher die Interpretation

---

2 Hannah Arendt: »Eichmann in Jerusalem. Ein Bericht von der Banalität des Bösen«. München 1986. S. 153.
3 Allerdings ist bereits eine vierbändige hebräische Ausgabe ab 1987 in kleiner Auflage erschienen.
4 Danuta Dąbrowska/Lucjan Dobroszycki (Hgg.): »Kronika getta Lódzkiego« (2 Bde.). Łódź 1965 f.
5 Lucjan Dobroczycki (Hg.): »The Chronicle of the Łódź Ghetto 1941-1944«. New Haven/London 1984.
6 Es ist bislang unterblieben, Dobroszyckis Editions- und Übersetzungsarbeit einer kritischen Analyse zu unterziehen. Vielfach z. B. kürzte der Herausgeber nämlich auch einzelne Tageseinträge und trägt damit nicht unerheblich zu einer Verzerrung der Darstellungen bei.
7 Israel Gutman (Hg.): »Enzyklopädie des Holocaust: Die Verfolgung und Ermordung der europäischen Juden«. München u. a. 1990. S. 900.
8 Das Editionsprojekt, das großzügig durch die Deutsche Forschungsgemeinschaft und die Ernst-Ludwig Chambré-Stiftung zu Lich gefördert wird, ist auch integraler Bestandteil der nunmehr seit über 25 Jahren existierenden Universitätspartnerschaft zwischen

der Łódzer »Getto-Chronik«. Sie wird immer stärker wahrgenommen als vielschichtiger Text, der trotz aller Beschränkungen ein beredtes Zeugnis ablegt von der Leidensgeschichte einer jüdischen Gemeinschaft und dabei gleichzeitig explizit und implizit die Konsequenzen der Politik Rumkowskis illustriert: Die Archiv-Mitarbeiter waren zur selben Zeit Beobachter und Angehörige der jüdischen Administrative.

Um die »Chronik« in ihrer Bedeutung und ihren Grenzen angemessen verstehen zu können, bedarf es auch in einer solchen Kurzausgabe eines etwas umfangreicheren Einleitungsteils, der versucht, die Arbeit der Chronik-Autoren im Gesamtgeschehen zu verorten. Dies soll nun nachfolgend geschehen: In einem ersten Teil wird die Geschichte des Łódzer Gettos schlaglichtartig beleuchtet, sodann wird die Entwicklung des Archivs – als Teil mehrerer Einrichtungen, die dem »Judenältesten« zur Dokumentation des Geschehens und der eigenen Politik dienten – geschildert, ehe im abschließenden Teil jene drei Autoren vorgestellt werden, die fast alleine für die Gestaltung der letzten beiden Monate der »Chronik« verantwortlich zeichneten: Dr. Oskar Singer, Dr. Oskar Rosenfeld und Dr. Peter Wertheimer.

Das Łódzer Getto

Nur sieben Tage nachdem Hitlers Armeen Polen überfallen und damit den Zweiten Weltkrieg begonnen hatten, erreichte die Wehrmacht am 8.9.1939 um 11.30 Uhr Łódź.[9] Das bis dahin größte polnische Textilzentrum war von nun an eine besetzte Stadt. Die trügerische Ruhe des ersten Tages unter deutscher Herrschaft hielt nicht lange an, und auch die offen gezeigte Freude der deutschen Bevölkerung von Łódź sollte nicht harmlos bleiben: Schon bald wurden weit reichende antijüdische Vorschriften und Gesetze erlassen, die zum Ziel hatten, die Juden aus dem öffentlichen Leben zu entfernen und völlig zu isolieren. So wurde etwa am 14.11.1939 angeordnet, dass Juden gelbe Armbinden zu tragen hatten.[10] Noch am selben Tag verfügte der Stadtkommissar von Łódź, dass alle Geschäfte umgehend die Schaufenster in Augenhöhe mit einem Schild versehen mussten, auf dem ersichtlich war, ob der Geschäftsinhaber Deutscher, Pole oder Jude sei.

Gießen und Łódź. Am 30. April 2000 wurde zwischen den beiden Universitäten und dem Staatsarchiv Łódź anlässlich des 60. Jahrestages der Schließung des Gettos ein entsprechender Vertrag geschlossen.

9 Vgl. Josef Wulf: »Lodz. Das letzte Ghetto auf polnischem Boden« (»Schriftenreihe der Bundeszentrale für Heimatdienst«, Heft 59). Bonn 1962. S. 7.

10 Am 11.12.1939 wurde verfügt, dass Juden auf der rechten Brust- und Rückenseite einen gelben Stern zu tragen hatten.

Diese Verordnungen bildeten freilich nur die Spitze des Eisbergs. Der Terror verschlimmerte sich praktisch täglich: Den Juden wurde verboten, auf der Piotrkowska, der längsten Einkaufsstraße von Łódź, spazieren zu gehen, in den Parks zu wandern oder ein Auto zu führen.[11] Bereits am 18.9.1939 hatte der Leiter der Zivilverwaltung bei der 8. Armee verfügt, dass Juden maximal 2.000 Złoty Bargeld besitzen durften, ihre Bankkonten wurden gesperrt. Und nur einen Tag später wurde es der jüdischen Bevölkerung untersagt, mit Textilien oder mit Leder zu handeln. Da die meisten Łódzer Juden in diesen Branchen tätig waren, wurde ihnen so über Nacht jegliche Existenzgrundlage genommen. Darüber hinaus wurde den Juden systematisch ihr Eigentum entzogen: In den ersten Tagen der Okkupation kam es zu »wildem« Raub, bei dem Militär- und Polizeitruppen in Wohnungen von Juden eindrangen, unter dem Vorwand, Waffen zu suchen, dabei aber alle Wertgegenstände stahlen. Am Ende dieser »Durchsuchungen« kam es oft zu schweren körperlichen Misshandlungen der anwesenden Bewohner. Nicht wenige Łódzer Deutsche beteiligten sich an diesen Aktionen, indem sie die Soldaten auf Wohnungen und Geschäfte der besser situierten Juden hinwiesen oder sie auch selbst besetzten.

Zudem gab es gezielte Übergriffe gegen jüdische Gewerkschaften und gesellschaftlich-politische Organisationen: SS- und Polizeitruppen begannen nach vorher angefertigten Listen, jüdische Intellektuelle und politische Funktionäre in ein eilig hergerichtetes Konzentrationslager in einer Vorort-Fabrik (Radegast) zu sperren. Die Gefangenen wurden grausam gefoltert und anschließend entweder erschossen oder in die Konzentrationslager Dachau und Mauthausen weiter deportiert. Die blutigen Übergriffe gingen immer weiter: Am 2.11.1939 erschossen die Nazis 15 jüdische Intellektuelle und gesellschaftlich-politische Funktionäre im Wald von Lagiewniki; sie waren am Vortage im Cafe »Astoria« verhaftet worden. Am 9.11.1939 kam es zur ersten öffentlichen Hinrichtung: Ein jüdischer und zwei nichtjüdische Polen wurden erhängt. Die Leichen ließ man einige Tage zur Abschreckung am Galgen hängen.

Zu den frühen Terrormaßnahmen gehörte auch, dass die jüdischen Bewohner von Łódź zu – oft wenig sinnvollen – Arbeitseinsätzen herangezogen wurden. Der Beginn dieser Zwangsarbeit lässt sich auf den 13.10.1939 datieren, als sich der Leiter der Zivilverwaltung bei der deutschen Wehrmacht, von Graushaar, in einem Schreiben an das Rabbinat von Łódź wandte. Täglich sollten 600 männliche jüdische Arbeitskräfte ab 7.30 Uhr zur Verfügung stehen. Damit war es

---

11 Vgl. dazu und zum Folgenden besonders: Julian Baranowski: »Zur Vorgeschichte und Geschichte des Gettos Lodz«. In: Oskar Singer: »›Im Eilschritt durch den Gettotag ...‹ Reportagen und Essays aus dem Getto Lodz«. Hgg. v. Sascha Feuchert, Erwin Leibfried, Jörg Riecke sowie Julian Baranowski, Krystyna Radziszewska und Krzysztof Woźniak. Berlin 2002. S. 245-265. Hier: S. 249 f.

allerdings nicht getan: Immer öfter wurden von den Besatzern auf offener Straße jüdische Menschen zusammengetrieben oder aus ihren Wohnungen geholt, damit sie für die Deutschen zu arbeiten.

Am selben Tag, an dem sich von Graushaar schriftlich an das Rabbinat wandte, lösten die deutschen Besatzer den jüdischen Gemeinderat auf und ernannten einen Judenrat,[12] zu dessen Vorsitzenden sie den Versicherungsagenten und ehemaligen Direktor eines Waisenhauses, Mordechaj Chaim Rumkowski[13], bestimmten, der schon vor dem Krieg Mitglied der Gemeindeleitung gewesen war – freilich in weniger wichtigen Positionen.[14] Rumkowski und sein 31-köpfiger Judenrat bemühten sich in der Folge besonders, den wilden Straßenszenen und den barbarischen Arbeitseinsätzen Einhalt zu gebieten, indem sie mit den neuen Herrschern ein kontrollierbares System aushandelten – doch vergeblich. Weiterhin kam es zu den beschriebenen Terrorakten. Auch der neue Judenrat durfte sich seines Lebens nicht sicher sein: Am 10.11.1939 gingen in Łódź nicht nur die Synagogen in Flammen auf – in den darauf folgenden Tagen wurde der gesamte Judenrat verhaftet und die meisten seiner Mitglieder wurden brutal ermordet. Rumkowski überlebte die Misshandlungen und musste in der Folge einen neuen Rat benennen.

12 Die Rolle der Judenräte im Prozess der Vernichtung ist seit langem Gegenstand einer intensiven und zum Teil sehr polemisch geführten Debatte, die ihren entscheidenden Impuls von Hannah Arendts Betrachtungen in »Eichmann in Jerusalem« erhielt. Die bislang fundierteste Studie über die Judenräte legte Isaiah Trunk vor: »Judenrat. The Jewish Councils in Eastern Europe under Nazi Occupation«. Lincoln 1996 [erste Auflage: 1972]. Zur Judenratsproblematik vgl. aber auch besonders: Dan Diner: »Die Perspektive des ›Judenrates‹. Zur universellen Bedeutung einer partikularen Erfahrung«. In: Doron Kiesel/Cilly Kugelmann/Hanno Loewy/Dietrich Neuhauß (Hgg.): »›Wer zum Leben, wer zum Tod …‹. Strategien jüdischen Überlebens im Ghetto«. Frankfurt/New York 1992. S. 11-35. Und: Dan Michman: »Die Historiographie der Shoah aus jüdischer Sicht. Konzeptualisierung. Terminologie. Anschauungen. Grundfragen«. Hamburg 2002. V. a. S. 104-177.
13 Zu Rumkowski vgl. Endnote 41 (Juni 1944).
14 Um diese Ernennung von Rumkowski ranken sich zahlreiche Legenden, die vor allem in den Erinnerungsberichten von Überlebenden orchestriert werden. Lucille Eichengreen schildert in einem ihrer autobiographischen Berichte die gängigste Variante: »Eines Morgens stürzten die Deutschen in das jüdische Gemeindehaus und zeigten aufs Geradewohl auf einen grauhaarigen Mann mit leicht hängenden Schultern: ›Du bist der Älteste der Juden in Litzmannstadt.‹ Alle waren sprachlos. Die Wahl der Deutschen für den Vorsteher des Judenrates war auf Rumkowski gefallen.« (Lucille Eichengreen: »Rumkowski, der Judenälteste von Lodz. Autobiographischer Bericht«. Hamburg 2000. S. 30) Bei aller Wahrscheinlichkeit enthält diese Schilderung dennoch eine kleine Ungenauigkeit, da Łódź erst nach der Ernennung Rumkowskis in Litzmannstadt umbenannt wurde (vgl. weiter unten).

Eine wesentliche Verschärfung der Terror-Politik bedeutete auch die Tatsache, dass Łódź am 9.11.1939 in das Reich eingegliedert wurde. Die von der Wehrmacht besetzten polnischen Gebiete wurden damals in zwei Teile getrennt: Während die polnischen Westgebiete an das Reich angeschlossen wurden[15] – so auch das so genannte Wartheland, zu dem Łódź schließlich gehören sollte –, wurde der Rest zum Generalgouvernement zusammengefasst. Die integrierten Reichsgebiete sollten nun radikal »verdeutscht« werden – eine massive Umsiedlungspolitik begann, die v. a. zum Ziel hatte, alle Juden aus den neuen Ostteilen des Reiches ins Generalgouvernement zu deportieren. Von Rumkowski verlangte man im November 1939, eine Liste mit 50.000 Namen zu erstellen, die zur Deportation vorgesehen waren. Bei den Aussiedlungen, in deren Verlauf rund 40.000 Łódzer Juden ins Generalgouvernement verschleppt bzw. auch in die Sowjetunion ausgewiesen wurden oder selbst dorthin flohen, gab es zahlreiche Tote. Die Deportationen dauerten bis Februar 1940 an; ihr Ziel war meist der Süden des Generalgouvernements. Hans Frank, Generalgouverneur in Rest-Polen, hatte freilich andere Pläne: Auch er wollte ein »judenfreies« Herrschaftsgebiet und verlangte – schließlich mit Erfolg –, dass die Deportationen ins Generalgouvernement gestoppt werden müssten.

Für die Behörden des Warthegaus bedeutete dies, dass sie zu anderen Maßnahmen greifen mussten, wollten sie ihre angebliche »Judenfrage« lokal mindestens ansatzweise »lösen«. Bezug nehmend auf ein geheimes Rundschreiben von Reinhard Heydrich – zu dieser Zeit zuständig für die Einsatzgruppen –, das neben der Aussiedlung der Juden auch ihre Konzentrierung vorsah, fasste man im Regierungspräsidium Kalisch den Plan, in Łódź ein Getto einzurichten. Am 10.12.1939 wandte sich der zuständige Regierungspräsident, Friedrich Uebelhoer[16], in einem »geheimen« und »streng vertraulichen« Rundschreiben an alle Partei- und Polizeibehörden sowie an alle Wirtschaftsverwaltungsstellen des Warthegaus. Dieses Rundschreiben war bereits außerordentlich präzise und

---

15 Dies geschah am 7.10.1939. Łódź folgte, wie erwähnt, erst vier Wochen später.
16 Friedrich Uebelhoer (1893 - vermutl. 1945) gehörte 1919 dem »Freikorps Lettow-Vorbeck« an, danach studierte er einige Semester Jura ohne Abschluss. 1925 trat er der NSDAP bei, in der er eine steile Karriere machte. 1933 wurde er Mitglied des Reichstages, zwei Jahre später trat er der SS bei, in der er es bis zum SS-Brigadeführer (vergleichbar einem Generalmajor) brachte. 1940 wurde er Gauinspektor im Gau Wartheland, bis 1942 blieb er Regierungspräsident von Kalisch/Litzmannstadt. Im Rahmen mehrerer Strafverfahren nach dem Krieg wurde nach ihm erfolglos gefahndet; man nimmt an, dass er 1945 zu Tode kam. Gemutmaßt wurde, dass er sich kurz nach dem Krieg in amerikanischer Gefangenschaft mit gefälschten Papieren befand. Vgl. zu Uebelhoer und zu den anderen Tätern auch: Ernst Klee: »Das Personenlexikon zum Dritten Reich. Wer war was vor und nach 1945«. Frankfurt 2003, hier v. a. S. 633.

machte auch Vorschläge hinsichtlich der Funktionen des Judenrates im neu zu gründenden Getto – er sollte wesentlich zur Vereinfachung der Verwaltung durch die Deutschen beitragen. Uebelhoer schwebten sechs Referate vor, die vom Judenrat zu gründen und zu verwalten seien: Ernährung, Gesundheitswesen, Sicherheit, Buchhaltung, Wohnungsamt und Meldewesen. Darüber hinaus sollten von dieser jüdischen Getto-Administrative Gemeinschaftsküchen unterhalten, die von der Stadtverwaltung Łódź gelieferten Brennstoffe verteilt und schließlich die Lebensmittelausgabe im Getto organisiert werden. Nach Uebelhoers Vorstellungen sollte die jüdische Administrative auch Ärzte requirieren und Apotheken einrichten, Krankenhäuser bereitstellen und für Trinkwasser sorgen. Wichtig war Uebelhoer natürlich auch die Eintreibung der nötigen Finanzmittel – das Getto sollte selbstverständlich für seine Verpflegung und das Brennmaterial selbst zahlen. Letztlich sah der Uebelhoer-Plan auch die Einberufung eines jüdischen Ordnungsdiensts und einer Feuerwehr vor. Bei aller Detailverliebtheit dieses Rundschreibens verlor Uebelhoer nicht aus den Augen, dass die Bildung eines Gettos in Łódź nur eine Übergangsmaßnahme sein sollte. Sein Rundschreiben schließt daher – gemäß der irrsinnigen Rassenpolitik – folgerichtig: »Zu welchen Zeitpunkten und mit welchen Mitteln das Ghetto und damit die Stadt Lodsch von Juden gesäubert wird, behalte ich mir vor. Endziel muss jedenfalls sein, dass wir diese Pestbeule restlos ausbrennen.«[17] Was dies freilich bedeuten sollte, blieb vorerst ungeklärt – nicht einmal die Nazis wussten zu diesem Zeitpunkt genau, wie die »Endlösung« aussehen sollte. Vorläufig begnügte man sich mit der skizzierten Übergangslösung. Am 8.2.1940 erließ der Łódźer Polizeipräsident, SS-Brigadeführer Johannes Schäfer[18], eine entsprechende Verordnung, die vorsah, dass alle Łódźer Juden in das neu gebildete, rund 4,13 km² große Gettogebiet umziehen mussten. Das »Wohngebiet der Juden«, wie es im Amtsjargon hieß, umfasste hauptsächlich das ehemalige Armenviertel Bałuty und die Altstadt. In diesem Gebiet gab es rund 2.500 Häuser mit insgesamt ca. 31.000 Zimmern. Kaum eines der überwiegend nur aus Holz erbauten Häuser verfügte über fließendes Wasser oder einen Anschluss an die Kanalisation. 1942 wurde das Gettogebiet sogar auf 3,82 km² verkleinert; 42.587 Menschen pferchte man dann auf 1 km² zusammen. In einem Raum waren nunmehr sechs bis sieben Personen untergebracht.

Kurz nach Einrichtung des Gettos wurde ein Ordnungsdienst gebildet, der ab sofort die Polizeiaufgaben innerhalb des Gettos übernahm. Und: Rumkowski

---

17 Hier zitiert nach Hanno Loewy/Gerhard Schoenberner (Red.): »›Unser einziger Weg ist Arbeit‹. Das Getto in Łódź 1940-1944«. Wien 1990. S. 152-154. Hier: 154.
18 Johannes Schäfer (1903-1993), SS-Brigadeführer, war vom 29.11.1939 bis August 1940 Polizeipräsident von Łódź. Nach dem Krieg lebte er als Kaufmann in Köln. Vgl. Klee, »Personenlexikon«, S. 524, und die Erinnerungen von Schäfers Tochter Inge-

schlug erstmals in einem Schreiben an die Besatzer vor, dass man im Getto Produktionsstätten errichten könnte.

Einige tausend Menschen kamen dem Umzugsbefehl der Deutschen nicht nach und flohen in andere Städte, weil sie Angst hatten, eingesperrt zu werden.[19] Trotzdem waren es über 160.000 Menschen, die ab jetzt im Getto leben mussten. Für sie verschlimmerte sich die Lage dramatisch, als am 30.4.1940 verfügt wurde, dass das Getto ab sofort nicht mehr verlassen werden durfte – eine scharfe Bewachung setzte ein.[20] In Łódź gab es damit das erste von der Außenwelt völlig abgeriegelte Getto im besetzten Polen. In Warschau, Białystok, Lublin oder Krakau wurde die Isolierung in der Folge niemals zu solcher Perfektion getrieben. In Łódź war es durch die fehlende Kanalisation fast unmöglich, das Getto zu verlassen oder einen nennenswerten Schmuggel zu organisieren.

Zu dieser nahezu vollständigen Isolierung des Gettos trug auch die bereits erwähnte massive Umsiedlungspolitik der Nazis bei, deren Ziel eine »Eindeutschung« von Łódź war. Unterstrichen wurden diese Bemühungen noch durch die Umbenennung der Stadt: Łódź wurde am 11.4.1940 auf direkten Befehl Hitlers zu Litzmannstadt.[21] Der Namensgeber, Karl Litzmann, war General im Ersten Weltkrieg und hatte eine wichtige Schlacht bei Łódź gewonnen. Für die NSDAP war er später Abgeordneter und nach 1933 preußischer Staatsrat. Das Getto

burg: Ingeburg Schäfer/Susanne Klockmann: »Mutter mochte Himmler nie. Die Geschichte einer SS-Familie«. Reinbek 1999.
19 Auf die Flucht und die diversen Verzögerungstaktiken antworteten die deutschen Behörden drastisch: In der Nacht vom 6. auf den 7. März 1940 wurden rund 200 Juden in ihren Wohnungen und auf der Straße erschossen. Damit die jüdischen Menschen schließlich dem Befehl zum Umzug nach Bałuty nachkamen, deportierten die Deutschen zunächst einige hundert zwangsweise. Arnold Mostowicz hat in seiner Kurzgeschichte »Ouvertüre« diese Verschleppung eindringlich aus der Sicht des begleitenden Arztes beschrieben. Vgl. Arnold Mostowicz: »Der blinde Maks oder Passierschein durch den Styx«. Berlin 1992. S. 11-22. Diese überstürzten Deportationen dienten aber noch einem anderen Ziel: Bei solchen Umsiedlungsaktionen waren die meisten Menschen gezwungen, ihre Besitztümer zurückzulassen – sie fielen den Deutschen dann in die Hände. Damit waren diese Aktionen integraler Bestandteil ihrer wirtschaftlichen Vernichtung bzw. Ausbeutung.
20 Auf Grund der Verordnung des Polizeipräsidenten von Łódź vom 10.5.1940 waren die eingesetzten Schutzpolizisten berechtigt, von ihrer Schusswaffe jederzeit Gebrauch zu machen, sobald ein Jude irgendeinen Versuch machen sollte, das Getto unerlaubt zu verlassen.
21 Die Umbenennung erfolgte im Rahmen einer großen Festveranstaltung, zu der Gauleiter Arthur Greiser extra nach Łódź reiste. Im Vorfeld wurde über diese neue Namensgebung faktisch nichts bekannt. Noch am 11.4.1940 berichtete die gleichgeschaltete »Lodscher Zeitung« lediglich vom bevorstehenden Besuch des Gauleiters, nichts jedoch über die Umbenennung. Vgl. »Lodscher Zeitung«, 11.4.1940, v. a. S. 1 f.

war in der Folge praktisch umgeben von Feinden: Anders als in Warschau durfte man kaum Solidarität von den unmittelbaren Nachbarn erwarten.[22]

Mit der völligen Isolation des Gettos änderte sich in der Folge natürlich auch die Rolle des Judenrates erheblich. Vor allem aber Rumkowskis Position war nun eine andere: Er alleine war jetzt zuständig für den Kontakt mit den deutschen Behörden. Dies verlieh ihm zum einen eine große Machtfülle innerhalb des Gettos, zum anderen aber war er den Deutschen für alle Vorkommnisse im Getto und die Umsetzung aller ihrer Befehle auch direkt persönlich verantwortlich.[23] Die entstehende jüdische Bürokratie wurde in der Folge von Rumkowski erheblich ausgeweitet, um den neuen Anforderungen Genüge zu tun. Damit war auch ein rasches Ansteigen der Zahl der Verwaltungsangestellten verbunden. Zwischen Februar und Juli 1941 etwa wuchs die Zahl der so Beschäftigten von 550 auf über 7.000 Personen. Diese Posten waren unter der Gettobevölkerung sehr begehrt: Zum einen waren sie körperlich nicht so anstrengend wie viele Arbeiten in den Getto-Fabriken, zum anderen gab es eine höhere Lebensmittelzuweisung. Später schützten solche Verwaltungspositionen auch – zumindest eine Zeit lang – vor Deportationen. Für die Deutschen hatte diese Ausweitung des jüdischen Behördenapparats zur Folge, dass sich ihre eigene Verwaltungsarbeit erheblich verringerte. Und doch wuchs auch der deutsche Behördenapparat rapide an. Das hatte vor allem damit zu tun, dass man immer stärker eine wirtschaftliche Ausbeutung der im Getto gefangenen Arbeitskräfte ins Auge fasste. Maßgeblich war an diesen Plänen der Bremer Kaffee- und Getreidehändler Hans Biebow[24] beteiligt, der ab dem 5. Mai 1940 die Leitung der deutschen Gettoverwaltung übernommen hatte. Auch Biebow wollte – wie alle anderen

---

22 Ein beredtes Zeugnis von der Isolierung des Łódzer Gettos legt u. a. der 1941 von der polnischen Exilregierung veröffentlichte Band »The German New Order in Poland« ab. Keine einzige Abbildung aus Łódź, die das Gettogebiet zeigt – und sei es nur von außen –, ist in dem umfangreichen Bericht enthalten. Die Gettos in Warschau, Krakau und Lublin sind dagegen – nicht nur bildlich – wesentlich besser dokumentiert. Das ist natürlich entscheidend auf die Versorgung mit entsprechenden Nachrichten durch Untergrundkämpfer zurückzuführen. Vgl. »The German New Order in Poland. Published for the Polish Ministry of Information«. London 1941. V. a. S. 236-248. Allerdings, und dieser Umstand verdient notiert zu werden, ist der Untergang der Łódzer jüdischen Gemeinde der erste, dem noch im Verlauf der Ereignisse mit einem Yiskor-Band gedacht wird. Vgl. »Lodzer Yiskor Book. Published by the United Emergency Relief Committee for the City of Lodz«. New York (19.12.) 1943. Den Hinweis auf diese Publikation verdanke ich Dr. Robert Moses Shapiro, Yashiva University, New York.
23 Der Oberbürgermeister von Litzmannstadt machte in seiner Verfügung vom 30.4.1940 Rumkowski u. a. für die Einhaltung der Verfügungen des Polizeipräsidenten persönlich verantwortlich.
24 Zur Person Biebows vgl. auch Endnote 60 (Juni 1944).

auch – an der restlosen Beseitigung der Juden mitwirken, doch begriff er schnell, dass dies zum einen nicht so rasch erreicht werden konnte, wie ursprünglich geplant, und dass man zum anderen erheblich – auch und v. a. persönlich – von den eingesperrten Juden profitieren konnte. Die von ihm wesentlich mit initiierte Entwicklung des Verwaltungssystems für das Łódzer Getto spielte ihm dabei in die Hände: Bürgermeister Dr. Karl Marder[25] sonderte aus dem Wirtschaftsbereich der Stadtverwaltung eine »Ernährungs- und Wirtschaftsstelle Getto« aus, die am 29.10.1940 schließlich zu einer weitgehend selbstständigen Organisationseinheit (Gettoverwaltung) der Stadtverwaltung erhoben wurde und fortan als städtisches Amt direkt nur dem Oberbürgermeister unterstellt war. Zuerst gehörten zu den Aufgaben der Gettoverwaltung vor allem die Versorgung des Gettos mit Nahrungsmitteln und Medikamenten sowie alle Haushaltsangelegenheiten dieses Stadtviertels. Ab Oktober 1940 leitete Biebow auch die schrittweise Umgestaltung des Gettos zu einem in der Folgezeit unentbehrlichen Standort der deutschen Rüstungsindustrie ein. Mit der Erweiterung der Kompetenzen und Aufgaben der Gettoverwaltung begann ihre schnelle Personalentwicklung. Im Mai 1940 gab es dort nur 24 Beschäftigte, Mitte 1942 bereits 216 Beamte, Referenten und Arbeiter. In keinem anderen Getto hatte ein Leiter so viel Macht und Einfluss auf das Schicksal der dort eingesperrten Bevölkerung wie in Łódź. Hans Biebow wurde dank der gewinnbringenden Ausbeutung der Arbeitskraft der Gettoeinwohner seitens der Zentralbehörden und Behörden des Warthegaus erheblich unterstützt. Biebow selbst verstand es, sich zu einer der wichtigsten Personen in der Durchsetzung der antijüdischen Politik im Warthegau zu profilieren. Vor allem wurde er für die deutschen NS-Funktionäre zu einem sehr effizienten »Geschäftspartner«, der allerlei Vergünstigungen bei der Verteilung des geraubten jüdischen Besitzes gewährte. Die Veräußerung von Wertgegenständen aus jüdischem Besitz zu Schleuderpreisen und ein ausgeklügeltes Bestechungssystem vergrößerten stetig den Kreis seiner Gönner. Mit der Zeit gewann er fast die alleinige Macht über das Łódzer Getto. Zu Biebows Strategien der Machterweiterung gehörte auch eine ausgeklügelte Personalplanung. So holte er sich zusehends Unterstützung durch ehemalige Untergebene aus seiner eigenen Bremer Firma – das beste Beispiel für diese Politik ist sicherlich der Kaufmann Friedrich Wilhelm Ribbe[26], mit dem Biebow bereits zuvor zehn Jahre zusammengearbeitet hatte und den er deshalb auch bald zum stellvertretenden Leiter in der Gettoverwaltung aufsteigen ließ. Mit der Ernennung Ribbes war zugleich die Ablösung von Alexander Palfinger[27] verbunden, der sich immer stärker zu

---

25 Zu Dr. Karl Marder liegen keine weiteren Informationen vor.
26 Wilhelm Ribbe (1902-1948) wurde nach dem Krieg nicht mehr zur Rechenschaft gezogen.
27 Zu Alexander Palfinger liegen keine weiteren Angaben vor; er wurde juristisch nach dem Krieg nicht belangt.

einem Rivalen Biebows entwickelt hatte. Palfinger plädierte – anders als sein Chef – für ein rasches Aushungern des Gettos. Er wurde schließlich nach Warschau versetzt, wo seine Strategie »dankbarere« Vorgesetzte fand.

Biebow betrieb in der Folge die Ausplünderung konsequent auf mehreren Ebenen. So legte er die Streitigkeiten mit anderen lokalen Zivil- und Polizeibehörden bei, die ebenfalls vom Getto profitieren wollten. Vor allem die Kripo[28] galt es ruhig zu stellen, denn diese war für die Beschlagnahmung des jüdischen Besitzes, der offiziell als enteignet galt, im Getto zuständig. Es gelang Biebow schließlich, mit der Kripo einen Kompromiss einzugehen: Die Beschlagnahmungen wurden dem Konto der Gettoverwaltung gutgeschrieben, um somit den städtischen Haushalt von der Ernährung des Gettos zu entlasten. Freilich eröffnete die Lösung auch eine breit angelegte Korruption: Denn jeder konnte die im Getto beschlagnahmten Wertsachen – auf Antrag – zu Schleuderpreisen erwerben. So war jedem gedient: Geld floss in die Kassen der Verwaltung und die beteiligten Beamten konnten legal reicher werden.

Um auch der letzten Geldreserven der Gettobewohner habhaft zu werden, ließ Biebow den Zahlungsverkehr mit regulären Währungen verbieten. Stattdessen verfügte er die Einführung von Gettogeld, das ab dem 8.7.1940 das einzig gültige Zahlungsmittel im Getto wurde. Alle Gefangenen mussten ihre Reichsmark, Złoty oder anderen Devisen gegen so genannte »Mark-Quittungen« eintauschen, die zunächst im Nennwert von einer, zwei, fünf, zehn, zwanzig und fünfzig Mark ausgegeben wurden.[29] Dass die Bezeichnung »Quittung« keinerlei

---

28 Das Getto stand gleich in dreierlei Hinsicht unter Polizeiaufsicht: Die Geheime Staatspolizei (Gestapo) führte die politische Aufsicht im Getto und hatte auch die führende Rolle bei der Liquidierung seiner Einwohner inne – sie sollte ab Ende 1941 auf Anweisungen des Reichssicherheitshauptamtes (RSHA) in ihrem Bereich die »Endlösung der Judenfrage« realisieren. Mit dieser Stelle arbeitete das »Kriminalkommissariat Getto« (Kripo) bei der Ausplünderung der Menschen eng zusammen. Seine Mitarbeiter »befassten« sich zuerst mit der Bekämpfung von Schmuggel und Schwarzmarkt. Danach war das Auffinden und die Beschlagnahmung von Wertgegenständen ihre wichtigste Aufgabe. Die Menschen im Getto hatten vor einer Einbestellung ins Kripo-Gebäude besondere Angst: In seinen Kellern wurden die Opfer schrecklich gefoltert, damit sie Informationen über verstecktes Eigentum preisgaben. Viele der Gefolterten starben oder wurden zu Krüppeln. Die Schutzpolizei (Schupo) hatte neben ihrer Bewachungsfunktion – sie sicherte das Getto von außen – auch bei den Plünderungen ihre Aufgabe. Zusammen mit der Gestapo führten die Schupo-Posten Durchsuchungen bei Juden durch, die ins Getto deportiert wurden. Man beschlagnahmte ihren Besitz, besonders Devisen und Schmuck. Die Beamten dieses Reviers zeichneten sich durch besondere Brutalität aus; oft machten sie von der Schusswaffe Gebrauch.
29 Zum Gettogeld vgl. besonders Guy M. Y. Ph. Franquinet/Peter Hammer/Hartmut Schoenawa/Lothar Schoenawa: »Litzmannstadt ... Ein Kapitel deutscher Geldgeschichte ... A Chapter of German Monetary History«. Crailsheim 1994. Und:

Ansprüche signalisierte, stellte die Gettoverwaltung in einem Schreiben vom 23.2.1942 deutlich fest: »Sollte das Ghetto einmal aufgelöst werden, was allerdings nicht anzunehmen ist, dann kann kein Besitzer von Ghettogeld Rechtsansprüche gegen das Deutsche Reich stellen, da der Schein nichts weiter als eine Quittung ist.«[30] Die Einführung der Binnenwährung diente freilich abermals auch der Isolation des Gettos: Es war in der Folge gänzlich unmöglich, mit der Außenwelt Handel zu treiben. Man hatte schlichtweg nichts mehr, womit man jemanden hätte bestechen oder für Waren bezahlen können. Für die Gettoinsassen besaßen die Scheine und Münzen, die bald die Spitznamen »Rumkes« oder »Chaimkis« erhielten, noch weitere Bedeutungen: Zum einen war das neue Zahlungsmittel die Maßeinheit, nach der man jeden Tag die Preise der Rationen berechnete – wobei klar blieb, dass das, was man für das neue Gettogeld kaufen konnte, kaum dazu reichte, den nächsten Tag zu überleben. Zum anderen gehörten die »Markquittungen« zu jener »Illusion der ›Normalität‹«[31], die so kennzeichnend wurde für das Getto Litzmannstadt und seine Einrichtungen der scheinbaren jüdischen Selbstverwaltung: Krankenhäuser, Postwesen, Arbeitsamt, Schulen, Kulturhäuser – all diese Institutionen hinter dem Stacheldraht gaukelten die Existenz tatsächlicher, funktionierender autonomer gesellschaftlicher Subsysteme vor; allenthalben waren die körperlichen Manifestationen dieser vorgeblichen unabhängigen Organe sichtbar: Es wimmelte von Stempelabdrücken, Ausweisen, Plakaten – und eben Münzen und Geldscheinen. Sosehr diese gleichsam fiktive Normalität von den Deutschen gewünscht war – sie half, die Opfer ruhig zu stellen –, sosehr wurde sie von den Gettobewohnern benötigt, um die Hoffnung nicht ganz zu verlieren. Ein beredtes Zeugnis von dieser Normalitätsfiktion legt auch der Briefwechsel der beiden Antagonisten Biebow und Rumkowski ab: Bürokratisch-geschäftlich lesen sich die Schriftstücke, die doch gleichzeitig ein Ausdruck des Terrors sind. Biebows Verhalten Rumkowski gegenüber – nicht nur im Schriftverkehr, natürlich – war geprägt von einer grausamen Effektivität, die auch vor brutaler Erpressung oder gar körperlicher Misshandlung nicht Halt machte.[32]

Manfred Schulze/Stefan Petriuk: »Unsere Arbeit – unsere Hoffnung. Getto Lodz 1940-1945. Eine zeitgeschichtliche Dokumentation des Post- und Geldwesens im Lager Litzmannstadt«. Schwalmtal 1995.
30 Hier zitiert nach Wulf, S. 20.
31 Hanno Loewy/Andrzej Bodek: »Vorwort. Les vrais riches …«. In: dies. (Hgg.): »›Les Vrais Riches‹. Notizen am Rand. Ein Tagebuch aus dem Ghetto Łódź (Mai bis August 1944)«. Leipzig 1997. S. 5-34. Hier: S. 14.
32 Am 16.6.1944 schlägt Biebow Rumkowski derart brutal zusammen, dass dieser einige Tage im Krankenhaus verbringen muss. Vgl. die entsprechenden Einträge in der vorliegenden Edition.

In der ersten Periode seiner Herrschaft hatte Biebow alle mit der Organisation und dem Alltagsleben verbundenen Angelegenheiten Rumkowski übertragen. Gleichzeitig beschränkte er aber dessen Kontakt mit der Außenwelt radikal. Der gesamte Briefwechsel des Judenältesten nach außen musste durch sein Amt gehen. Immer deutlicher zwang er Rumkowski zur Mitwirkung bei der Umgestaltung des Gettos in ein reines Arbeitsgetto und bei der Ausplünderung der jüdischen Bewohner. Dabei griff er nicht selten bei der Durchsetzung seiner Politik zur Erpressung durch Nahrungsmittelentzug und der Androhung von Deportationen. So zwang er den Judenältesten zu immer neuen Produktionshöchstleistungen der Getto-Betriebe. Damit wiederum verstärkte er bei Rumkowski den Eindruck, es gebe tatsächlich die Möglichkeit zur Erhaltung des Gettos, wenn dieses sich für die Nazis nur rechne. Rumkowski richtete daher konsequent sein gesamtes administratives Handeln auf dieses rationale und ökonomische Argument aus.[33] Letztlich freilich ohne Chance, weil der Rassenwahn am Ende siegreich blieb. Und doch: Das Łódzer Getto konnte so länger überleben als alle anderen Gettos auf ehemals polnischem Boden. Doch die Verlängerung der Existenz dieser Zwangseinrichtung wurde für einen hohen Preis erkauft: Nicht nur die Ernährungslage, die praktisch seit der Schließung des Gettos katastrophal war und ständig zu zahllosen Hungertoten führte,[34] machte die Getto-Existenz für die Menschen unerträglich, sondern auch und v. a. die Deportationen. Durch die stetige Umgestaltung des Gettos in ein Arbeitslager, das zu 90 % nur für die Rüstungsindustrie des Deutschen Reiches produzierte, hatten Arbeitsunfähige zunehmend keine Überlebenschance mehr.

Die Lage verschärfte sich noch, als Ende 1941 20.000 so genannte »Westjuden« ins Getto deportiert wurden. Zudem wurden knapp 5.000 Roma aus dem Burgenland nach Litzmannstadt verschleppt und in ein separiertes »Zigeunerlager« am Rande des Gettos gepfercht.[35] Dabei hatte schon im Juli 1941 der Leiter der Umwandererzentrale Posen, SS-Obersturmbannführer Rolf-Heinz

---

33 Sein immer wieder zitiertes Motto ›Unser einziger Weg ist Arbeit‹ ist der Ausdruck dieses Glaubens.
34 Im Getto Łódź starben zwischen 1940 und 1944 insgesamt über 45.000 Menschen, d.h. 23 % der dort eingesperrten Bewohner – die meisten direkt an Hunger oder die durch ihn ausgelösten Mangelerkrankungen.
35 Diese Deportationen waren unter den deutschen Behörden heftig umstritten. Während Himmler – offenbar auf Hitlers direkten Befehl – sie vehement forderte und sich schließlich auch durchsetzte, waren die lokalen Behörden massiv dagegen. Sie befürchteten v. a. eine Reduzierung der Arbeitsleistung des Gettos durch die Neuankömmlinge. Außerdem kollidierten die Einsiedlungen mit den Plänen der Łódzer Gestapo, die das Gettogebiet in ein Arbeitsgetto und ein »Dezimierungsgetto« aufteilen wollte. In letzterem wollte man die arbeitsunfähigen Juden umkommen lassen.

Höppner[36], an den »lieben Kameraden« Adolf Eichmann eine Aktennotiz über einige Besprechungen in der »Reichsstatthalterei« übersandt, in der es u. a. hieß:

> »Es besteht in diesem Winter die Gefahr, dass die Juden nicht mehr sämtlich ernährt werden können. Es ist ernsthaft zu erwägen, ob es nicht die humanste Lösung ist, die Juden, soweit sie nicht arbeitseinsatzfähig sind, durch irgendein schnellwirkendes Mittel zu erledigen. Auf jeden Fall wäre dies angenehmer, als sie verhungern zu lassen.«[37]

Zwar hatte Höppner in seinem Begleitschreiben noch vermerkt, dass die »Dinge […] teilweise phantastisch« klängen, doch war er schon damals überzeugt, dass sie seiner »Ansicht nach durchaus durchzuführen« seien.[38]

Die sich dramatisch verschlechternde Lebensmittelversorgung ließ denn auch den Kampf unter den Eingeschlossenen im Winter 1941/42 entbrennen. Dieser hatte alte Wurzeln, denn zwischen »West-« und »Ostjuden« wurden – neben allen aktuellen Problemen – auch alte innerjüdische Ressentiments reaktiviert. Das Hauptproblem für Rumkowski war freilich, dass es sich bei den Neuankömmlingen aus dem Altreich sowie Böhmen und Mähren nicht um die Arbeitskräfte handelte, die er sich wünschte, sondern vor allem um ältere Menschen, die kaum den Fabriken zugeteilt werden konnten. Rumkowskis Administrative war daher kaum noch in der Lage, die Gettobevölkerung auch nur annähernd zu ernähren. Was Rumkowski verborgen blieb, waren die Bemühungen auf Seiten der Deutschen, den Konflikt zwischen den unterschiedlichen deutschen Interessen in jenem Sinne zu lösen, den Höppner im Juli 1941 angedeutet hatte.

Am 16.12.1941 erhielt Rumkowski schließlich den Befehl, 20.000 Menschen für den »Arbeitseinsatz außerhalb des Gettos« zu benennen – also exakt jene Anzahl von Menschen, die durch die Neueinsiedlungen aus dem Westen ins Getto gekommen waren. Arbeitseinsätze außerhalb des Gettos hatte es zwar schon früher gegeben – etwa für die Zwangsarbeit an Autobahnen oder Eisenbahnstrecken –, doch niemals waren derartig viele Menschen verlangt worden. Zudem wusste man, dass die Zwangsarbeit außerhalb des Gettos mörderisch war –

---

36 Rolf-Heinz Höppner (1910-1951), SS-Obersturmbannführer (vergleichbar einem Oberstleutnant) war Gauamtsleiter für Volkstumsfragen in Posen, später Amtschef im Reichssicherheitshauptamt (Referat Rechtsverwaltung und Volksleben). Er wurde 1947 an Polen ausgeliefert und dort zum Tode verurteilt. Das Urteil wurde 1951 vollstreckt. Vgl. Klee, »Personenlexikon«, S. 262.

37 Hier zitiert nach Loewy/Schoenberner, »Unser einziger Weg ist Arbeit«, S. 169. Dort findet sich ein Abdruck des gesamten Dokuments.

38 Ebd. Höppners Brief an Eichmann, datiert auf den 16.7.1941, steht natürlich in engem zeitlichen Zusammenhang mit der von Hermann Göring am 31.7.1941 erteilten Vollmacht für Reinhard Heydrich, die »Endlösung der Judenfrage« vorzubereiten. Die endgültige Entscheidung für den Ablauf des Massenmords fiel dann am 20.1. 1942 auf der berüchtigten Wannsee-Konferenz.

kaum einer überlebte sie. Entsprechend skeptisch war Rumkowski, dem es in der Folge gelang, die Zahl zunächst auf 10.000 Menschen herunterzuhandeln.

Niemand im Getto konnte zu diesem Zeitpunkt freilich wissen, dass man nur wenige Kilometer von Łódź entfernt, in der Nähe des Dorfes Chełmno (Kulmhof), begonnen hatte, ein Vernichtungslager einzurichten. Mit Autoabgasen wurden die dort ankommenden Menschen erstickt. Ab 6.12.1941 wurden zunächst jüdische Bewohner aus Landgemeinden des Warthegaus auf diese grausame Art ermordet. Im Januar 1942 folgten die Roma, die zuvor im Łódzer Getto untergebracht waren – freilich waren bereits viele von ihnen durch die katastrophalen Bedingungen im »Zigeunerlager« umgekommen. Ab dem 16. Januar 1942 wurden in Chełmno auch die Łódzer Juden vergast. 10.103 Menschen wurden in der Folge dort getötet.

Die zweite Deportationswelle ließ nicht lange auf sich warten: Wieder oblag es Rumkowski, die entsprechenden Namen zu nennen. Und: Erneut wurde ihm vorgegaukelt, es handele sich um Transporte für einen Arbeitseinsatz. Somit wählte man wieder v. a. arbeitsfähige und noch nicht geschwächte Menschen aus. 34.073 Menschen fielen dieser erneuten Aussiedlung zum Opfer.

Die Transporte wurden danach nur kurzzeitig unterbrochen, im Mai 1942 folgte der zunächst letzte Höhepunkt. Diesmal wurde auch der größte Teil der »Westjuden« von der Aussiedlung erfasst und in Chełmno ermordet – vorher hatte sie Rumkowski noch verschont. Abermals fielen 10.493 Menschen den Nazis zum Opfer. Zuvor waren bereits Tausende aus dem Altreich im Getto gestorben: Vielfach hatten sie sich nicht an die harten Lebensbedingungen im Getto gewöhnen können – und galten zudem als Parias unter den Parias, die sich kaum auf die Solidarität der anderen verlassen konnten.

Nach dieser letzten Deportation verdichteten sich im Getto Łódź die Gerüchte über das Schicksal der verschleppten Menschen: Die Nazis hatten in ihrem Ansinnen, durch die Ermordung ihrer Opfer ökonomisch im höchstmöglichen Maße zu profitieren, die Hinterlassenschaften der Getöteten in kleinen Lagern bei Łódź für ihr Winterhilfswerk sortieren lassen. Dabei waren die Arbeiter auf blutdurchtränkte Kleidung gestoßen und hatten persönliche Gegenstände – wie etwa Ausweise und Gebetsriemen – gefunden. Auch ins Getto selbst gelangten solche beunruhigenden Gegenstände. Die Vermutung, dass die Menschen einem Verbrechen zum Opfer gefallen waren, lag nahe.

Im September 1942 folgte bereits die nächste große »Aussiedlungsaktion«, in deren Verlauf erneut 16.000 Menschen ermordet wurden und die alles überstieg, was das Getto bis dahin an Gewalt erleben musste: Es waren vor allem die Kinder unter zehn Jahren und die älteren Menschen über 65, die verschleppt wurden.[39]

---

39 Rumkowski wandte sich am 4.9.1942 an die Gettobevölkerung und begründete, warum man die verlangten Opfer ausliefern müsste: »Brüder und Schwestern, gebt sie mir! Väter und Mütter, gebt mir eure Kinder! [...] Ich muß diese schwere und blutige

Da zahlreiche Eltern ihre Kinder nicht hergeben wollten und der jüdische Ordnungsdienst mit dieser Situation nicht fertig wurde, griff die Gestapo ein. Zahllose Menschen wurden in der Folge im Getto erschossen, Babys wurden aus den Fenstern auf Transportwagen geworfen, Alte und Kranke aus den Krankenhäusern geprügelt. Von nun an war das Getto tatsächlich ein reines Arbeitsgetto, das weiterhin – anders als die anderen ehemaligen Gettos – für die Wehrmacht und deutsche Firmen (u. a. Neckermann) produzierte. Zwei lange Jahre blieb es noch bestehen. Die Front rückt in dieser Zeit zwar kontinuierlich näher – die Kunde verbreitete sich auch im Getto –, doch kamen die Retter zu spät. Bereits 1943 wurde auf deutscher Seite wieder heftiger darüber gestritten, ob und wann das Getto aufzulösen sei. So versuchte das SS-Wirtschaftsverwaltungshauptamt (WVHA) in Berlin die Kontrolle über das Getto zu erlangen und es in ein KZ umzuwandeln, das dann von der SS in Eigenregie verwaltet werden sollte. Erwogen wurde dafür auch die Verlegung des gesamten Gettos mit seinen zahllosen Betriebsstätten nach Lublin. Nach zähem Ringen schließlich kam es im Februar 1944 zum »Kompromiss« zwischen Himmler und Gauleiter Arthur Greiser, der vorsah, dass das Getto zwar in der Obhut der Zivilverwaltung verbleiben durfte, aber schrittweise zu verkleinern sei. Um die Verkleinerung zu erreichen, ordnete Himmler an, dass das zwischenzeitlich stillgelegte Vernichtungslager Chełmno reaktiviert werden sollte; die ehemalige Besatzung um den SS-Hauptsturmführer Bothmann[40] wurde zu diesem Zweck eigens aus einem Einsatz in Kroatien zurückgeholt und nahm ihre »Arbeit« im April 1944 erneut auf. Gegen die Auflösung des Gettos hatten bis dahin vor allem jene Stellen heftig protestiert, die

---

Operation durchführen, ich muß Glieder amputieren, um den Körper zu retten! Ich muß Kinder nehmen, denn andernfalls könnten – Gott behüte – andere genommen werden.« Das deutsche Typoskript der Rede ist im Staatsarchiv Łódź unter der Signatur »APŁ, PSŻ 1091« erhalten. Die Rede wurde im Original auf Jiddisch gehalten. Bislang sind die Reden Rumkowskis leider nicht vollständig publiziert. Die Mitwirkung an der Deportation der Kinder und Alten im September 1942 wird Rumkowski in zahlreichen Überlebendenberichten zum Hauptvorwurf gemacht. Dies, weil er – anders als Adam Czerniaków, der Judenälteste von Warschau, in einer ähnlichen Situation – keine persönlichen Konsequenzen zog, sondern die Forderungen der Deutschen erfüllte. Czerniaków dagegen brachte sich 1942 um, auch um ein Signal für die Eingeschlossenen im Getto zu geben. Vgl. besonders Arnold Mostowicz' Erzählung »Es war einmal ein König«, in der ebenfalls Rumkowski und Czerniaków verglichen werden (Mostowicz, »Maks«, S. 119-133). Auch Hannah Arendt stellt Rumkowskis und Czerniaków Verhalten als entgegengesetzte Pole der möglichen Handlungsweisen der Judenräte dar (vgl. Arendt, »Eichmann«, S. 155).

40 Hans Bothmann (1911-1945), Kriminalkommissar und SS-Hauptsturmführer (vergleichbar einem Hauptmann) war von April 1942 bis April 1943 sowie Mai 1944 bis Juli 1944 Kommandant des Vernichtungslagers Chełmno. Er nahm sich in britischer Gefangenschaft das Leben. Vgl. Klee, »Personenlexikon«, S. 67.

von der Produktion der Betriebsstätten wesentlich profitierten. Allen voran war dies das Rüstungsministerium unter Albert Speer, aber natürlich setzten sich ebenso die Spitzen der Łódzer Stadtverwaltung vehement für die Beibehaltung des Gettos ein. Für die deutschen Beamten bedeutete die Existenz des Gettos schließlich eine stetig sprudelnde Quelle der persönlichen Bereicherung – und die Freistellung vom Kriegsdienst. Nicht zuletzt aus diesen Gründen existierte das Łódzer Getto noch, als der Osten des Landes bereits durch die Rote Armee befreit war. Zum Schluss jedoch setzte sich die Position Himmlers durch, der »seinen« Krieg zur Vernichtung der europäischen Juden noch gewinnen wollte.

Wohl im Mai 1944 ordnete der Reichsführer SS die endgültige Liquidation des Gettos an. Zunächst rollten ab Juni wieder die Transportzüge nach Chełmno und brachten 7.196 Menschen in den Tod. Am 15.7.1944 wurden die Deportationen dorthin jedoch wieder eingestellt. Die Deutschen hatten sich entschieden, das Lager in Chełmno zu zerstören, da die Rote Armee immer näher kam und man keine Beweise für den Völkermord hinterlassen wollte. Am 1.8.1944, dem Tag, an dem der Warschauer Aufstand ausbrach, wurde Rumkowski jedoch informiert, dass die angebliche Aussiedlung der Gettobewohner zu Aufräumungsarbeiten im Reich wieder aufgenommen würden – in Wahrheit hatten die Züge diesmal Auschwitz-Birkenau zum Ziel. Innerhalb von wenigen Tagen wurde das Getto nahezu vollständig geleert: Am 29.8.1944 verließ der letzte Deportationszug Łódz. Das Getto, das im Juli 1944 noch weit über 70.000 Einwohner zählte, hörte auf zu existieren. Auch der Älteste der Juden, Mordechaj Chaim Rumkowski, überlebte die »Aussiedlung« nicht. Er wurde mit dem vorletzten Transport am 28. August 1944 nach Auschwitz deportiert und dort am gleichen Tage umgebracht.[41] Im Getto blieb nur ein Aufräumkommando von rund 600 Juden zurück, die noch vorhandenes jüdisches Eigentum einsammeln sollten. Dazu kamen 270 Menschen, die sich vor den Deportationen verstecken konnten und dann aufgegriffen wurden. Sie wurden schließlich in einem Lager interniert und sollten von der Gestapo vor dem Rückzug erschossen werden – doch die Gefangenen erfuhren davon und konnten sich auf dem ehemaligen Gettogelände bis zum Eintreffen der sowjetischen Armee verbergen. Bis heute zeugen auf dem Łódzer jüdischen Friedhof ausgehobene Gräber von dem Schicksal, das die Nazis den wenigen in Łódz verbliebenen Juden zugedacht hatten.[42] Aber es erinnert

---

41 Eine Gruppe von 500 Juden verblieb ebenso kurzzeitig im Getto, ehe sie in die Konzentrationslager Sachsenhausen-Oranienburg bzw. Königs-Wusterhausen verschleppt wurden. Dort nahm Biebow mit ihnen die Produktion kurzzeitig wieder auf.
42 Zur Geschichte des jüdischen Friedhofs in Łódz mit seinem riesigen Gräberfeld für die im Getto Verstorbenen sowie den bis heute erhaltenen leeren Gräbern für die letzten Gettoinsassen vgl. besonders Joanna Podolska/Jacek Walicki: »Przewodnik po cmentarzu żydoskim w Łódzi. A Guide to the Jewish Cemetery in Łódz«. Łódz 2001.

noch ein Monument – nicht nur in Łódź – bis heute an das unwahrscheinliche Überleben dieser letzten Gettoinsassen: Es sind dies die Dokumente der Verwaltung des Judenältesten, die in einer abenteuerlichen Rettungsaktion von Nachman Zonabend, einem ehemaligen Briefträger im Getto, gesichert werden konnten.

> »Im Oktober 1944 [...] gelang es [Zonabend] mehrmals, seinen Bewachern zu entkommen, um an verschiedenen Orten die Suche aufzunehmen. Zonabend, der zum Aufräumungskommando gehörte, machte Spurensicherung statt Spurenverwischung, wie es ihm befohlen wurde.
> In der Druckerei stieß er auf einen vollständigen Satz aller Bekanntmachungen, die Rumkowski während seiner ›Regentschaft‹ erließ. Zahlreiche Dokumente befanden sich noch in Rumkowskis Büro in der Dworska Straße 1, die Zonabend in Glasbehältern an der Niecala Straße in die Erde eingrub. [...] Der vielleicht bedeutendste Fund gelang Zonabend im Haus Plac Koscielny 4/6, wo sich das Getto-Archiv befand. Dort stieß er auf eine Reihe von Koffern, vollgepackt mit Dokumenten, die von jemandem zum Zwecke der Sicherstellung dieser einzigartigen Zeugnisse des Schicksals der Gettoinsassen zusammengetragen worden waren. In einem Hinterhof entdeckte Zonabend einen ausgetrockneten Brunnenschacht, wo er kurzerhand die Dokumentenkoffer hineinwarf und sie mit dem seit der Räumung des Gettos umherliegenden Bettzeug zudeckte.«[43]

Zonabend vermochte unmittelbar nach der Befreiung von Łódź durch die Rote Armee im Januar 1945 die meisten der versteckten Dokumente wieder zu bergen.[44] In der Folge entschied er, dass diese wichtigen Zeugnisse sowohl den Juden in Polen als auch den Juden in aller Welt gehörten. Er wollte sicher stellen,

---

43 Andrzej Bodek: »Laub der Geschichte oder Spuren des Lebens und Sterbens im Getto Łódź gesichtet und gesammelt von Andrzej Bodek«. In: Marek Budziarek (Red.): »Łódzer Judaica in Archiven und Museen. Aufsätze und Berichte aus Łódź, Jerusalem, Washington und Frankfurt am Main«. Łódź 1996. S. 147-169. Hier: S. 151.

44 Neben den Dokumenten, die Nachman Zonabend retten konnte, gibt es weitere – freilich weit weniger –, die ebenfalls von zurückgebliebenen Menschen vergraben wurden und mehr als ein Jahr nach Kriegsende geborgen werden konnten: »The second batch of materials was retrieved in October, 1946, from where it had been hidden underground in Łódź at 13 Lutomierska St., the site of the Fire Department in the ghetto. The work of unearthing the documents was performed by the Central Jewish Historical Commission of Łódź and supervised by Dr. Józef Kermisz, who at that time was the director of the archival section. It is also known that a third batch was buried at the Jewish cemetery in September 1944, the same time that the materials were buried at 13 Lutomierska St. The Germans, however, succeeded in tracking down that batch and forced the director of the cemetery to reveal its hiding place.« (Dobroszycki, »Chronicle«, S. xv [Fußnote 22])

dass Wissenschaftler jederzeit Zugriff zu den Materialien haben, deshalb teilte er den Bestand in zwei Teile: Einer wurde der neu geschaffenen Zentralen Jüdischen Historischen Kommission (später als Jüdisch Historisches Institut in Warschau etabliert) in Polen übergeben,[45] die zweite Hälfte wurde zwischen dem Institute for Jewish Research, New York (YIVO), Yad Vashem in Jerusalem und Beit Lohamei HaGetaeot in der Nähe von Haifa geteilt.[46] In diesem Dokumentenbestand ragen die Papiere, die in der Statistischen Abteilung und im Archiv der Administrative des »Ältesten der Juden in Litzmannstadt« erstellt wurden, in besonderer Weise heraus. Die Abteilungen waren als institutionalisiertes Gedächtnis der jüdischen Zwangsgemeinschaft gedacht – und ihre Texte sind bis heute neben den zahlreichen Erinnerungsberichten von Überlebenden die wichtigsten Zeugnisse über das Leben und Sterben der Juden des Gettos Łódź.

Statistische Abteilung und Archiv in der Verwaltung des »Ältesten der Juden«

Die Initiative zur Gründung einer Abteilung, die die Geschichte und die Entwicklung des Gettos für zukünftige Generationen dokumentieren sollte, stammte offenbar von Rumkowski selbst, wie aus einer Karte der so genannten »Enzyklopädie des Gettos«[47] hervorgeht. Freilich setzte er damit eine Tradition fort –

---

45 Im Zuge der antisemitischen Kampagnen in Polen 1967 und 1969 wurde ein Großteil der Dokumente von dort in das Staatsarchiv nach Łódź verlagert.
46 Vgl. dazu Zonabends eigenen Bericht über die Rettung der Dokumente: Nachman Zonabend: »The Truth About the Saving of the Lodz Ghetto Archive«. Stockholm 1991.
47 Für die nachstehenden Ausführungen zu den Dokumentationseinrichtungen des Łódzer Gettos können erstmals auch neu aufgefundene Karten der so genannten »Enzyklopädie des Gettos« ausgewertet werden, die 2002 von der Bochumer Historikerin Andrea Löw im Jüdisch-Historischen Institut in Warschau ermittelt wurden (vgl. Robert T. A. Kogler/Andrea Löw: »The Encyclopaedia of the Lodz Ghetto«. In: »Kwartalnik Historii Żydów/Jewish History Quarterly« 2/2003 [206]. S. 195-208). Für die Überlassung einer Kopie der Karten aus Warschau danke ich Andrea Löw und dem Jüdisch-Historischen Institut Warschau sehr herzlich.
Die »Enzyklopädie des Gettos« entstand 1944 im Archiv des »Judenältesten«, die Autoren waren in der Regel identisch mit denen der Chronik. Die »Enzyklopädie« sollte zum einen ein Verzeichnis der im Getto üblichen Termini der »Gettosprache« sein, andererseits sollte sie als eine Art »Sekundärquelle« zu anderen Texten des Archivs – v. a. zur Chronik – dienen. In vorliegender Ausgabe wurden zahlreiche Einträge der »Enzyklopädie« genau zu diesem Zweck herangezogen. Freilich ersetzt dies noch keine vollständige Edition der weit über 350 Stichworte der »Enzyklopädie«, die bereits geplant ist als Gemeinschaftsprojekt des Jüdisch-Historischen Instituts

wenn auch in anderem institutionellen Rahmen –, die es in Łódź bereits vor dem Krieg gegeben hatte: Die Łódzer jüdische Gemeinde hatte auch zu Dokumentationszwecken u. a. für die Jahre 1930-1939 eine Chronik als regelmäßiges Periodikum in den Sprachen Polnisch, Jiddisch und Hebräisch herausgegeben.[48] Die Anbindung an die Archivarbeit der Vorkriegszeit wird denn auch deutlich, wenn man bedenkt, dass es eine der ersten Aufgaben des neuen Getto-Archivs war, Dokumente zu sichern, die von der Vorkriegsgemeinde noch erhalten waren.

Bis es zur Einrichtung einer richtigen Archiv-Abteilung kam, dauerte es aber noch ein wenig. Erste Grundlagen für ein Dokumentationszentrum wurden in der so genannten Statistischen Abteilung gelegt, die am 4.6.1940 zunächst als Unterabteilung des Meldebüros gegründet wurde. Diese Institution hatte natürlich zunächst die Aufgabe, statistisches Material direkt oder indirekt für die Deutschen bereitzustellen, wie nachfolgender Auszug aus der »Enzyklopädie des Gettos« zu einigen Aufgaben der Einrichtung belegt:

> »Tägliche Meldungen der Geburten, Todesfälle und des Bevölkerungsstandes an die Staatliche Kriminalpolizei und an die Gettobehörden. Ausführliche Arbeiten demographischen Charakters, über den Stand der Beschäftigten, die Ressort-Produktion u. a. auf Verlangen des Aeltesten der Juden. Zusammenstellung sonstigen statistischen Materials an andere Interessengruppen.«[49]

Gegründet wurde diese Getto-Behörde von Henryk Neftalin, einem Vertrauten Rumkowskis, der für diesen die wichtigsten Ämter der Administrative des Ju-

---

Warschau, dem Staatsarchiv Łódź und der Arbeitsstelle Holocaustliteratur Gießen. Karten der Enzyklopädie befinden sich nicht nur in Łódź (dortige Signatur: »APŁ, PSŻ, 1103«) und Warschau (dort noch ohne Signatur, enthalten im Bestand zum Getto Łódź), sondern auch im YIVO, New York (Zonabend-Collection, folder 855). In der vorliegenden Ausgabe wird jeweils das entsprechende Konvolut angegeben, nachdem zitiert wird.
Zu der im Text angesprochenen Gründung des Archivs durch Rumkowski vgl. »Enzyklopädie des Gettos«, Warschauer Konvolut, Karte 13-16. Hier: Karte 13.

48 Vgl. dazu Dobroszycki, »Chronicle«, S. xii, Fußnote 15. Durch die angestrebte Kontinuität der neuen Abteilungen wurden diese ebenso zu Teilen der bereits beschriebenen »Normalitätsillusion«, die vorgaukelte, dass sich das Leben der jüdischen Gemeinde – unter schlimmen Rahmenbedingungen – mit nur wenigen Brüchen im Getto fortsetze.

49 »Enzyklopädie des Gettos«, Warschauer Konvolut, Karte 366-368. Hier: Karte 367. In den ersten Monaten ihres Bestehens hatte die Statistische Abteilung nur die Aufgabe, »eine Statistik der Gettobevölkerung nach Geschlecht, Jahrgängen und Berufen anzufertigen. Diese Arbeit [...] ist am 12. Juli beendet.« (»Enzyklopädie des Gettos«, Warschauer Konvolut, Karte 366)

denältesten ins Leben rief und – manche nur zeitweise – leitete.⁵⁰ Im September 1940 wurde das Statistische Büro aus dem Meldeamt ausgegliedert und erhielt den Status einer selbstständigen Unterabteilung im Rahmen der von Neftalin geleiteten Evidenzabteilungen. Die Aufgaben wurden nun breiter und sukzessive um die Bereitstellung und Produktion von Archivmaterialien erweitert:

> »Es [das Statistische Büro, SF] befasst sich jetzt auch mit der Statistik des Gesundheitswesens, der Beschäftigten und der Produktion in den Arbeitsressorts. Zu Beginn 1941 ist seine Agenda so angewachsen, dass eine Aufteilung in Referate nötig wird /Demographie, Beschäftigung und Produktion der Ressorts, Gesundheitswesen, Schulwesen und Umschulung, soziale Fürsorge, Bevölkerungsverpflegung, Justiz, Sicherheit und später Referat zur Kontrolle des eingehenden Materials und Referat zur Prüfung und sekundären Bearbeitung des tabellierten Materials«.⁵¹

Bereits im Juli 1940 erhielt die Statistische Abteilung ein eigenes Grafikbüro und ein »photographisches Referat«.⁵² Beide Neugründungen zeugen von einem sich wandelnden Selbstverständnis der Getto-Statistiker:

> »Spezielle Aufgabe des graphischen Büros war es, Bilddarstellungen statistischer Daten und Photomontagen herzustellen, die Propaganda- oder belehrenden Zwecken dienen. Die Photoabteilung fertigte an und sammelte Bildmaterial für praktische und Archivzwecke.«⁵³

---

50 Zu Neftalin vgl. Endnote 7 (Juni 1944). Neftalin war einer der einflussreichsten Männer im Getto – und einer der unbekanntesten. Er war nur einem vergleichsweise kleinen Zirkel von »Beamten« der Administration des Judenältesten persönlich bekannt, zu dem beispielsweise Lucille Eichengreen gehörte, die in mehrfacher Beziehung zu Neftalin stand. Ihr Erinnerungsbericht »Rumkowski, der Judenälteste von Lodz« ist denn auch einer der wenigen, die eine Beschreibung von Neftalin enthalten: »Er war schlank, mittelgroß, hatte dunkle Augen und dunkles Haar, und viele hätten gefunden, dass er gut aussah, hätte er nicht eine riesige Adlernase gehabt. Winters wie Sommers, ob es regnete oder ob die Sonne schien, trug er Überschuhe aus Gummi und einen langen, grauen Schal, zweimal um den Hals gewickelt. Und beides wurde zu seinem Markenzeichen. Neftalin war ein tüchtiger, mitfühlender und gerechter Anwalt, der angeblich Rumkowskis Ohr besaß. Er gehörte zu der Handvoll Menschen, die Rumkowski zu respektieren schien, obwohl niemand wirklich verstand, warum das so war. Neftalin war Mitte dreißig, zupackend und nahm kein Blatt vor den Mund.« (Eichengreen, »Rumkowski«, S. 58 f.)
51 »Enzyklopädie des Gettos«, Warschauer Konvolut, Karte 366.
52 »Enzyklopädie des Gettos«, Warschauer Konvolut, Karte 367. Trunk stellt fest, dass alleine für diese beiden Unterabteilungen im Mai 1944 44 Personen arbeiteten. Vgl. Trunk, »Judenrat«, S. 174.
53 »Enzyklopädie des Gettos«, Warschauer Konvolut, Karte 367.

In Zusammenarbeit der Grafik- und der fotografischen Belegschaft entstanden die so genannten Alben, die zum einen für Rumkowski (und damit in letzter Konsequenz auch für die wahren Machthaber) die Leistungen der Getto-Einrichtungen demonstrieren sollten, zum anderen aber deutlich dazu dienten, nachfolgenden Generationen zu vermitteln, was unter den grausamen Umständen im Getto dennoch geleistet wurde.[54] Unter der Überschrift »Archivarisch-wissenschaftliche Arbeiten der Statistischen Abteilung« führt der »Enzyklopädie«-Eintrag folgerichtig auf:

> »Es wurden zahlreiche aus Tabellen, graphischen Darstellungen und Lichtbildern bestehende Monographien hergestellt, u. a. über die Kinderkolonien, die Gesundheitspflege, die soziale Fürsorge, das Schulwesen und die Umschulungsaktion, die Beschäftigung und Produktion der wichtigsten Ressorts. Die meisten dieser künstlerisch sehr wertvollen Alben und Monographien wurden bei verschiedenen Anlässen dem Aeltesten der Juden, M.CH. Rumkowski, übergeben, in dessen Besitz sie blieben. Ein statistisches Jahrbuch, das die Geschichte des Gettos und alle Zweige seines Lebens, soweit sie zahlmässig erfassbar sind, wiedergibt, lag schon im Mai 1944 druckfertig vor. /Erster Teil, von der Schliessung des Gettos bis zum Juni 1942/ Ergänzt wird dieses Werk durch ein Zehntausende von Aufnahmen umfassendes Lichtbildarchiv.«[55]

Es ist hier bereits deutlich, dass besonders der Fotoabteilung im Statistischen Büro eine entscheidende Rolle bei der Erstellung einer Dokumentation des Getto-Lebens zukam: Einerseits konnte ihre Existenz gegenüber den Deutschen gut begründet werden – schließlich mussten etwa für die zahlreichen Ausweispapiere Lichtbilder angefertigt werden; auch die Bebilderung der Leistungen der Getto-Betriebe diente der deutschen Getto-Verwaltung, die mit diesem »Werbematerial« neue Kunden aus dem Reich locken konnte[56] –, andererseits ermöglichte ihre Existenz den Fotografen, Bilder in dem gut ausgestatteten Labor zu entwickeln, die im Getto heimlich entstanden waren, um fotografische Zeugnisse

---

[54] Alben wurden freilich nicht alleine in der Statistischen Abteilung angefertigt, sondern entstanden auch – nicht selten heimlich – in einzelnen Ressorts. Ein solches Album wurde von Yad Vashem mit Handreichungen für Lehrer publiziert: »The Legend of the Lodz Ghetto Children«. Hgg. v. Carmit Sagie und Naomi Morgenstern. Jerusalem 1997.

[55] »Enzyklopädie des Gettos«, Warschauer Konvolut, Karte 367 f.

[56] Vgl. dazu die Ausführungen von Pinchas Schaar, einem Mitarbeiter der Fotoabteilung: »Mendel Grossman: Photographic Bard of the Lodz Ghetto«. In: Robert Moses Shapiro (Hg.): »Holocaust Chronicles. Individualizing the Holocaust through Diaries and other contemporaneous Personal Accounts«. Hoboken, NJ 1999. S. 125-140. Hier: S. 126.

vom Leben und Sterben im Getto Łódź zu sichern. Normalerweise war es Juden bei Todesstrafe verboten, im Getto Fotos zu machen. Vor allem ein Mann ragt aus dem Mitarbeiterstab des fotografischen Dienstes heraus: Mendel Grossman[57], dessen Aufnahmen bis heute wesentlich das Bild des Gettos Łódź bestimmen.[58] Einem investigativ tätigen Fotoreporter gleich bewegte sich Grossman durch die Straßen, machte heimlich Bilder von den zum Tode Verurteilten, war bei den wichtigsten Anlässen zugegen – und legte so ein beeindruckendes Archiv an. Für seine heimlichen Fotoarbeiten entwickelte Grossman ein ausgeklügeltes System: Um die Polizisten zu täuschen, trug er die Kamera unter seinem Mantel. Da die Taschen aufgeschnitten waren, konnte er die Linse jeweils dorthin richten, wohin er wollte, und schließlich das gewünschte Foto machen. Die Getto-Insassen unterstützten Grossman, wo sie nur konnten: Wann immer er in ihren Häusern fotografieren oder ihr Leid, ihre Krankheiten und Wunden dokumentieren wollte, halfen sie ihm – er war schließlich einer von ihnen. Außerdem hatte sich der Wunsch, das unvorstellbare Leid im Getto für die Nachwelt zu dokumentieren, im Getto rasch verbreitet.[59]

Der Doppelcharakter der Statistischen Abteilung wird gerade an der Person Grossmans und seinen Arbeiten deutlich: Im Rahmen einer oberflächlich für die Deutschen arbeitenden Institution entstand heimlich einer der wesentlichen

---

57 Mendel Grossman (1917-1945) arbeitete bereits vor dem Krieg als Fotograf; besonders mit der Technik der Fotomontage war er vertraut. Im Getto führte er diese Arbeit im Rahmen der Alben-Produktion weiter. Nach der Auflösung des Gettos wurde er nach Königs-Wusterhausen deportiert, wo er ebenfalls weiter fotografierte – allerdings konnte er die Filme dort nicht mehr entwickeln. Als die Lagerhäftlinge auf einen Todesmarsch geschickt wurden, starb Grossman.

58 Die wenigen Bilder von Grossman, die von seinem ursprünglich wohl an die 10.000 Aufnahmen umfassenden Fotoarchiv übrig geblieben sind (einige gingen schon im Holocaust verloren, die meisten aber im Unabhängigkeitskrieg von 1973), stehen heute in scharfem Kontrast zu den Farbdias, die der Finanzleiter der deutschen Gettoverwaltung, Walter Gennewein, anfertigte. Während Grossmans Aufnahmen, von denen eine kleine Auswahl dokumentiert ist in »With a Camera in the Ghetto« (Tel Aviv 1970) und die einen Großteil der im vorliegenden Band abgedruckten schwarz-weißen Fotografien ausmachen, die Trostlosigkeit und Brutalität der Getto-Existenz offen legen, sind Gennweins Bilder (einige von ihnen befinden sich ebenso im vorliegenden Band) darum bemüht, das Getto als organisiertes Arbeitslager zu präsentieren. In jüngerer Zeit sind übrigens einige Aufnahmen Grossmans erneut veröffentlicht worden, diesmal als Jugendbuch, das einen Text enthält, der vorgibt, von Grossman selbst zu stammen und in Ich-Form über seine Arbeit berichtet. Vgl. »My Secret Camera. Life in the Lodz Ghetto«. Photographs by Mendel Grossman. Text by Frank Dabba Smith. Introduction by Howard Jacobson. London 2000.

59 Vgl. dazu Arieh Ben-Menahem: »Mendel Grossman – The Photographer of the Lodz Ghetto«. In: »With a Camera in the Ghetto«, S. 97-109. Hier: S. 103 ff.

Beiträge zur Dokumentation des Getto-Alltags. Freilich: Rumkowski war zwar generell der Auslöser von Archivarbeiten auf mehreren Ebenen, ob er jedoch Grossmans Arbeit *vollständig* kannte oder billigte, muss dahingestellt bleiben. Aber man darf daran zweifeln, denn einige der Bilder Grossmans legen auch offen, dass es im Getto eine Oberschicht gab, die besser zu leben vermochte als der Rest. Diese in den Fotos zum Ausdruck kommende entlarvende Sicht der (offiziellen) Dinge im Getto mag der Grund gewesen sein, warum sich Grossman intensiv selbst um den Erhalt seiner Bilder kümmerte und nicht darauf vertraute, dass es der Statistischen Abteilung gelingen würde, ihre Archivalien zu retten. Schon früh verteilte er daher Abzüge unter so vielen Freunden wie nur möglich, um sicher zu stellen, dass wenigstens einige der Bilder die Getto-Zeit überleben mochten.[60] Eine Auswahl von Negativen versteckte er zusammen mit einem Freund in einem Fensterbrett. Diese Negative wurden nach dem Krieg ebenso sicher gestellt wie einige Fotografien, die Nachman Zonabend retten konnte. Auch einige der Alben, die in der Statistischen Abteilung entstanden und Fotos von Grossman enthielten, überlebten den Holocaust.

Rumkowskis Bemühungen, im Getto ein Archiv einzurichten, fanden in der Statistischen Abteilung allerdings nicht ihren Abschluss. Nur wenige Monate nach der Gründung dieser Abteilung verfügte er die Einrichtung einer weiteren Institution, die diesmal direkt den Namen eines Archivs trug. Ähnlich wie bei der Statistischen Abteilung haben wir es auch beim Getto-Archiv mit einem Organ zu tun, das einerseits Dienste für die Deutschen leistete – wenngleich längst nicht so offen und offiziell wie die Statistische Abteilung –, andererseits aber auch den notwendigen Schutz bot für umfangreiche Dokumentationsarbeiten, die jenen dienen sollten, die später einmal das Verbrechen der Nazis untersuchen und/oder öffentlich machen würden.[61] Die Dinge liegen beim Archiv freilich etwas komplizierter, als dies bei der Statistischen Abteilung der Fall war: Zum einen, weil es viel stärker von Rumkowski benutzt wurde, neben den allgemeinen Ereignissen und Entwicklungen v. a. auch seine eigenen Leistungen dokumentieren zu lassen, zum anderen weil es als Einrichtung nur einen quasi-offiziellen Charakter hatte. Und dennoch erarbeiteten sich die Archivare Freiräume.[62]

---

60 Vgl. dazu Shaar, »Grossman«, S. 129.
61 Auch Trunk betont diesen Doppelcharakter, wenngleich etwas unscharf: »The archives of the Lodz Ghetto formally performed the function of the ghetto registry. Actually, however, it was busy as the documentation center of the ghetto.« (Trunk, »Judenrat«, S. 228)
62 Bernhard Ostrowski, einer der Mitarbeiter des Archivs, erinnerte sich nach dem Krieg, dass die Einrichtung zu Beginn »hot […] gedarft dinen Rumkowskin. Dos hayst bashraybn zayne maysim [Taten] un oyftuen [Leistungen] farn geto un zamlen di dokumentn, wos hobn a shaybes [Zusammenhang] mit zayn tetikeyt. Di vos zenen tsugetretn tsum arkhiv hobn ober zikh geshtelt an andere oyfgabn: bashraybn ales,

Doch der Reihe nach: Das Archiv wurde von Neftalin am 17.11.1940 als eine weitere Unterabteilung der Evidenzabteilungen ins Leben gerufen. Inwiefern dabei das Archiv als ein Teil der Statistischen Abteilung zu betrachten ist oder als völlig selbstständig gedacht werden kann, muss dahingestellt bleiben: In nicht wenigen Publikationen werden beide »Behörden« als miteinander verbunden dargestellt, in manchen werden sie gar als synonym betrachtet. Dobroszycki bezeichnet das Archiv und die anderen Einrichtungen der Evidenz-Abteilungen als »interconnected institutions«.[63] Lucille Eichengreen, die 1943 als Sekretärin für Dr. Oskar Singer arbeitete, erinnert sich ebenfalls, dass die Statistische Abteilung und das Archiv derart miteinander verquickt waren, dass man feststellen müsse, »Archive and Statistical Department were essentially one and the same. [...] In their work was not much to differentiate.«[64] Der Grund für diese Unsicherheit liegt wahrscheinlich in der Tatsache, dass das Archiv seine Tätigkeit so lautlos wie nur möglich zu verrichten hatte – und das nicht zuletzt zum eigenen Schutz

wos kumt for in geto. zamlen materialn un iberlozn es ledoyres [späteren Generationen]«. (»Aussage Bernhard Ostrowski«, erhalten im Jüdisch-Historischen Institut, Signatur »AŻIH, 301/2841«, Blatt 1)

63 Dobroszycki, »Chronicle«, S. x. Beide Institutionen verfügten aber – nach den beiden Einträgen der Getto-Enzyklopädie – über unterschiedliches Personal. Inwieweit aber der Leiter der Statistischen Abteilung – seit September 1940 S. Erlich – dem jeweiligen Leiter des Archivs vorgesetzt war, bleibt unklar.

64 Lucille Eichengreen, Schreiben an Sascha Feuchert, 9.7.2002. Ich möchte an dieser Stelle Lucille Eichengreen für die zahlreichen Gespräche und Briefwechsel sehr herzlich danken – ohne ihre Mitarbeit und ihre Bereitschaft, uns Kontakte zu anderen Überlebenden im Umkreis der Archiv-Mitarbeiter zu vermitteln, hätten wir unsere Arbeit bislang kaum bewältigen können.
In ihrem Erinnerungsbericht »Von Asche zum Leben« wählt Lucille Eichengreen zur Beschreibung der Funktion ihres damaligen Chefs, Dr. Oskar Singer, im Übrigen die Formulierung »Leiter des Archivs der Statistischen Abteilung« (Lucille Eichengreen: »Von Asche zum Leben«. Hamburg 1992. S. 232). Damit betont sie erneut, dass beide Abteilungen zusammengehörten. In ähnlicher Weise beschreibt Loewy die Beziehung zwischen Archiv und Statistischer Abteilung (vgl. dazu Hanno Loewy: »Vorwort«. In: Oskar Rosenfeld: »Wozu noch Welt. Aufzeichnungen aus dem Getto Lodz«. Hg. v. Hanno Loewy. Frankfurt 1994. S. 303, Fußnote 12).
Klar ist, dass Mitarbeiter beider Abteilungen bei verschiedenen Projekten zusammenarbeiteten: Die bereits erwähnten Alben sind dafür ein gutes Beispiel. Während Grossman die Bilder lieferte und ein anderer Mitarbeiter aus der Statistischen Abteilung Tabellen anfertigte, stammten nicht wenige Texte von Archiv-Mitarbeitern. Oskar Singer produzierte zahlreiche solcher Texte, die bis heute erhalten sind. Vgl. dazu Singer, »Im Eilschritt«, S. 207-232. In den dort abgedruckten Artikeln wird an verschiedenen Stellen auf Tabellen Bezug genommen, die heute leider verloren sind, die aber ganz offensichtlich nicht von Singer selbst angefertigt wurden.

vor den Nazis, die jederzeit das Archiv hätten liquidieren können. Auch ein Eintrag der »Enzyklopädie des Gettos« zum Stichwort »Archivum« macht noch einmal sehr deutlich, dass die Arbeit nahezu unbemerkt vonstatten gehen sollte. Oskar Singer führt dort aus: »Nach dem Willen des Präses sollte diese Dienststelle in aller Stille das Material für eine künftige Schilderung /Geschichte/ des Gettos sammeln und selbst entsprechende Aufzeichnungen machen.«[65] Dieses Vorgehen hatte natürlich für die Informationsbeschaffung des Archivs einige Probleme zur Folge: »Es fehlte [...] an entsprechenden externen Mitarbeitern. Das A. musste sich vor Publizität schützen, sodass verhältnismässig wenig Material aus der Bevölkerung kam.«[66] Zwar gab es einige freie Mitarbeiter – Rumkowski gewährte diesen sogar ein Honorar, bestehend aus Suppen[67] – doch für die Produktion der eigenen Texte des Archivs war man hauptsächlich darauf angewiesen, »die Ereignisse aus persönl. Erleben« zu erfahren, was wiederum bedeutete, dass man »meist [keine] Möglichkeit [hatte], den Ursachen oder Hintergründen nachzuspüren«.[68] Das machte einen eigenen Recherchestil notwendig: Alle Mitarbeiter des Archivs – auch die Sekretärinnen – betätigten sich ständig als Nachrichtenlieferanten, wie sich auch Lucille Eichengreen erinnert: »Everyone ›contributed‹, i.e. if you heard a rumor or had any kind of info you told Dr. Singer, Rosenfeld [...]. Sometimes they used the material, or reworded it or thought it best to ignore it.«[69] Bei der Überprüfung der Informationen waren die Möglichkeiten des Archivs erneut äußerst begrenzt. In relativer Offenheit, in der Kritik an Rumkowski mitschwingt, bekennt Singer im erwähnten »Enzyklopädie«-Artikel:

> »Die Hauptschwierigkeit, die sich einer genauen Berichterstattung entgegenstellte, war der Umstand, dass von der Leitung /Büro d. Aeltesten/ nahezu nichts zu erfahren und keine wichtigen Unterlagen zu haben waren. Der Aelteste selbst war in allen politischen Belangen äusserst zurückhaltend und schweigsam und wich allen Fragen immer wieder mit der stereotypen Antwort aus: Es ist noch nicht die Zeit darüber zu schreiben. Auch die erste Sekretärin, Frl. Dora Fuchs, war mit Auskünften überaus sparsam, ja ablehnend, was man aus der Lage der Dinge heraus verstehen muss.«[70]

---

65 »Enzyklopädie des Gettos«, Warschauer Konvolut, Karte 13.
66 »Enzyklopädie des Gettos«, Warschauer Konvolut, Karte 15.
67 Vgl. eine entsprechende Meldung in der »Chronik« vom 2.6.1944 im vorliegenden Band.
68 »Enzyklopädie des Gettos«, Warschauer Konvolut, Karte 16.
69 Eichengreen, Schreiben 9.7.2002.
70 »Enzyklopädie des Gettos«, Warschauer Konvolut, Karte 15 f. Zur erwähnten Dora Fuchs vgl. Endnote 14 (Juni 1944).

Bemerkenswert an Singers Feststellung ist sicher, dass er hier eine der Grenzen der eigenen Arbeit deutlich signalisiert – und damit auch den intendierten Leserkreis hinsichtlich der Verlässlichkeit aller selbst erstellten Texte des Archivs warnt. Nicht zuletzt war auch die »Enzyklopädie des Gettos«, die 1944 als letztes großes Unternehmen des Archivs entstand, konsequent auf zukünftige Leser ausgerichtet. Nimmt man die Zielsetzung der Abteilung ernst, die durch die maßgeblichen Personen im Umkreis von Rumkowski formuliert wurde – nämlich, dass sie eine Quellensammlung errichten sollte für »zukünftige Gelehrte, die das Leben einer jüdischen Gemeinde in einer ihrer schwersten Zeiten studieren wollen«[71] (Neftalin) –, muss diese Begrenzung doch überraschen. Rumkowski schien mit seinem Verhalten die eigenen Zielsetzungen zu konterkarieren. Über die Gründe für seine restriktive Informationspolitik den eigenen Archivaren gegenüber lässt sich heute nur spekulieren – sicher scheint jedoch, dass sie mit Rumkowskis Angst vor den Deutschen zu tun hatten. Besonders im Hinblick auf die Getto-Chronik, die ab Januar 1941 immerhin täglich die wichtigsten Ereignisse im Getto verzeichnen sollte, müssen die genannten Einschränkungen – fehlende freie Mitarbeiter, wenig Kooperation auf der Ebene der Leitung der Administrative des Judenältesten – hinderlich gewesen sein.

Die tägliche Arbeit im Archiv war allerdings noch weiter limitiert: Entscheidend für die Übernahme eines Dokuments in die Sammlung des Archivs, v. a. aber für die Aufnahme eines Mitarbeiter-Textes in die Archivbestände oder das Chronik-Konvolut waren die Urteile einer eigenen Zensureinrichtung des Archivs. Oskar Singer beschreibt die Arbeitsweise dieser hauseigenen Prüfstelle:

> »Im Anschluß an das A[rchiv] arbeitete eine sogenannte Zensurkommission, bestehend aus dem Oberleiter Rechtsanwalt Neftalin, dem jeweiligen Leiter des A[rchivs], Dr. Kamieniecki [d.i. der bestellte Archivar, SF] und dem Leiter der Schulabteilung Mosze Karo. Alle von den Mitarbeitern des A[rchivs] gelieferten Arbeiten wurden von dieser Zensurkommission nach verschiedenen Gesichtspunkten überprüft, bevor sie dem A[rchiv] einverleibt wurden.«[72]

Bis heute sind einige Entwürfe von Texten erhalten – v. a. auch von Oskar Singer –, in denen (oft handschriftliche) Verbesserungen vorgenommen wurden, die dann in offenbar späteren Versionen der Texte eingearbeitet sind. Diese Eingriffe in die Texte stammen vermutlich von den Zensoren.[73]

---

71 Aus einer Rede Neftalins anlässlich des ersten Geburtstages des Archivs. Vgl. dazu Dobroszycki, »Chronicle«, S. x.
72 »Enzyklopädie des Gettos«, Warschauer Konvolut, Karte 14 f. Zu Mosze Karo vgl. Endnote 15 (Juni 1944).
73 In der Ausgabe von Singers Texten, die nicht Eingang in die »Chronik« genommen haben, sind einige dieser Textbewegungen dokumentiert. Vgl. Singer, »Im Eilschritt«, z. B. S. 133. Wie oft die Zensurkommission tagte, ist nicht ganz klar. Singers Archiv-

Mit der Beschreibung der Zensurkommission weist Singer im »Enzyklopädie«-Artikel auf eine weitere Grenze der Archiv-Texte hin: Sie muss v. a. im Hinblick auf Rumkowski verstanden werden, der über dieses Instrument Verantwortlichkeiten herstellte, die wiederum zurückwirkten auf die gesamte Arbeit des Archivs. Nicht selten nämlich ließ er sich einzelne Texte vorlegen und überprüfte selbst das Bild, das in den Texten von ihm gezeichnet wurde.[74] Es versteht sich, dass die Mitglieder der Prüfstelle, die allesamt von Rumkowskis Gunst abhingen, schon aus Eigennutz dafür Sorge trugen, dass es von Rumkowskis Seite keine Beschwerden gab.[75] Und die Zensurkommission ist noch auf weitere (ungebetene) potentielle Leser ausgerichtet: die Nazis. Es lässt sich heute nicht mehr mit Sicherheit klären, ob sie im Detail etwa über das »Chronik«-Projekt informiert waren, doch bestand zumindest immer die Gefahr, dass die Deutschen die Texte hätten lesen können.[76] Lucille Eichengreen glaubt sogar fest dar-

Eintrag enthält dazu keine Angaben. Lucille Eichengreen erinnert sich an Sitzungen des Gremiums im Jahre 1943, v. a. im Hinblick auf die Chronik: »When they discussed the entries, no one else was present as far as the staff goes. I think the final word or approval came from Neftalin but I was not present. He was the most powerful and influential one, and a decent man. The meetings took place at irregular intervals, at times early, at times late« (Lucille Eichengreen, Schreiben an Sascha Feuchert, 24.7.2002).

74 Lucille Eichengreen betonte in einem Gespräch mit Sascha Feuchert, Erwin Leibfried, Jörg Riecke und Krzysztof Woźniak am 20.5.2001, dass Rumkowski nicht selten Einfluss auf die Texte nahm und sie kontrollierte – deutsche Passagen ließ er sich übersetzen. Teile des Gesprächs sind dokumentiert in: Sascha Feuchert: »Oskar Singer und seine Texte aus dem Getto – eine Hinführung«. In: Singer, »Im Eilschritt«, S. 7-25 (hier: S. 24), sowie Krzysztof Woźniak: »Bez Niemców nie byłoby Rumkowskiego«. In: »Tygiel Kultury« 1-3 (2002), S. 26-36.
Bernard Ostrowski hingegen berichtet, dass Rumkowski nur wenig Interesse zeigte, es daher auch zu keinerlei Auseinandersetzungen zwischen ihm und dem Archiv kam: »Durkh der gantser tsayt fun mayn tetikeyt hob ikh nisht bamerkt es zoln zayn shtraytn tsvishn di arkhiv mitarbeter un Rumkowski. Warshaynlekh hot Rumkowski nisht belayent di materialn un bikhal [im allgemeinen] zikh veynik far interesirt mitn arkhiv.« (Ostrowski, Aussage, Blatt 2)

75 Im Laufe der Zeit ist jedoch deutlich festzustellen, dass die Chronik auch Rumkowski und v. a. seiner Administrative gegenüber kritischer wird. Besonders in den beiden letzten Monaten lassen die Eingriffe der Zensur offenbar erheblich nach.

76 Dobroszycki ist der Meinung, dass die Deutschen keine Kenntnis von der »Chronik« hatten: »The Germans were unaware that the *Chronicle* was being written – its contents leave no doubt in that regard and no document or any other evidence has been found that would indicate that the German Ghetto Administration had been informed or had by its own means learned of the *Chronicle*'s existence.« (Dobroszycki, »Chronicle«, S. xvii f.)

an, dass zumindest Hans Biebow Kenntnis von dem kollektiven Tagebuch hatte: »Durch seine Spitzel war er bestens über alles informiert.«[77]

Die tägliche Arbeit im Archiv war auch unabhängig von den die Textproduktion wesentlich einschränkenden Maßnahmen nicht leicht; sie unterlag schließlich den widrigen Bedingungen, die für alle Gettobewohner galten. Oskar Singer beschreibt die Situation:

> »Man darf sich unter dem A[rchiv] keine stille Gelehrtenstube vorstellen, wo emsig geschrieben und gesammelt wurde. […] Hunger und Kälte liessen eine halbwegs regelmässige und erspriessliche schriftstellerische, schöpferische Arbeit kaum zu.«[78]

Auch Lucille Eichengreen erinnert sich an die harten Arbeitsbedingungen im Jahr 1943, als sie als Sekretärin für Singer tätig war:

> »The rooms were large and spacious and held few desks. There were windows but little light came into the rooms and we were in semi-light – semi-darkness. Soups were distributed in the hallway at lunch time. […] What bothered me most at the time was the lack of daylight or other light. There were several rooms occupied by various others, but I was really only familiar with the room in which I and Dr. S[inger] worked – it was the same large room and there was another clerk aside from myself.«[79]

Als Angestellte der Verwaltung des Judenältesten bekamen die Archivare ein festes Gehalt und eine zusätzliche Suppenration. Dennoch machte der Hungertod auch vor den Türen des Archivs nicht Halt. Oskar Singer berichtet in der »Enzyklopädie«:

> »Das Jahr 1943 riss schwere Lücken in die Reihen der Mitarbeiterschaft des A[rchivs]. Es starben hintereinander an Tuberkulose Cukier-Cerski, am 6.4.43, Dr. Kamieniecki am 21.6.43 und Dr. Heilig am 28.6.43. […] [Außerdem] kommt noch der [Tod] des Beamten Hecht hinzu.«[80]

Die beschriebenen Verluste waren nicht nur in menschlicher Hinsicht beträchtlich: Während mit Julian Cukier, der vor dem Krieg ein bekannter Journalist der liberalen Tageszeitung »Republika« war und aus einer bedeutenden Łódzer jüdischen Familie stammte, der erste Hauptautor der »Getto-Chronik« starb, verlor das Archiv in Dr. Bernard Heilig einen renommierten Gelehrten und seinen Spe-

---

77 Eichengreen, Gespräch 20.5.2001, hier zitiert nach Feuchert, »Hinführung«, S. 24.
78 »Enzyklopädie des Gettos«, Warschauer Konvolut, Karte 15. Auch Oskar Rosenfeld vermerkt mehrfach, wie schwierig die Umstände sind. So notiert er am 9.11.1942 lakonisch: »Friere im Amt.« (Rosenfeld, »Wozu noch Welt«, S. 171)
79 Lucille Eichengreen, Schreiben an Sascha Feuchert, 6.4.2002.
80 »Enzyklopädie des Gettos«, Warschauer Konvolut, Karte 14 f.

zialisten für alle Wirtschaftsfragen.[81] Dr. Abram Kamieniecki war vor Kriegsausbruch ein weltweit anerkannter Bibel-Experte, der auf eine breite akademische Ausbildung bauen konnte. Im Getto hatte er die offizielle Funktion des Archivars inne.[82] Szmul Hecht schließlich arbeitete im Archiv als eine Art »Rechercheur«, der – wie die Sekretärinnen – Nachrichten beschaffte und sie den schreibenden Kollegen zur Verwertung vorlegte. Auch einzelne Chronikeinträge stammen von ihm.

Die Todesfälle – aber auch einige Versetzungen – brachten die Aufgabenverteilung im Archiv natürlich gehörig durcheinander.[83] Cukiers Krankheit hatte zunächst zur Folge, dass Dr. Oskar Singer kommissarisch die Leitung des »Chronik«-Projektes übernahm, noch vor dem Tod des polnischen Kollegen war der aus Prag kommende Autor dann endgültig für das kollektive Tagebuch verantwortlich. Doch für Singer änderte sich schon rasch noch viel mehr. Er selbst berichtet in der »Enzyklopädie des Gettos« sachlich: »Im März 1943 übernahm

---

81 Über Bernard Heilig liegt ein Eintrag der Getto-Enzyklopädie vor, der von Oskar Rosenfeld verfasst wurde: »geb. 1902 in Prossnitz /Mähren/, studierte in der Schweiz Nationaloekonomie und wandte sich volkswirtschaftlichen Arbeiten zu. Spezielle Arbeiten betrafen die Wirtschaftsgeschichte der Juden Westeuropas, vornehmlich die Entstehung der Textilindustrie Mährens. Er war Mitarbeiter zahlreicher Zeitungen und Zeitschriften, denen er fachwissenschaftliche Beiträge lieferte. Mit dem II. Prager Transport im Oktober 1941 ins Getto gekommen, erhielt er im Februar 1942 eine Stelle im Archivum, wo er sich mit statistischen Arbeiten beschäftigte. Sein Hauptinteresse galt dem Zustand der Transporte aus Deutschland und der Tschechoslowakei. Darüber liegen einige aufschlussreiche Tabellen aus seiner Feder vor.
Im März 1943 erkrankte Dr. Heilig an Tuberkulose, der er am 28. Juni desselben Jahres erlag. /Grab in Marysin/.« (»Enzyklopädie des Gettos«, Łódzer Konvolut, Karte 115)

82 Oskar Rosenfeld widmete auch Dr. Kamieniecki einen Eintrag in der Getto-Enzyklopädie: »geb. 1874 in Slonim /Polen/, absolvierte die Universität Bern /semitische Philologie/ und betätigte sich schon in jungen Jahren als Bibelkritiker. Mitarbeiter zahlreicher Zeitschriften, z.T. in hebräischer Sprache. Spezielles Gebiet: Sprachkritik und Koheleth [d.i. hebräisch für »Prediger«, gemeint ist das in der Lutherbibel »Prediger Salomo« genannte Buch, SF]. Mitarbeiter der in russischer Sprache erschienenen jüdischen Enzyklopädie.
Im Getto zuerst als Schulinspektor im Rahmen der Schulabteilung tätig, nach dem Zusammenbruch des Schulwesens vom Präses ins Archivum berufen. Gestorben am 21. Juni 1943 an Tuberkulose. /Grab in Marysin/.« (»Enzyklopädie des Gettos«, Łódzer Konvolut, Karte 124)

83 Überhaupt war – natürlich besonders unter den Sekretärinnen – eine gewisse Fluktuation des Personals in der vierjährigen Geschichte des Archivs zu verzeichnen. Zur »Kernmannschaft« neben den bereits Erwähnten können noch Alice de Buton, Jerachmil Bryman, H. Dumnow, Dr. Halpern, Jaszunska, M. Nowak, Bernard Ostrowski und Dr. Peter Wertheimer gerechnet werden. Zu Letzterem vgl. auch weiter unten.

Dr. Klementynowski [d.i. der erste Direktor des Archivs, SF] die Leitung der neugegründeten Darlehenskassa und zu seinem Nachfolger als Archiv-Leiter wurde Dr. Oskar Singer bestellt.«[84] In nur etwas mehr als einem Jahr nach seiner Ankunft im Getto hatte Singer die Leitung der Abteilung inne und war damit einer der wenigen »Westjuden«, die im Getto eine Führungsrolle übernehmen konnten. Viele seiner Landsleute waren lange zuvor bereits deportiert worden oder waren den katastrophalen Zuständen im Getto zum Opfer gefallen. Neben Singer war im Archiv auch Dr. Oskar Rosenfeld, ein aus Wien stammender Journalist und Schriftsteller, wesentlich für die Chronik tätig. 1944 waren Singer und Rosenfeld praktisch die einzigen Autoren der Chronik – nur selten verfasste auch Dr. Peter Wertheimer Einträge. Wertheimer wurde 1890 in Pardubice geboren und lebte u. a. in Berlin und Prag. Als Beruf gab er auf einer An- und Ummeldekarte im Getto »Industrieller« an. Mehr ist über ihn nicht zu erfahren – die Mordaktionen der Nazis haben nicht nur Wertheimer, seine Frau und seine zwei Kinder vernichtet, sondern auch alle Spuren seines Lebens unwiederbringlich verwischt.

Für Singer und Rosenfeld sieht das wesentlich anders aus – ihrem Weg ins und im Archiv soll der letzte Abschnitt dieses einführenden Teils gewidmet sein.

Oskar Singer und Oskar Rosenfeld[85]

Oskar Rosenfeld (1884-1944) kann porträtiert werden als Schriftsteller und Journalist, der bereits früh durch den Zionismus geprägt wurde. Die Begegnung mit Theodor Herzl, deren Umstände Rosenfeld immer wieder selbst thematisierte,[86] gab dem Autor auch sein lebenslanges Thema mit auf den Weg: die Suche nach der Bestimmung einer dezidiert jüdischen Kunst, die er in der Folge – nach

---

84 »Enzyklopädie des Gettos«, Warschauer Konvolut, Karte 14.
85 Zum Folgenden vgl. v. a. Sascha Feuchert: »Oskar Rosenfeld und Oskar Singer – zwei Autoren des Lodzer Gettos. Studien zur Holocaustliteratur«. Frankfurt u. a.2004. Zahlreiche der nachstehenden biographischen Informationen verdanke ich Lia Mann, der Witwe von Oskar Rosenfelds Neffen Eric Mann, und Oskar Singers Sohn Ervin. Beide haben mir in zahlreichen Gesprächen und Briefwechseln Auskunft erteilt, wofür ihnen mein aufrichtiger Dank gilt. Die Gesprächsprotokolle finden sich in meiner oben erwähnten Arbeit über Rosenfeld und Singer. Auf eine Verortung einzelner Informationen in den Fußnoten wird daher hier verzichtet.
86 Auch im Getto erzählte er häufig davon, wie sich Bernard Ostrowski erinnerte: »A sakh mol fleg Rosenfeld unds dertseyln zene zikhroynes [Erinnerungen] wegn der tsayt fun zayn mitarbet mit dr. Herzl un andere groyse persoynlekhkaytn.« (Ostrowski, Aussage, Blatt 3)

einem mit der Promotion abgeschlossenen Studium der Philologie und Kunstgeschichte – wesentlich als Feuilleton-Redakteur der zionistischen Blätter »Wiener Morgenzeitung« und »Neue Welt« betrieb. Doch Rosenfeld suchte auch nach eigenen Möglichkeiten künstlerischen Ausdrucks. Ein Roman (»Die vierte Galerie«, 1910), eine Novelle in der Tradition der mährischen Ghettogeschichten (»Mendl Ruhig«, 1914) und eine Novellensammlung (»Tage und Nächte«, 1920) sind die wesentlichen Zeugnisse dieser Bemühungen – die Werke stehen dabei im Zeichen einer kritischen und bisweilen pessimistischen Haltung zur (europäischen) Moderne. Vereinzelung, Dekadenz und Verfall – das sind die Stichworte, die seine Werke thematisch umreißen. Stilistisch ist er dem Impressionismus verhaftet, inhaltlich orchestriert Rosenfeld seine negative Sicht auf die Möglichkeiten einer nur künstlerischen Existenz, gibt seiner Skepsis gegenüber einer Kunst Ausdruck, die offenbar nur sich selbst genug ist und ohne wirkliche Konsequenzen für den Einzelnen und die Gesellschaft bleibt.

Auch theoretisch verlangte er eine Nähe von Kunst und Leben: Zunehmend kristallisierte sich für Rosenfeld heraus, dass die jüdische Kunst entschieden national werden müsse; europäische Traditionen, die wesentlich von Juden mitgestaltet wurden, sollten dafür beerbt werden. Diese Kunst sollte lokal *in* und thematisch *um* Palästina als neuem Lebensmittelpunkt des jüdischen Volkes zentriert werden. Rosenfeld sah denn auch die Verwirklichung dieser nationalen Kunstidee und die Schaffung eines jüdischen Staates als zwei Seiten derselben Medaille, als Interdependenzen. Unter dem Druck der Ereignisse in Europa, die einen sich ständig verschärfenden Antisemitismus zeitigten, und den Entwicklungen in Deutschland wurde Rosenfelds politisches Engagement immer drängender; seine Kunstbetrachtungen traten bald dahinter zurück, blieben aber dennoch ein wesentliches Anliegen des Autors. Trotz intensiver Versuche gelang Rosenfeld die Flucht vor dem nationalsozialistischen Terror, den er mit aller Schärfe wahrnahm, nicht mehr rechtzeitig: Während seine zweite Frau Henriette nach England emigrieren konnte, musste er zunächst in Prag verbleiben, wohin er nach dem »Anschluss« Österreichs geflüchtet war (er wurde in Korycany geboren und besaß daher die tschechische Staatsbürgerschaft) – und fiel dort den Nazis nur wenige Tage vor seiner geplanten Ausreise in die Hände. 1941 wurde er nach Łódź deportiert.

Oskar Singer (1893-1944) fand – anders als Rosenfeld – erst sehr spät zum Journalismus. In Ustroň (Schlesien) geboren, schloss er ein Jurastudium in Wien mit der Promotion ab und arbeitete zunächst als Rechtsanwalt. 1933 dann ergriff er einen journalistischen Beruf: Als politisch und zionistisch sehr engagierter Mensch war dieser Wechsel offenbar eine Herzensangelegenheit. Mit dem Berufs- war auch ein Ortswechsel verbunden: Singer zog von Neu-Oderberg (Schlesien) nach Prag und arbeitete zunächst als Redakteur für den »Prager Montag«. Während dieser Zeit profilierte sich Singer auch weiter als Dramen-

Autor[87]: Sein Zeitstück »Herren der Welt«[88] führt in beeindruckender Manier vor, unter welchen katastrophalen Umständen die Juden in Deutschland zu leben hatten. Mit ungewöhnlicher Klarsicht prognostiziert das Drama – das man eher als eine Fortsetzung des Journalismus mit anderen Mitteln denn als künstlerisch herausragendes Werk charakterisieren kann –, wohin die Politik der Nationalsozialisten führen wird: zu einer vollständigen Vernichtung der Juden Europas.

Nach der Besetzung der Tschechoslowakei übernahm Singer, der sich bis dahin im eher linken Spektrum der Zionisten engagiert hatte, in schwerer Stunde Verantwortung: Er wurde Chefredakteur des »Jüdischen Nachrichtenblatts«, des Organs der Jüdischen Kultusgemeinde und der Zionistischen Organisation.[89] Freilich war die Wochenschrift auch eine Gründung Adolf Eichmanns: Unter seiner Zensur musste Singer über zwei Jahre arbeiten. Als Chefredakteur war der Journalist auch Mitglied der Leitungsgremien der Jüdischen Kultusgemeinde. Die ihm damals übertragene Verantwortung für seine Leidensgenossen nahm Singer äußerst ernst – auch später im Getto sollte er sich für »seine« Prager immer wieder besonders engagieren.[90] 1941 dann spitzten sich die Ereignisse zu: Durch den Brief eines Kollegen, der von der Gestapo abgefangen worden war, in Bedrängnis gebracht, musste sich Oskar Singer zwischen einem Standgerichtsverfahren und der Deportation nach Łódź mitsamt seiner Familie entscheiden – er »wählte« Letzteres.[91]

Nachdem Singer schon kurz nach seiner Ankunft in Łódź Anstellung im Archiv des Judenältesten gefunden und bald danach die Leitung des Chronik-Projektes übernommen hatte, baute er die »Chronik« wesentlich um.[92] Er machte

---

87 Als Dramatiker war er aber bereits 1916/17 mit einem Stück namens »Landsturm« hervorgetreten, »in welchem er die Zustände in der österreichischen Armee glossierte, und das, als es in jenen Kriegsjahren an einer kleinen Provinzbühne aufgeführt werden sollte, anderthalb Stunden vor Beginn der Vorstellung verboten wurde« (W[ilhelm ?] Sternfeld: »Auf der Suche nach einem Tagebuch«. In: Aufbau, 26.4.1946, S. 33). Das Stück ist heute leider verschollen.
88 Eine Neuausgabe dieses beeindruckenden Anti-Nazi-Stückes liegt vor: Oskar Singer: »Herren der Welt. Zeitstück in drei Akten«. Neu hg. und mit einem Vorwort versehen v. Sascha Feuchert. Hamburg 2001.
89 Vgl. dazu v. a. Ruth Bondy: »Chronik der sich schließenden Tore. Jüdisches Nachrichtenblatt – Zidovské Listy (1939-1945)«. In: »Theresienstädter Studien und Dokumente 2000«. Hg. v. Miroslav Kárný und Raimund Kemper in Zusammenarbeit mit Martin Niklas. Prag 2000. S. 86-106.
90 Dieses Engagement findet sich in den »Chronik«-Einträgen des vorliegenden Bandes deutlich wieder.
91 Vgl. dazu auch die Aussagen von Oskar Singers Tochter Ilse in: Bondy, »Jüdisches Nachrichtenblatt«, S. 89.
92 Vgl. zu den nachstehenden Bemerkungen auch Jörg Rieckes Aufsatz zur Sprache der »Chronik« im vorliegenden Band.

sie insgesamt feuilletonistischer und verlieh ihr zusehends den Charakter einer Zeitung – die an eine Leserschaft in der Zukunft gerichtet war: Er entwickelte mehrere feste Rubriken (»Man hört, man spricht«, »Kleiner Gettospiegel«), die Berichte wurden unmittelbarer und eine breitere Themenvielfalt – bis hin zu Witzen – hielt Einzug. Die wichtigste Änderung jedoch, die Singer durchsetzen konnte, betraf die Sprache des kollektiven Tagebuchs: 1941/42 wurde die Chronik nur auf Polnisch geführt, ab Ende 1942 dann zunächst parallel in Deutsch und Polnisch und schließlich ab 1943 nur noch auf Deutsch.[93]

Die spezielle Situation im Archiv, aber auch die besonderen Verhältnisse der Arbeit für die »Chronik« beeinflussten natürlich in erheblichem Maße, wie Singer und Rosenfeld die Getto-Wirklichkeit in ihren vielfältigen Texten interpretierten und darstellten. Auch hatten die unterschiedlichen Prägungen der Autoren zur Folge, dass sie verschiedene Strategien zur textlichen Bewältigung ihres Alltags wählten. Oskar Singer akzeptierte die Begrenzungen der Archivarbeit nicht nur, sondern legte sie in erheblichem Umfang und auf verschiedenen Ebenen auch immer wieder offen, wie bereits erläutert wurde: Sein »Enzyklopädie«-Eintrag zum Stichwort »Archivum« gibt schließlich die entscheidenden Hinweise auf die existierende Zensureinrichtung und auf die weiteren Schwierigkeiten bei der Informationsbeschaffung für die Archiv-Mitarbeiter. Auch seine Beiträge für die »Chronik« stellen diese Beschränkungen immer wieder aus: Sie geben damit wichtige Hinweise zum Umgang mit diesen Texten, indem sie implizit und nicht selten explizit den späteren Leser zur Kontextualisierung nachgerade auffordern.

Singers Selbstverständnis und seine breiten Erfahrungen im Umgang mit einem zensierten Medium führten dazu, dass er in nahezu vollem Umfang der skizzierten Form der textlichen Überlieferung der Getto-Wirklichkeit im Rahmen der Archiv-Arbeit vertraute: Das hatte auch zur Folge, dass Singer die Textsorten des Archivs in autobiographischer Hinsicht nutzte. Die »Chronik« und die »Enzyklopädie« werden so in vielerlei Hinsicht auch zu Ich-Dokumenten des Autors, die immer wieder Zeugnis ablegen von Singers Leben im Getto, seine Familie und sein politisches Engagement thematisieren. So artikuliert er in diesen Texten wiederholt seine Abneigung gegen jede Form der Protektion, geißelt die Günstlingswirtschaft um Rumkowski und kritisiert den Judenältesten auch persönlich hart, allerdings verdeutlicht er gleichzeitig, dass er dessen generelle Strategie, das Getto als kriegswichtige Produktionsstätte für die Nazis unent-

---

93 Diese Änderung der Sprache ist freilich nicht nur auf die Übernahme des Archivs durch deutschsprachige »Westjuden« zu erklären, sondern entspricht auch der allgemeinen Sprachpolitik im Getto. So war etwa der Gebrauch des Jiddischen in amtlichen Dokumenten oder auf Schildern ab Oktober 1942 durch die Deutschen verboten worden. Auch das Polnische hatte aus dem behördlichen Alltag nach und nach zu verschwinden.

behrlich zu machen, unterstützt. Singer wurde somit zu einem Verfechter jenes rational-ökonomischen Arguments im Verhalten den Nazis gegenüber, das letztlich durch die Vernichtungslogik des Rassenwahns zum Scheitern verurteilt war.

Angesichts der Tatsache, dass Singer die Bedingungen der Möglichkeit der Archiv-Arbeit akzeptierte, entstanden auch seine Texte, die nicht zum »Chronik«- oder »Enzyklopädie«-Projekt gehörten, folgerichtig größtenteils unter den skizzierten Umständen – ein rein privates Tagebuch führte er nicht. Überwiegend handelt es sich bei diesen Werken außerhalb der beiden Großprojekte um tagebuchähnliche Notizen, Essays, Reportagen und Entwürfe für ein Album des Präses.[94] In ihnen verfolgt Singer eine ähnliche Strategie wie in seinen »Chronik«-Arbeiten: Auch in seinen Reportagen, die überwiegend der Tradition Egon Erwin Kischs verpflichtet sind und sich besonders den Leistungen der Menschen in den zahlreichen Getto-Betrieben widmen, legt er die Grenzen seiner Arbeit offen. Mehr noch, er macht den Leser mehrfach darauf aufmerksam, dass dieser auf Singers Perspektive, auf seine Auswahl und Anordnung der Ereignisse wesentlich angewiesen ist: Er thematisiert sich somit selbst als konstruierendes Subjekt.

Oskar Rosenfeld ging in vielerlei Hinsicht einen anderen Weg als sein Kollege Singer. Das auffälligste Merkmal seiner Arbeit im Getto ist sicherlich die Tatsache, dass er neben seinen unter den Archiv-Bedingungen entstandenen Texten, die sich hauptsächlich in der Themenselektion von denen Singers unterschieden, auch umfangreiche private Notizen anfertigte, die nicht im Archiv verwahrt wurden.[95] Diese dienten gleich mehreren Zwecken: Zum einen treten die Aufzeichnungen heute als Komplementärtexte zu Rosenfelds »Chronik«- und »Enzyklopädie«-Beiträgen hinzu und erhellen diese nachhaltig. Oft werden nur aus der Lektüre beider Textsorten die verschiedenen Interpretationen Rosenfelds deutlich. Daneben waren Rosenfelds private Texte v. a. als Notizen für den Autor für eine spätere künstlerische Aufarbeitung der Getto-Erfahrung gedacht. Rosenfeld stellte auch im Getto in allen Bereichen seines textlichen Wirkens die Frage ins Zentrum seiner Überlegungen, wie eine gelingende künstlerische Auseinandersetzung mit der (Getto-)Wirklichkeit aussehen könnte. Er setzte damit auch im Getto seine Suche nach der Bestimmung einer jüdischen Kunst fort – freilich unter völlig veränderten Voraussetzungen. Die Getto-Umstände ließen selbstverständlich eine Definition der jüdischen Kunst als wesentlich national nicht (mehr) zu. Überhaupt ist festzustellen, dass sich Rosenfeld unter den unfassbaren Bedingungen des Gettos nur noch wenig mit zionistischen Themen beschäftigte: Palästina war – auch im übertragenen Sinne – in weite Ferne gerückt.

---

94 Diese Texte außerhalb der »Chronik« und der »Enzyklopädie« wurden im bereits erwähnten Singer-Band »Im Eilschritt« zusammengefasst.
95 Vgl. dazu Rosenfeld, »Wozu noch Welt«.

Eine erste Antwort auf diese neuerliche Suche nach dem Wesen der jüdischen Kunst fand der Autor zunächst in der Fortsetzung der künstlerischen Betätigung selbst: Das *Festhalten* an kreativer Betätigung, die nichtversiegende künstlerische Inspiration auch im Getto war ihm nun ein entscheidendes Signum der jüdischen Kunst: Widerstand manifestierte sich für Rosenfeld somit in der Hauptsache durch kulturelle Aktivität. Diesem Widerstand diente er auch selbst: in seinen Tagebüchern, seinen Entwürfen für Getto-Erzählungen – und in seinen Beiträgen für die Chronik.[96]

Widerstand – an diesem Punkt berühren sich Singers und Rosenfelds Zielsetzungen wieder: Für beide waren die 2.000 maschinenbeschriebenen Seiten der Chronik letztlich ein Triumph jüdischen Überlebenswillens. Bei allen Einschränkungen, denen die Chronik unterlag – und die auch den Chroniqueuren klar war –, sollten wir Heutigen, für die das monumentale Tagebuch letztlich entstand, diese Leistung zu würdigen wissen.

Die »Chronik« und die vielen anderen Texte sind auch ein Testament von Singer und Rosenfeld: Beide wurden im August 1944 nach Auschwitz deportiert. Rosenfeld wurde sofort zur Vergasung »selektiert«, Singer konnte noch einige Zeit im Lager überleben, ehe er vermutlich auf einem Todesmarsch erschossen wurde.[97]

---

96 Damit ist freilich Rosenfelds Auseinandersetzung mit der Getto-Wirklichkeit noch nicht abschließend gekennzeichnet. Wesentlich für seine privaten Aufzeichnungen ist auch eine Zertrümmerung der Sprache, die nur noch gehetzt, oft ohne grammatische Struktur, die Ereignisse notieren kann. Nach den Aussiedlungen des Jahres 1942, die Rosenfeld in ihrer Brutalität in seinem Tagebuch beschreibt, lösen sich die sprachlichen Strukturen in seinen Aufzeichnungen nach und nach auf. Auf diese Weise illustriert Rosenfeld, wie die Zivilisation im Getto – und mit ihr ihr Träger, die Sprache – zerfällt. Das freilich hindert ihn nicht daran, immer weiter nach den Bedingungen der Möglichkeit einer künstlerischen Auseinandersetzung mit dem Getto zu suchen und entsprechende Vorbereitungen zu treffen, sie nach dem Krieg zu realisieren. Vgl. dazu besonders Jörg Rieckes Aufsatz im vorliegenden Band.

97 Auch Singers Frau Margarethe überlebte den Holocaust nicht: Sie starb kurz nach der Befreiung in Bergen-Belsen an Typhus. Singers Kinder, Ervin und Ilse, sind die einzigen Überlebenden der Familie. Rosenfelds Frau Henriette, die er oft in seinem Tagebuch erwähnt, überlebte den Krieg in London und wanderte später nach Australien aus.

JÖRG RIECKE

Die Sprache der »Chronik«
Schreiben im Angesicht des Todes

Auf welche Art und Weise kann über das eigentlich doch unsagbare Grauen des Lebens hinter den Drähten des Gettos berichtet werden? Was für eine Sprache steht den Autorinnen und Autoren des Archivs in der Verwaltung des »Judenältesten« für ihre Schreibversuche zur Verfügung? Was sind das überhaupt für Texte, die von den Opfern des Nationalsozialismus im Angesicht des Todes verfasst wurden – in einem der zahlreichen Gettos, in einem Konzentrationslager, in einem Versteck, auf der Flucht?

Die sprachwissenschaftliche Forschung hat auf diese Fragen bisher noch wenig Antworten gefunden.[1] Das liegt zum Teil sicher daran, dass über die wichtige Beschäftigung mit der »Sprache des Nationalsozialismus« als dem Sprachgebrauch der NSDAP seit etwa 1920 und der »Sprache im Nationalsozialismus« als Sprache der NSDAP plus den verschiedenen anderen Traditionen politischer Sprache, die zwischen 1933 und 1945 im Deutschen Reich wirksam waren, die Sprache der Opfer des Nationalsozialismus bisher deutlich zu kurz gekommen ist. Es wird aber nicht zuletzt auch daran liegen, dass bis heute ein großer Teil der zwischen 1933 und 1945 in deutscher Sprache geschriebenen Texte der Opfer nicht veröffentlicht ist. Erst mit der Edition der »Łódzer Getto-Chronik« werden wir, ergänzt durch einige weitere Dokumente aus dem Umfeld der Chronik, für das Łódzer Getto über eine Textgrundlage verfügen, die über die Möglichkeiten des Schreibens im Angesicht des Todes Aufschlüsse geben kann. Es ist gewiss kein Zufall, dass solche Texte vor allem im Łódzer Getto besonders zahlreich entstanden sind. Der unaufhörliche Hunger, tödliche Krankheiten, Hinrichtungen, willkürliche Ermordung, Deportation und das ungewisse Schicksal überhaupt machten den Tod zum ständigen Begleiter aller Bewohner des Gettos. Es ist schwer vorstellbar, dass diese Bedingungen ohne Einfluss auf das Verfertigen von Texten geblieben sind. Die Beschäftigung mit der Sprache dieser Texte lebt heute von der Hoffnung, auf diese Weise auch etwas Grundsätzliches über

---

[1] Für eine erste Einordnung vergleiche man Jörg Riecke: »An den Randzonen der Sprache. ›Lagersprache‹ und ›Gettosprache‹ zur Zeit des Nationalsozialismus«. In: Klaus Siewert (Hg.): »Aspekte und Ergebnisse der Sondersprachenforschung II« (Sondersprachenforschung 7). Wiesbaden 2002. S. 23-33; ders.: »Zur Sprache der Opfer des Nationalsozialismus. Oskar Rosenfelds Aufzeichnungen aus dem Getto Lodz«. In: Gisela Brandt (Hg.): »Soziofunktionale Gruppe und sozialer Status als Determinanten des Sprachgebrauchs. Internationale Fachtagung Rostock 25.-27.9.2000«. Stuttgart 2001. S. 237-254.

die Leiden der Opfer und die Mechanismen des Terrors zum Ausdruck bringen zu können.

Texte aus dem Getto Łódź

Während es unter dem Stichwort »Sprache der Opfer des Nationalsozialismus« bei der Untersuchung der Sprache in den Konzentrationslagern in erster Linie um die Rekonstruktion des mündlichen Sprachgebrauchs unter extremen Lebensbedingungen geht,[2] sind unter den (nur) äußerlich noch ansatzweise normalen Lebensbedingungen des Gettos fast alle geschriebenen Textsorten möglich, die auch sonst bekannt sind.[3] Im Łódzer Getto »entsteht ein vollständiger Mikrokosmos, eine vorgetäuschte Normalität eines alltäglichen Lebens. Eine verzweifelt aufrecht erhaltene Normalität, die nicht nur dem physischen Überleben dient, sondern immer mehr zum psychischen Zufluchtsort wird. Zu einer selbst genährten Illusion, in die zu flüchten den einzigen Schutz darstellt, den es noch gibt.«[4] Zum Leben im Getto gehörte, im Unterschied zum Lagerleben, für die meisten Deportierten eine eigene Wohnung, ein Arbeitsplatz und ein gewisses Maß an freier Zeit. Dies bildete für die »Gettomenschen« den Rahmen, um wie im »normalen Leben« zu schreiben. Wir wissen von privaten Briefen, Postkarten und von Eingaben an die Gettoverwaltung sowie von einer Vielzahl von Dokumenten und Bekanntmachungen der jüdischen Gettoverwaltung und ihrer Abteilungen selbst. Unter dieser Menge von getto-öffentlichen und privaten Schriftstücken beanspruchen diejenigen unser besonderes Interesse, die über die jeweils konkrete Kommunikationssituation hinaus tiefere Einblicke in das Gettoleben und die Strategien seiner Bewältigung erlauben.[5] Unter diesem Blickwinkel betrachtet liegen uns aus Łódź in deutscher Sprache bisher vier größere Textgruppen vor:

– die umfangreiche »Getto-Chronik« des Getto-Archivs
– Essays und Reportagen aus dem Umfeld der »Getto-Chronik«

---

2 Vgl. Danuta Wesołowska: »Wörter aus der Hölle. Die ›lagerszpracha‹ der Häftlinge von Auschwitz«. Kraków 1998.
3 Zur Sprachsituation im Getto insgesamt vgl. die Überlegungen von William Bostock: »Language policy and use in the Lodz Getto 1940-1944«. http://wjmll.ncl.ac.uk/issue03/bostock.htm.
4 Loewy, »Vorwort Rosenfeld«, S. 21.
5 Für eine allgemeine Bewertung jener Texte, die in Hitlers Gettos entstanden, vgl. besonders Gustavo Corni: »Hitler's Ghettos. Voices from a Beleaguered Society 1939-1944«. London 2003.

– die »Getto-Enzyklopädie«
– die Tagebuchaufzeichnungen Oskar Rosenfelds und ähnliche Werke[6]

Mit jeder der vier Textgruppen wird ein anderer Zugang zur Realität des Getto-Alltags gewählt. Da es letztlich nur eine kleine Gruppe von Autoren des Archivs und der Statistischen Abteilung ist, deren Aufzeichnungen sich auf die verschiedenen Textgruppen verteilen – vor allem Oskar Rosenfeld als Verfasser eines Tagebuchs und Oskar Singer als Verfasser zahlreicher Essays sind gleichzeitig maßgebliche Autoren der »Chronik« und der »Enzyklopädie« –, kann davon ausgegangen werden, dass die unterschiedlichen Zugänge bewusst gewählt worden sind.

Oskar Singers Essays[7] sind für Leser geschrieben, die einen möglichst umfassenden Einblick in das Gettoleben erhalten sollen. Dass es im Getto selbst keine Leser dieser Texte gibt, blendet er aus. Während die Essays in sprachlicher Hinsicht vor allem dadurch überraschen, dass es sich um scheinbar unauffällige Texte handelt, deren Sprachformen sich kaum von Texten unterscheiden, die zwischen 1918 und 1933 an vielen Orten Mitteleuropas entstehen konnten, markieren die Tagebücher Oskar Rosenfelds, die »Getto-Enzyklopädie« und die »Getto-Chronik« drei extreme Möglichkeiten der sprachlichen Verarbeitung der Getto-Erlebnisse. Rosenfelds Tagebücher sind ein einzigartiger Versuch, die Zerstörung einer Persönlichkeit sprachlich zu dokumentieren. Sie treten uns in einer Sprache entgegen, die syntaktische und morphologische Regeln weitgehend hinter sich lässt. Wort- und Satzfetzen erzeugen eine Trümmerlandschaft, die den Alltag des Gettos abbilden soll. Das Lesen und vermutlich auch das Schreiben dieser Aufzeichnungen wird aber früher oder später unerträglich. Die Suche nach der unmittelbaren Darstellung des Grauens muss in letzter Konsequenz zum völligen Verlust der Grammatik, ja der Sprache selbst führen. Obwohl Oskar Rosenfeld der Versuch der Abbildung des Getto-Terrors durch die Sprache auf erschütternde Weise gelingt, kann er sein Ziel so letztlich doch nicht erreichen. Die nackte Wahrheit des Gettos bleibt unverdaulich, nicht vermittelbar. Dies deutet bei einem sprachbewussten Autor wie Rosenfeld darauf hin, dass es gar nicht darum geht, mit einem Leser in direkten Kontakt zu treten. Seine privaten Texte sind nicht kommunikationsorientiert. Sie markieren einen extremen Punkt dessen, was mit Sprache zum Ausdruck gebracht werden kann. Seinen Versuch beschreibt er selbst so: »Umschreibend sagen, ganz sachlich, kurze Sätze, alles Sentimentale beseitigen, fern von aller Welt sich selbst lesen, ohne an Umgebung denken, allein im Raum, nicht für die Menschen bestimmt, als Erinnerung für

---

6 Wie etwa Irene Hauser: »›Nicht einmal zum Sterben habe ich Protektion …‹ Tagebuch von Irene Hauser«. Hg. v. der Arbeitsstelle zur Vorbereitung des Frankfurter Lern- und Dokumentationszentrums des Holocaust. Frankfurt 1992.
7 Wie sie versammelt sind in Singer, »Im Eilschritt …«.

spätere Tage.«⁸ Hier wird thematisiert, was ich als die sprecherzentrierte Funktion der Sprache bezeichnen möchte. Seine Texte sind nicht für andere Leser bestimmt, aber nicht nur, weil es im Getto keine Öffentlichkeit gibt, die diese Texte lesen könnte. Sie dienen von vornherein nur dem einen Zweck, »sich selbst« zu lesen.

Die »Getto-Enzyklopädie« und die »Getto-Chronik« beschreiten dagegen einen anderen, einen mittleren Weg zwischen Essays und Tagebuchnotizen. Beide Textgruppen gehören nicht zur privaten, sondern zur dienstlichen, zur halböffentlichen Schriftlichkeit der Getto-Autoren. Die »Enzyklopädie« versteht sich dabei gewissermaßen als Ergänzung zur »Chronik«. Hier kann der Rhythmus der täglich neu zu schreibenden Tagesereignisse für kurze Momente unterbrochen werden. Informationen zu Persönlichkeiten und Institutionen des Getto-Lebens, aber auch viele Einträge zu speziellen Bezeichnungen und Redewendungen, die für das Getto-Leben typisch sind, werden in deutscher, polnischer oder jiddischer Sprache auf Karteikarten festgehalten. Die »Enzyklopädie« wirkt daher heute wie die tiefere Ebene eines Hypertextes, die wir immer dann ansteuern, wenn es uns an Hintergrundwissen fehlt, um die Aussagen der »Chronik« direkt zu verstehen. Besonders auffällig ist, wie ihre Autoren die Geschehnisse im Getto durch die Wahl des Präteritums historisieren.⁹ Vor allem die unmittelbar mit Terror, Folter und Mord verbundenen Institutionen und Gebäude der Besatzungsmacht werden so als überwundene Erscheinungen der Vergangenheit gebannt. Es handelt sich – obwohl die Schreibsituation mit dem Schauplatz des Geschehens untrennbar verknüpft ist – um eine »erzählte Welt«:

> »Rojtes Hajzel. Das Gebäude, welches die deutsche Kriminalpolizei/Kripo im Getto beherbergte. Es lag gegenüber der Marienkirche, der Hauptkirche des Stadtteils, der zum Wohngebiet der Juden gemacht wurde. Ein einstöckiger Bau in schlichtem gotischen Stil aus roten Backsteinziegeln, ursprünglich das zur Marienkirche gehörende katholische Pfarramt. O.R.«¹⁰

Die »Chronik« ist schließlich das Herzstück der Texte aus dem Łódzer Getto. Alle übrigen zeitgenössischen Schriften der Archiv-Mitarbeiter umkreisen sie kommentierend, ergänzend, greifen in den Essays und Tagebuchnotizen ins Persönliche aus oder konservieren die Tagesereignisse in Form enzyklopädischer Artikel. Im Folgenden soll die Sprache der Chronisten, insbesondere in den Monaten Juni und Juli 1944, etwas genauer betrachtet werden.

---

8 Rosenfeld, »Wozu noch Welt«, S. 36.
9 Vgl. dazu besonders Feuchert, »Rosenfeld und Singer«, v. a. das Kapitel »3.2.2 Für eine (Kultur-)Geschichte des Gettos – der letzte Baustein des Archivs: die Getto-Enzyklopädie«, S. 322 ff.
10 »Enzyklopädie des Gettos«, Warschauer Konvolut, Karte 328.

Die Sprachform der »Getto-Chronik«

In der »Chronik« war es das Ziel, die täglichen Nachrichten über das Leben im Getto durch eine – spätestens ab Mitte 1943 etablierte – feste journalistische Form berechenbar und ertragbar zu machen. Typisch für die journalistische Form sind Formulierungen wie »Den Lebenslauf des Verstorbenen bringen wir im morgigen Tagesbericht«, »Die Sensation des heutigen Tages ist die Nachricht …« oder »wir stellen richtig«. Auf der Textebene stehen die klassischen journalistischen Sprachhandlungen des Informierens, Berichtens und Kommentierens im Vordergrund. Sprachhandlungen wie Informieren und Berichten verweisen stets auf ein Gegenüber, sie sind also kommunikativ ausgerichtet. Die »Chronik« will aber mehr sein als eine Sammlung von Tagesnachrichten und statistischen Daten. Die reine Wiedergabe der Fakten des Alltags, wie es vielleicht die Aufgabe eines »Archivs« gewesen wäre, lassen Rosenfeld und Singer rasch hinter sich. Um die statistischen Mitteilungen herum gruppieren sich ganz andere, literarisch gefärbte, ja humoristische Texte. Auf die regelmäßigen statistischen Angaben und Tagesnachrichten folgen ab 1943 Rubriken wie »Man hört, man spricht«, »Kleiner Getto-Spiegel« und »Getto-Humor«. Durch diese Ausgestaltung erscheint die Łódzer »Getto-Chronik« wie jede Tageszeitung als ein Textsortenensemble, das aus verschiedenen berichtenden, kommentierenden und unterhaltenden Textsorten besteht. Die Łódzer »Chronik« wird so zu einer Textsortenvariante der Textsorte »Chronik«, in der nicht nur berichtet und kommentiert wird. In den drei feuilletonistischen Rubriken vollziehen die Chronisten darüber hinaus mit feinem Humor eine Umdeutung der vielen entwürdigenden Ereignisse, die dadurch überhaupt erst konsumierbar werden. In seinen Tagebuchnotizen erläutert Oskar Rosenfeld anlässlich des Besuchs einer Revue, welche Rolle er dem Humor im Getto zuschreibt:

> »Der Möglichkeit, aktuelle Themen – wie sie die jüdische Gasse im Getto dem Beobachter aufdrängt – einzufangen und sie als einmalige, unwiederbringliche Geschehnisse dem Gettomenschen einzuprägen, weichen die Autoren aus. Sogar das sketchartige Bild ›Getto-Plotkes‹ (Getto-Gerüchte) begnügt sich mit oberflächlichen Andeutungen. Hier wäre Platz gewesen mit Witz und Humor (mit Galgenhumor) und Satire über das Unikum Litzmannstadt-Getto etwas Bezeichnendes zu sagen. Die Tatsachen selbst sind derart in die Augen springend, daß man ihnen, ohne gerade ein Scholem Alejchem sein zu müssen, die heitersten Seiten abgewinnen kann. ›Lachen ist gesund – Ärzte verordnen Lachen‹ diese Parole Scholem Alejchems zu befolgen, hätte zweifellos die anmutigsten Folgen gehabt.«[11]

11 Rosenfeld, »Wozu noch Welt«, S. 98 f.; Juni 1942. – Derartige Kulturveranstaltungen konnten nur in der Anfangszeit des Gettos stattfinden.

Für wen allerdings werden die Interpretationen und humoristischen Umdeutungen der Gettorealität vorgenommen? Anders als für Journalisten außerhalb des Gettos gibt es für die Autoren der »Chronik« keine unmittelbare Leserschaft: »Ein wenig kompliziert sind die Sachen für den erstaunten Leser unserer Nachwelt« (2. Juli 1944). Auch die »Chronik« selbst ist letztlich Teil der vorgetäuschten Normalität eines alltäglichen Lebens. Wie alle übrigen reflektierten Texte des Gettos auch ist sie eine »Flaschenpost« (Hanno Loewy) für spätere Leser. Die Konstruktion äußerlicher Normalität zeigt sich im Schreiben in festen Rubriken und Textmustern. Die Realität des Gettos, die alles andere als »normal« war, erfährt dadurch eine Umdeutung, die – zumal in einem Text ohne Leser – in sprecherorientierter Perspektive eine neue Ordnung der Dinge erzeugt. Die »Chronik« zielt also neben der kommunikationsorientierten Sprachfunktion zumindest im Sinne der »Flaschenpost« darüber hinaus auch auf den kognitiven, sprecherzentrierten Aspekt der Strukturierung eigener Gedanken und Empfindungen. Offensichtlich lässt sich das Getto für die Autoren auf diese Weise noch am ehesten ertragen.[12]

Aufs Ganze gesehen erweist sich neben der äußeren Form der »Chronik« in sprachlicher Hinsicht als eigentlich charakteristisches Merkmal, dass hier im Angesicht des nationalsozialistischen Terrors ein geradezu leichtes und luzides Deutsch geschrieben wird, das sich mal am Stilideal der deutschen Klassik und mal am Ton des eleganten Feuilletons zu orientieren scheint. Die Sprache der »Chronik« – insbesondere in den Rubriken »Getto-Humor«, »Man hört, man spricht« oder »Kleiner Getto-Spiegel« – steht damit im krassen Gegensatz zur äußeren Lage im Getto und auch zu der Sprache, die die Nationalsozialisten in ihren Befehlen und Bekanntmachungen im Getto verlauten lassen. Die Sprache der »Getto-Chronik« wird damit über weite Strecken geradezu zu einer Sondersprache, mit deren Hilfe die Autoren versuchen, in einer völlig aus den Fugen geratenen Welt noch einen Rest von Normalität und Humanität aufrechtzuerhalten. Die Literarisierung erweist sich als der einzig gangbare Weg, der Wirklichkeit gegenüberzutreten.

In den letzten Monaten vor der Auflösung des Gettos scheint es den Autoren allerdings immer schwerer zu fallen, ihr sprachliches und stilistisches Programm aufrechtzuerhalten. Hunger und die immer größer werdende Unsicherheit, ob und wie das Leben weitergehen wird, machen sich auch in Stil und Sprache der »Chronik« bemerkbar. Dazu noch einige abschließende Bemerkungen.

---

12 Selbst wenn man bedenkt, dass Rumkowski die »Chronik« in erster Linie dazu führen ließ, sein Bild in der Geschichte positiv festzuschreiben, sind diese Überlegungen gültig.

Zum Sprachgebrauch in der »Getto-Chronik« der Monate Juni und Juli 1944

Ein erster Zugriff auf die Sprache der »Chronik« in den Monaten Juni und Juli 1944 kann durch die Suche nach Wörtern erfolgen, die für den heutigen Leser das Textverständnis erschweren. Diese »schweren Wörter« werden in der vorliegenden Textausgabe in den Endnoten erklärt. Die Zusammenstellung einer solchen Liste ist immer abhängig vom jeweiligen Kenntnisstand des Bearbeiters und daher nie ganz frei von Zufälligkeiten. Es lassen sich aber dennoch mindestens drei Merkmale benennen, die bei einer solchen Liste berücksichtigt werden müssen. Aufgenommen werden:

- einheimische Wörter und Wortformen, die in der Gegenwartssprache nicht mehr verwendet werden;
- Entlehnungen, die in der Gegenwartssprache nicht oder nur sehr selten verwendet werden;
- einheimische Wörter und Wortformen sowie Entlehnungen, die in der Gegenwartssprache zwar verwendet werden, jedoch in einer anderen als der im Text bezeugten Verwendungsweise.

Bearbeitet man den Text unter diesen drei Gesichtspunkten, so erhält man eine große Zahl von Wörtern, die auf die eine oder andere Weise erklärungsbedürftig sind. Statt einer vollständigen Liste sollen an dieser Stelle nur einige Beispiele für die Zusammensetzung der »schweren Wörter« gegeben werden. Sie lassen sich fast alle auf die Gruppen »Fremdwörter«, »Regionalismen« und »Sondersprachliches« verteilen.

Zu den Fremdwörtern und in das Deutsche integrierten Lehnwörtern zählen Latinismen und Romanismen wie *affichieren*, *Ambulatorium*, *Deroute*, *Dignitare*, *Diphtheritis*, *endemisch*, *exmittieren*, *expedieren*, *figurieren*, *Karbunkel*, *Lungeninfiltration*, *Ordination*, *Pellagra*, *Peri appendizitisch*, *Reiseeffecten*, *Remanent*, *requirieren*, *Ressort*, *Sentiment*, *Talon*, *Tetanie*, *Translokation*, *Trikotagen*, *Valuta* und *Zugsgarnitur*. Dazu tritt eine kleine, aber charakteristische Gruppe von Fremdwörtern, die aus der österreichischen Amts- und Verwaltungssprache stammt: *Approvisation* ›Lebensmittelzuteilung‹, *außertourlich* ›außerhalb der Reihenfolge, zusätzlich‹, *Evidenz* ›Aufsicht‹, *Kontrollor* ›Kontrolleur‹ *Ordinationsstunde* ›Sprechstunde‹, *Petent* ›Bittsteller‹, *Primarius* ›leitender Arzt eines Krankenhauses‹. Auch die übrigen Fremdwörter lassen sich meist fachsprachlichen Zusammenhängen zuweisen. Eine Sonderstellung nehmen dabei nur die medizinischen Termini ein, da sie nicht immer zum aktiven Wortschatz der Chronisten gehören müssen. Vielfach sind die in der Rubrik »Sanitätswesen« verzeichneten Ausdrücke wohl unmittelbar aus den ärztlichen Totenscheinen der täglichen Sterbefälle entnommen worden. Zum aktiven

Wortschatz hinzugehört allerdings engl. *clearing* ›Verrechnung‹, eine frühe Entlehnung der Wirtschaftssprache. Jiddisches wie *meschugge* ›nicht bei Verstand‹ oder *nebbich* ›nun wenn schon‹ ist dagegen selten, eher ein Ornament; auch Polnisches wie *Botwinki* ›Rote Beete‹ oder *Działka* ›Gemüsegarten‹ erscheint nur ganz vereinzelt.

Dieser überwiegend fach- und bildungssprachliche Wortschatz, gelegentlich ergänzt durch hebräische und lateinische Zitate, verortet die Sprache der Chronisten auf einer stilistisch hoch gelegenen Ebene. Um dies zu verdeutlichen, wurden auch die Bedeutungsangaben in den Fußnoten der Textedition durch knappe Hinweise auf Etymologie und Gebrauchsbedingungen der Lexeme ergänzt. Dass sich der Wortschatz der »Chronik« auch räumlich verorten lässt, haben bereits die Beispiele aus der österreichischen Amtssprache gezeigt. Viele »Chronik«-Autoren sind offenbar mit einem der Prager Transporte nach Łódź gekommen und zeigen, unbeschadet ihres hohen stilistischen Vermögens, deutliche Spuren des Prager und Wiener Deutschen des frühen 20. Jahrhunderts. Wenige Beispiele, wie *auflassen* ›schließen‹, *ausfolgen* ›zuteilen‹, *Deka(gramm)*, *Kassa*, *Spital*, *eine Post von 1800 Laib Brot* oder Pluralbildungen wie *Bündeln* und *Pölster* können dies verdeutlichen. Vermutlich zählen dazu auch einige der im Text verwendeten Archaismen wie *Feldscher*, *siech* oder *Scheidemünze*.

Besondere Aufmerksamkeit erfordert schließlich die dritte Gruppe der gesammelten »schweren Wörter«. Hier werden Bezeichnungen erfasst, denen unter den besonderen Bedingungen des Gettos eine Bedeutung zugeschrieben wird, die von den außerhalb des Gettos üblichen Verwendungsweisen abweicht. Oskar Rosenfeld erläutert dies in seinen Aufzeichnungen:

> »Die Veränderungen aller sozialen, geistigen und ökonomischen Funktionen hatte eine Veränderung der meisten Begriffe zur Folge. Begriffe, die bisher überall unter europäischen Menschen ihren eindeutigen Sinn hatten, unterlagen einer völligen Wandlung. Sie mußten sich den Bedingungen anpassen, die mit dem Getto ihre Geltung bekommen hatten. Sobald die Freiheit der Bewegung, des äußeren Tuns verloren gegangen war, konnte auch das Wort, das Sprichwort, die Sentenz nicht mehr im bisherigen Sinn angewendet werden. Der Wandel der Lebensformen erzwang den Wandel der Begriffsformen.«[13]

Einige besonders charakteristische sondersprachliche Bezeichnungen enthält die noch unpublizierte »Getto-Enzyklopädie«. Die »Chronik«-Monate Juni und Juli 1944 bieten neben Abkürzungen wie *L.S.* für Luftschutz und *O.D.* für Ordnungsdienst einige Latinismen wie *Präses*, *Protektion*, *Ressort* oder *Talon*, Austriazismen wie *Menaschka* für den Essnapf aus franz. *menage*, Jiddisch/Polnisches wie *Plejzes* ›Schulter, Rücken‹, das im Getto in der Bedeutung ›Bezie-

---

13 Rosenfeld, »Wozu noch Welt«, S. 246.

hungen‹ verwendet wird, sowie Einheimisches wie *Eingesiedelte* ›ins Getto Deportierte‹, *staatlich* ›deutsch‹, *Päckel* ›versteckte Wertsachen‹ oder *Draht* in der Wendung *außerhalb der Drähte* für »außerhalb des Gettos«. Auch der Spottname *Rumki* (nach Rumkowski) für die vom Judenältesten eingeführte Gettowährung gehört zum sondersprachlichen Bestand der »Chronik«.

Neben solchen »schweren Wörtern«, die das Verständnis des Textes behindern, gibt es einige weitere Besonderheiten des Sprachgebrauchs, wenngleich auch sie zum Ende des Berichtszeitraums seltener werden. Auffällig bleiben aber bis zum Schluss die Hypostasierungen vom Typ »das Getto zieht Schlüsse« sowie die Rede von den »Gettomenschen« selbst. Erklärungsbedürftig ist sicher auch die Verwendung eines Lexems wie *Menschenmaterial*, so zuletzt am 14. Juli: »Das Getto geht schwersten Stunden entgegen, denn nun greift die Aussiedlung sozusagen an das Herz, an das beste und wertvollste Menschenmaterial«. Der Kontext lässt keinen Zweifel darüber, dass *Menschenmaterial* vom Chronisten im Unterschied zum heutigen Sprachgebrauch positiv verstanden wird. Über die Wortgeschichte informiert das »Vokabular des Nationalsozialismus«:[14] Das Wort, das zuerst von Karl Marx als Terminus der materialistischen Nationalökonomie gebraucht wurde, wird gegen Ende des 19. Jahrhunderts auch als Bezeichnung für den »materiellen Faktor Soldaten« im Krieg verwendet, schließlich auch als Bezeichnung für das Volk, mit dem ein Staatsmann den Staat errichtet. Auch Theodor Herzl gebraucht das Wort 1908 in dieser Bedeutung in seinen »Zionistischen Schriften«: »Schlimmer ist, daß die ungenügenden Ergebnisse bei den Juden selbst Zweifel an der Brauchbarkeit des jüdischen Menschenmaterials hervorriefen.«[15] Nachdem der Ausdruck im Zuge einer Bedeutungserweiterung bereits seit der Jahrhundertwende eine zentrale Rolle im Diskurs über »Rassenhygiene« spielt, beginnt seine kommunikative Karriere im Nationalsozialismus. Seine Herkunft aus marxistischem Umfeld hatte dann allerdings seit 1942 zu mehreren Presseanweisungen geführt, dass der Ausdruck im Deutschen Reich zu vermeiden sei. Der häufige Gebrauch im Zusammenhang »rassischer« und »rassenhygienischer« Überlegungen hatte das Wort aber für Gegner des Nationalsozialismus bis dahin schon eindeutig negativ konnotiert.

Es ist daher auszuschließen, dass im von der Außenwelt abgeschnittenen Getto diese Bedeutungsverschlechterung nicht wahrgenommen wurde. So ist es bemerkenswert, dass gerade die Opfer des menschenverachtenden Systems die eigenen Leidensgefährten weiterhin als »Material« bezeichnen. Mir scheint es daher wahrscheinlich zu sein, dass die Chronisten an der positiven, älteren

---

14 Cornelia Schmitz-Berning, »Vokabular des Nationalsozialismus«. Berlin/New York 1998. S. 399 f.
15 Hier zitiert nach Schmitz-Berning, »Vokabular«, S. 401.

Konnotation des Wortes vor allem deshalb festhalten, weil sie den Nationalsozialisten keinen Einfluss auf ihren eigenen Sprachgebrauch zugestehen wollen.[16] Wenn die Chronisten die »Gettomenschen« als »Menschenmaterial« bezeichnen, dann zitieren sie damit eigentlich Theodor Herzl und seinen »Judenstaat«.

Auf dem Hintergrund der Literatursprache des »Weimarer Deutsch«[17] der ersten Jahrhunderthälfte mit seinen langen Sätzen und Hypotaxen werden so die Wörter zu den charakteristischen Merkmalen der »Chronik«. Der hier ermittelte Wortschatz verteilt sich dabei nicht gleichmäßig auf alle Bereiche der »Chronik«, sondern ist zumindest tendenziell verschiedenen Rubriken zugeordnet. Eine Durchsicht der letzten zwei Monate ergibt, dass abgesehen vom standardisierten Kopf in jeder der 60 Tageschroniken nur die Rubriken »Tagesnachrichten«, »Approvisation« und »Sanitätswesen« (gelegentlich auch »Sanitätsnachrichten«) erscheinen. Dazu treten mit deutlichem Abstand »Kleiner Getto-Spiegel« (24), »Ressortnachrichten« (13), »Fürsorgewesen« (3), »Man hört man spricht« (3), »Gesundheitswesen« (2) und »Bekanntmachungen« (1). Damit überwiegen jetzt eindeutig die berichtenden Textsorten. Der Schwerpunkt der kommentierenden Passagen, der »Kleine Getto-Spiegel«, ist nur noch in gut einem Drittel der Ausgaben vertreten. Die Rubrik »Man hört, man spricht«, der Ort des spielerischen Umgangs mit den Getto-Gerüchten, ist fast völlig verstummt, und die Rubrik »Getto-Humor«, die zu den prägendsten und beeindruckendsten Bestandteilen der »Chronik« zählt, wird im Juni und Juli 1944 nicht mehr fortgesetzt.

Betrachtet man die Verteilung der einzelnen Wortschätze auf die Textsorten, so wird schnell deutlich, dass die fach- und bildungssprachlichen Entlehnungen – mit Ausnahme der medizinischen Termini des »Sanitätswesens« – fast ausschließlich zur Rubrik »Tagesnachrichten« gehören. Polnisches, Jiddisches und Sondersprachliches ist dagegen typisch für den »Kleinen Getto-Spiegel«. So überwiegen die amts- und fachsprachlichen Bezeichnungen der berichtenden Textsorten im Juni und Juli 1944 auch deshalb deutlich, weil die kommentierenden, insbesondere die feuilletonistisch kommentierenden Rubriken zum Ende des Berichtszeitraumes weniger werden oder – wie der »Getto-Humor« – völlig verschwinden. Offensichtlich ist den Chronisten zum Schluss der stilisierte Humor der ersten Jahre, den sie so meisterhaft beherrschen, weitgehend verloren gegangen. Der Ton der Tagesberichte wird ernster, sachlicher, man liest zwi-

---

16 Weitere Beispiele für diese Sprachhaltung finden sich bei Jörg Riecke: »Notizen zur Sprache der Reportagen und Essays«. In: Oskar Singer, »Im Eilschritt«, S. 242 f.
17 Zum Begriff »Weimarer Deutsch« siehe Anne Betten: »Vielleicht sind wir wirklich die einzigen Erben der Weimarer Kultur«. In: Anne Betten und Miryam Du-Nour (Hgg.): »Sprachbewahrung nach der Emigration – Das Deutsch der 20er Jahre in Israel«. Tübingen 2000. S. 157 f.

schen den Zeilen, dass sich die Chronisten des nahenden Endes des Gettos – mit ungewissem Ausgang – bewusst waren. Sprache und Stil der beiden letzten »Chronik«-Monate unterscheiden sich daher beträchtlich von den Texten der Jahre 1942 bis Anfang 1944.

Holocaust und Sprachwandel

Das Wissen um den Holocaust und der Holocaust selbst haben auch die deutsche Sprache verändert, und zwar nachhaltiger, als dies bisher in der Forschung eingeräumt wurde. So wie auch in den vergangenen Jahrhunderten stets Kriege und demographische Katastrophen am Beginn eines neuen Abschnittes der Sprachgeschichte des Deutschen gestanden haben, so gilt dies auch für die Zeit nach 1933. Der schleichende Untergang des »Weimarer Deutsch« des 19. und frühen 20. Jahrhunderts, an dessen Stelle inzwischen ein durch Amerikanismen und Medien neu geprägtes Deutsch der Gegenwart getreten ist, das man als »Spätneuhochdeutsch« bezeichnen kann, beginnt in der Zeit des Nationalsozialismus und ist daher nicht zuletzt auch ein Resultat des Holocaust. Das bildungsbürgerliche, von europäischer Mehrsprachigkeit geprägte »Weimarer Deutsch« lebt aber in Texten wie der Łódzer »Getto-Chronik« weiter.

Zur Textgestaltung
Editorische Notiz

Die Publikation eines Textes steht immer vor bestimmten Problemen, die nur durch eine Vermittlung zu lösen sind: eine diplomatisch genaue Abbildung eins zu eins wird nie möglich sein; sie ist perspektivisch ausgerichtet auf das, was Editoren »vorsichtig normalisiert« nennen. Neuere Textausgaben liefern, um dem Rezipienten eine volle Einsicht und Entscheidung zu ermöglichen, gern ein komplettes Faksimile des Textes mit. So kann der Leser auch ganz einfache Verhältnisse, wie etwa Zeilenbrüche, die normalerweise auch in historisch-kritischen Ausgaben nicht verzeichnet werden, überprüfen. Prinzipiell muss nämlich festgehalten werden, dass jede nicht genannte Texteigenart für das Verständnis wichtig werden kann. Im vorliegenden Fall wurde aber aus verständlichen Gründen auf ein vollständiges Faksimile verzichtet.

Die Ausgabe der beiden letzten Monate der Tageschronik, die im Getto Łódź / Litzmannstadt geführt wurde, hat es in gewisser Weise einfach: Das vorhandene Typoskript[1] ist (noch) gut erhalten und an fast allen Stellen unproblematisch transformierbar. Das darf im Blick auf die Schreibsituation durchaus überraschen: Man muss von Papiermangel ausgehen, von Beschaffungsproblemen bei Farbbändern, von nur notdürftig wegen Ersatzteilmangels zu reparierenden Schäden an den Maschinen. Dass überhaupt so ausführlich geschrieben werden konnte, grenzt, in der Gesamtsituation, die ein Ausnahmezustand war, von Hunger und Krankheit bestimmt, an ein Wunder.

Dennoch gilt es, einige editorische Entscheidungen zu treffen; sie seien nachfolgend wenigstens stichwortartig aufgeführt. Umlaute sind in der typoschriftlichen Vorlage bei Großbuchstaben als Ue, Ae wiedergegeben, Kleinbuchstaben normal als ü, ä. Wollte man das stillschweigend normalisieren (wie die editorische Formel dann lautet), dann unterschlüge man ein ganz wichtiges Datum. Die Erklärung für diese Schreibung liegt nämlich im Gebrauch der benutzten und vorhandenen Schreibmaschinen; sie hatten überwiegend eine polnische Tastatur, die Umlautpunkte wurden häufig mit Hilfe des Satzendepunktes arbeitsaufwändig nachgetragen. Ein solches Faktum wird für das Verstehen des Textes bedeutsam; wir haben diese vielleicht gewöhnungsbedürftige Schreibweise daher beibehalten.

Stillschweigend korrigiert werden in der vorliegenden Ausgabe nur offensichtliche orthographische Fehler; bei grammatischen Unstimmigkeiten ist allerdings größte Sensibilität angebracht: Solche Eingriffe haben wir stets mit […] kenntlich gemacht. Zu bedenken ist, dass die Sprache schon über fünfzig Jahre

---

[1] Die vorliegende Ausgabe stützt sich auf den Textzeugen, der im Staatsarchiv Łódź unter der (neuen) Signatur »APŁ, PSŻ 1087« vorliegt.

alt ist und von den Rändern des deutschen Sprachraums stammt, z. B. aus Prag. Manche Eigentümlichkeit lässt sich als Pragerdeutsch verstehen oder auch als Austriazismus (Wienerdeutsch).² Ein Textverfasser, Oskar Singer, kommt aus Prag, einer, Oskar Rosenfeld, aus Wien. Ein Beispiel: In der Chronik heißt es mehrfach »um 6 Uhr Nachmittag«. Man erwartet »am Nachmittag« oder »nachmittags«. Hier einzugreifen bedeutete u.U. öfter, so genannte Verschlimmbesserungen durchzuführen, besonders dann, wenn gleiche oder vergleichbare Formulierungen noch einmal vorkommen. Prinzipiell gilt: Unregelmäßigkeiten, die das Verständnis nicht erschweren, werden als Ausdruck individueller Textgestaltung erhalten.

Die im vorliegenden Band abgedruckten Quellentexte weisen zudem zahlreiche voneinander abweichende Schreibweisen von Orts- und Eigennamen auf. Offensichtliche Falschschreibungen wurden auch hier von uns in der Regel stillschweigend korrigiert, phonetische Schreibweisen jedoch, die in den verschiedenen Sprachen des Gettos erheblich variieren, wurden belassen. Dies gilt auch für die Schreibweise von Lodz/Łódź. Auch Eigennamen, die unterschiedlich notiert sind, werden nicht vereinheitlicht; nur ganz offensichtliche und grobe Falschschreibungen wurden stillschweigend korrigiert. Sämtliche von den Chronik-Autoren gebrauchte Abkürzungen, auch eher ungebräuchliche, bleiben ebenso erhalten (»u. zw.« für »und zwar«, »ds. Mts.« für »dieses Monats« usw.). In solchen Fällen wird das sonst übliche [sic!] nicht gesetzt.

Ein besonderes Problem stellt die Interpunktion dar; sie ist weit entfernt von dem, was heute als dudenrichtig gilt. Auch hier wird nur dann stillschweigend eingegriffen, wenn der Lesefluss zu sehr erschwert wird, etwa bei der Abtrennung von Relativsätzen (die fast nie durchgeführt ist und von uns fast immer nachgetragen wurde). Eine vollständige Angleichung an heute geltende Regeln war aus den eben erläuterten Gründen nicht beabsichtigt.

Weitere äußerlich-formale Eigenschaften, die erhalten wurden: runde Klammern (…) sind durch die Chroniqueure mit Querstrichen wiedergegeben /…/ und das »ß« wird durchgehend mit »ss« ersetzt. Es gibt zudem einige wenige Sofortkorrekturen: durchgestrichene Worte, die dadurch auch unleserlich wurden. Nachträgliche Korrekturen (etwa mit Bleistift) sind selten. Diese Streichungen oder Änderungen sind in die Endnoten nur dann aufgenommen worden, sofern sie semantisch bedeutsam sind.

Prinzipiell sollte man bedenken: Die Chronik ist nicht der Text eines Verfassers – sie ist das Ergebnis einer kollektiven Anstrengung. Als Editoren haben wir uns auf allen Ebenen bemüht, die Heterogenität dieser Teamarbeit – sofern sie nicht verständnishemmend ist – beizubehalten. Dennoch gibt es Bereiche, in denen unsere Eingriffe umfangreicher waren, so wurden etwa die Kopfeinträge,

---

2 Vgl. dazu besonders Jörg Rieckes Aufsatz im vorliegenden Band.

die Eröffnung eines jeden Tageseintrags der Chronik, graphisch von uns normalisiert. Ein Vergleich mit dem nachstehenden faksimilierten Original gibt ein Beispiel für den schreibmaschinenbestimmten Urzustand. Ebenso sind amtliche Mitteilungen, Bekanntmachungen der Gettoverwaltung o.ä., die in der Chronik abgedruckt wurden, von uns layoutmäßig gestaltet bzw. abgesetzt worden. Die Verfasser der Chronik versuchten das auch selbst; ihnen waren aber durch die Möglichkeiten der Schreibmaschine enge Grenzen gesetzt.

Zuletzt ein kurzes Wort zu unserer Kommentierung: Die Endnoten, die wir der Übersichtlichkeit halber nach Monaten getrennt haben, versuchen zum einen, Verständnishilfen auf lexikalischer Ebene zu geben; dabei verorten sie auch die Sprache der Chronik-Autoren genauer. Zum anderen versuchen sie das Geschehen zu kontextualisieren, Irrtümer aufzudecken und Kurzbiografien zu liefern. Um den Anmerkungsapparat zu entlasten, haben wir uns dafür entschieden, nur zu jenen Personen einen Kommentar aufzunehmen, zu denen sich in den Konvoluten der »Enzyklopädie des Gettos« (vgl. Einleitung) ein Personeneintrag erhalten hat. Für die meisten anderen Menschen lässt sich ohnehin nur spärlich biographisches Material zusammentragen. Pauschal sei in diesem Zusammenhang aber verwiesen auf das Monumentalwerk »Lodz names: List of the ghetto inhabitants, 1940-1944« (ed. by Yad Vashem and the Holocaust Martyrs' and Heroes' Remembrance Authority), das nahezu alle Einwohner des Gettos Łódź aufführt und wenigstens basale biographische Daten (Geburts- und Deportationsdaten, Wohnorte im Getto) aufführt. Eine Ausnahme von der Regel wurde im vorliegenden Band bei einigen wenigen Personen gemacht, für die umfangreichere wissenschaftliche Untersuchungen vorliegen, und für die im Text erwähnten Täter. Bei ihnen wurde auch besonderer Wert darauf gelegt, die juristische Behandlung ihrer Taten zu rekonstruieren.

Für die Herausgeber: Erwin Leibfried

Tagesbericht von Sonntag, den 11. Juni 1944.   Tageschronik Nr. 162.

Das Wetter: Tagesmittel 13-22 Grad, bewölkt.

Sterbefälle: 1,   Geburten: 2 /1 m., 1 w./

Festnahmen: Verschiedenes: 2

Bevölkerungsstand: 76.593

Brand: Am 10.6.1944 wurde die Feuerwehr um 18,04 Uhr nach dem Hause Bleicherweg 17, alarmiert, wo durch eine undichte Kaminwange durch den Fussboden Rauchschwaden drangen. Die Bauabteilung wurde mit der sofortigen Reparatur beauftragt.

Tagesnachrichten

Beerdigung. Heute fand in aller Stille in den Morgenstunden die Beerdigung des Chaim Widawski statt. Es waren nur die Angehörigen anwesend. Die Anordnungen am Friedhof selbst traf Boruch Praszkier, in dessen Amtsbereich auch der Friedhof gehört.

Approvisation

Am heutigen Sonntag kam nur etwas Frischgemüse herein u. zw. 260 kg Dille, 6.760 kg Radieschen und 8.740 kg Rettich. Eine weitere Ration in Radieschen ist also zu erwarten.

Kleiner Getto-Spiegel.

Bei der Post. Eine kleine verhutzelte Frau drängt sich an den Postschalter heran. Eine geborene "Reichsbaluterin". Sie will Postkarten kaufen. Postkarten sind jetzt ein sehr begehrter Artikel, seit die Postsperre aufgehoben wurde und seit vor allem die Eingesiedelten in ihre ehemalige Heimat schreiben, um Lebensmittelpakete zu erhalten. Die Post hat keine Karten mehr. Ueberdies liegen noch ganze Berge nichtexpedierter Karten da. Die kleine Frau will unbedingt Postkarten haben. Der Leiter der Post, Gumener, geht auf sie zu. "Was wollt Ihr gute Frau?" "Postkarten will ich kaufen!" "Wem wollt Ihr denn schreiben und wohin?" "Ich weiss? Ich hab keinem zu schreiben, aber alle Leute kaufen, kauf ich auch!" ---
Nun sind auch Postkarten in die Reihe der Artikel gerückt die im Schwarzhandel Rekordpreise erzielen. Unter der Hand werden Postkarten, die sonst bei der Postabteilung 10 Pfennig das Stück kosten, für 15 Mk angeboten und Leute, die nicht wissen dass die Post in diesen Mengen nicht weggehen kann, kaufen sogar.

Sanitätswesen

Die heute gemeldeten ansteckenden Krankheiten: keine Meldungen.
Die Todesursache des heutigen Sterbefalles: Selbstmord.

Originalseite der Łódzer Getto-Chronik

Danksagung

Es versteht sich, dass ein solches Projekt nicht ohne die Mithilfe vieler Menschen und Institutionen gelingen kann, die wir hier nicht alle aufführen können. Dennoch möchten wir den folgenden Personen ganz besonders für ihre intensive Mitarbeit bzw. Kooperation danken: Ministerin Prof. Dr. Daria Nałęcz (Leiterin der polnischen Staatsarchive), Mgr. Urszula Zarzycka-Sutter (Direktorin des Staatsarchivs Łódź), Prof. Dr. Feliks Tych (Direktor des Jüdisch-Historischen Instituts Warschau), Dr. Klaus Konrad-Leder (Ernst-Ludwig Chambré-Stiftung zu Lich), Lucille Eichengreen (Berkeley), Ervin Singer (London), Lia Mann (Locarno), Andrzej Bodek (Frankfurt), Prof. Dr. Zenon Weigt (Universität Łódź), Dr. Krzysztof Woźniak (Universität Łódź), Andrea Löw M.A. (Universität Bochum) sowie Lars Hofmann, Imke Janssen-Mignon M.A., Charlotte Kitzinger M.A., Melanie Kuhn, Angelika O'Sullivan, Andreas Pfeifer, Joanna Ratusińska M.A., Nicole Vanella, Eva Schaum und Katja Zinn (alle Arbeitsstelle Holocaustliteratur, Gießen).

Literaturverzeichnis zum Einleitungsteil

Auf die nachstehenden Titel wird auch in den Endnoten mit Verfassernamen und Kurztitel verwiesen. Zitierte Gesprächsprotokolle und Archivmaterialien finden keine Aufnahme ins Literaturverzeichnis.

Arendt, Hannah: »Eichmann in Jerusalem. Ein Bericht von der Banalität des Bösen«. München 1986.

Baranowski, Julian: »The Łódź Ghetto 1940-1944. Łódzkie Getto 1940-1944. Vademecum«. Łódź 2003 (erw. Ausg.).

Baranowski, Julian: »Zur Vorgeschichte und Geschichte des Gettos Lodz«. In: Oskar Singer: »›Im Eilschritt durch den Gettotag …‹ Reportagen und Essays aus dem Getto Lodz«. Hg. v. Sascha Feuchert, Erwin Leibfried, Jörg Riecke sowie Julian Baranowski, Krystyna Radziszewska und Krzysztof Woźniak. Berlin 2002. S. 245-265.

Ben-Menahem, Arieh: »Mendel Grossman – The Photographer of the Lodz Ghetto«. In: »With a Camera in the Ghetto«. Tel Aviv 1970.

Betten, Anne: »Vielleicht sind wir wirklich die einzigen Erben der Weimarer Kultur«. In: Anne Betten/Miryam Du-Nour (Hgg.): »Sprachbewahrung nach der Emigration – Das Deutsch der 20er Jahre in Israel«. Tübingen 2000.

Bodek, Andrzej: »Laub der Geschichte oder Spuren des Lebens und Sterbens im Getto Łódź gesichtet und gesammelt von Andrzej Bodek«. In: Marek Budziarek (Red.): »Łódzer Judaica in Archiven und Museen. Aufsätze und Berichte aus Łódź, Jerusalem, Washington und Frankfurt am Main«. Łódź/Bonn 1996. S. 147-169.

Bondy, Ruth: »Chronik der sich schließenden Tore. Jüdisches Nachrichtenblatt – Zidovské Listy (1939-1945)«. In: »Theresienstädter Studien und Dokumente 2000«. Hg. v. Miroslav Kárný und Raimund Kemper in Zusammenarbeit mit Martin Niklas. Prag 2000. S. 86-106.

Bostock, William: »Language policy and use in the Lodz Getto 1940-1944«. http://wjmll.ncl.ac.uk/issue03/bostock.htm.

Budziarek, Marek (Red.): »Łódzer Judaica in Archiven und Museen. Aufsätze und Berichte aus Łódź, Jerusalem, Washington und Frankfurt am Main«. Łódź/Bonn 1996.

Corni, Gustavo: »Hitler's Ghettos. Voices from a Beleaguered Society 1939-1944«. London 2003.

Dąbrowska, Danuta/Lucjan Dobroszycki (Hgg.): »Kronika getta Łódzkiego« (2 Bde.). Łódź 1965 f.

Diamant, Adolf: »Ghetto Litzmannstadt. Bilanz eines nationalsozialistischen Verbrechens«. Frankfurt 1986.

Diner, Dan: »Die Perspektive des ›Judenrates‹. Zur universellen Bedeutung einer partikularen Erfahrung«. In: Doron Kiesel/Cilly Kugelmann/Hanno Loewy/Dietrich Neuhauß (Hgg.): »›Wer zum Leben, wer zum Tod …‹. Strategien jüdischen Überlebens im Ghetto«. Frankfurt/New York 1992. S. 11-35.

Dobroczycki, Lucjan (Hg.): »The Chronicle of the Łódź Ghetto 1941-1944«. New Haven/London 1984.

Eichengreen, Lucille: »Frauen und Holocaust. Erlebnisse, Erinnerungen und Erzähltes«. Übers. v. Sascha Feuchert und Claire Annesley. Bremen 2004.

Eichengreen, Lucille: »Rumkowski, der Judenälteste von Lodz. Autobiographischer Bericht«. Hamburg 2000.

Eichengreen, Lucille: »Von Asche zum Leben«. Hamburg 1992.

Feuchert, Sascha: »Oskar Rosenfeld und Oskar Singer – zwei Autoren des Lodzer Gettos. Studien zur Holocaustliteratur«. Frankfurt u. a. 2004.

Feuchert, Sascha: »Oskar Singer und seine Texte aus dem Getto – eine Hinführung«. In: Oskar Singer: »›Im Eilschritt durch den Gettotag …‹ Reportagen und Essays aus dem Getto Lodz«. Hg. v. Sascha Feuchert, Erwin Leibfried, Jörg Riecke sowie Julian Baranowski, Krystyna Radziszewska und Krzysztof Woźniak. Berlin 2002.

Frank, Shlomo: »Streik«. In: Loewy, Hanno/Gerhard Schoenberner (Red.): »›Unser einziger Weg ist Arbeit‹. Das Getto in Łódź 1940-1944«. Wien 1990. S. 160.

Franquinet, Guy M. Y. Ph. /Peter Hammer/Hartmut Schoenawa/Lothar Schoenawa: »Litzmannstadt … Ein Kapitel deutscher Geldgeschichte … A Chapter of German Monetary History«. Crailsheim 1994.

Grossman, Mendel: »With a Camera in the Ghetto«. Tel Aviv 1970.

Gutman, Israel (Hg.): »Enzyklopädie des Holocaust: Die Verfolgung und Ermordung der europäischen Juden«. München u. a. 1990.

Hauser, Irene: »›Nicht einmal zum Sterben habe ich Protektion …‹ Tagebuch von Irene Hauser.« Hg. v. der Arbeitsstelle zur Vorbereitung des Frankfurter Lern- und Dokumentationszentrums des Holocaust. Frankfurt 1992.

Klee, Ernst: »Das Personenlexikon zum Dritten Reich. Wer war was vor und nach 1945«. Frankfurt 2003.

Kogler, Robert T. A. /Andrea Löw: »The Encyclopaedia of the Lodz Ghetto«. In: »Kwartalnik Historii Żydów/Jewish History Quarterly« 2/2003 (206). S. 195-208.

Krakowski, Shmuel: »Illegale Organisation im Getto Łódź«. In: Loewy, Hanno/Gerhard Schoenberner (Red.): »›Unser einziger Weg ist Arbeit‹. Das Getto in Łódź 1940-1944«. Wien 1990. S. 45-49.

»Lodzer Yiskor Book. Published by the United Emergency Relief Committee for the City of Lodz«. New York (19.12.) 1943.

Loewy, Hanno/Andrzej Bodek (Hgg.): »›Les Vrais Riches‹. Notizen am Rand. Ein Tagebuch aus dem Ghetto Łódź (Mai bis August 1944)«. Leipzig 1997.

Loewy, Hanno/Andrzej Bodek: »Vorwort. Les vrais riches ...«. In: dies. (Hgg.): »›Les Vrais Riches‹. Notizen am Rand. Ein Tagebuch aus dem Ghetto Łódź (Mai bis August 1944)«. Leipzig 1997. S. 5-34.

Loewy, Hanno/Gerhard Schoenberner (Red.): »›Unser einziger Weg ist Arbeit‹. Das Getto in Łódź 1940-1944«. Wien 1990.

Loewy, Hanno: »Vorwort«. In: Oskar Rosenfeld: »Wozu noch Welt. Aufzeichnungen aus dem Getto Lodz«. Hg. v. Hanno Loewy. Frankfurt 1994. S. 7-34.

Michman, Dan: »Die Historiographie der Shoah aus jüdischer Sicht. Konzeptualisierung. Terminologie. Anschauungen. Grundfragen«. Hamburg 2002.

Mostowicz, Arnold: »Der blinde Maks oder Passierschein durch den Styx«. Übers. und mit einer Einleitung v. Andrzej Bodek. Berlin 1992.

»My Secret Camera. Life in the Lodz Ghetto«. Photographs by Mendel Grossman. Text by Frank Dabba Smith. Introduction by Howard Jacobson. London 2000.

Podolska, Joanna/Jacek Walicki: »Przewodnik po cmentarzu żydoskim w Łódźi. A Guide to the Jewish Cemetery in Łódź«. Łódź 2001.

Riecke, Jörg: »An den Randzonen der Sprache. ›Lagersprache‹ und ›Gettosprache‹ zur Zeit des Nationalsozialismus«. In: Klaus Siewert (Hg.): »Aspekte und Ergebnisse der Sondersprachenforschung II (Sondersprachenforschung 7)«. Wiesbaden 2002. S. 23-33.

Riecke, Jörg: »Notizen zur Sprache der Reportagen und Essays«. In: Oskar Singer: »›Im Eilschritt durch den Gettotag ...‹ Reportagen und Essays aus dem Getto Lodz«. Hg. v. Sascha Feuchert, Erwin Leibfried, Jörg Riecke sowie Julian Baranowski, Krystyna Radziszewska und Krzysztof Woźniak. Berlin 2002. S. 235-244.

Riecke, Jörg: »Zur Sprache der Opfer des Nationalsozialismus. Oskar Rosenfelds Aufzeichnungen aus dem Getto Lodz«. In: Gisela Brandt (Hg.): »Soziofunktionale Gruppe und sozialer Status als Determinanten des Sprachgebrauchs. Internationale Fachtagung Rostock 25.-27.9.2000«. Stuttgart 2001. S. 237-254.

Rosenfeld, Oskar: »Wozu noch Welt. Aufzeichnungen aus dem Getto Lodz«. Hg. v. Hanno Loewy. Frankfurt 1994.

Schaar, Pinchas: »Mendel Grossman: Photographic Bard of the Lodz Ghetto«. In: Robert Moses Shapiro (Hg.): »Holocaust Chronicles. Individualizing the Holocaust through Diaries and other contemporaneous Personal Accounts«. Hoboken, NJ 1999. S. 125-140.

Schmitz-Berning, Cornelia: »Vokabular des Nationalsozialismus«. Berlin/New York 1998.

Schulze, Manfred/Stefan Petriuk: »Unsere Arbeit – unsere Hoffnung. Getto Lodz 1940-1945. Eine zeitgeschichtliche Dokumentation des Post- und Geldwesens im Lager Litzmannstadt«. Schwalmtal 1995.

Singer, Oskar: »›Im Eilschritt durch den Gettotag ...‹ Reportagen und Essays aus dem Getto Lodz«. Hg, v. Sascha Feuchert, Erwin Leibfried, Jörg Riecke sowie Julian Baranowski, Krystyna Radziszewska und Krzysztof Woźniak. Berlin 2002.

Singer, Oskar: »Herren der Welt. Zeitstück in drei Akten«. Neu hg. und mit einem Vorwort versehen v. Sascha Feuchert. Hamburg 2001.

Spiegel, Isaiah: »Ghetto Kingdom. Tales of the Lodz Ghetto«. Aus dem Jiddischen übers. v. David H. und Roslyn Hirsch. Evanston (Ill.) 1998.

Sternfeld, W[ilhelm ?]: »Auf der Suche nach einem Tagebuch«. In: »Aufbau«, 26.04.1946, S. 33.

»The German New Order in Poland. Published for the Polish Ministry of Information«. London 1941.

»The Legend of the Lodz Ghetto Children«. Hg. v. Carmit Sagie und Naomi Morgenstern. Jerusalem 1997.

Trunk, Isaiah: »Judenrat. The Jewish Councils in Eastern Europe under Nazi Occupation«. Lincoln 1996.

Wesołowska, Danuta: »Wörter aus der Hölle. Die ›lagerszpracha‹ der Häftlinge von Auschwitz«. Kraków 1998.

Woźniak, Krzysztof: »Bez Niemców nie byloby Rumkowskiego«. In: »Tygiel Kultury« 1-3 (2002). S. 26-36.

Wulf, Josef: »Lodz. Das letzte Ghetto auf polnischem Boden« (»Schriftenreihe der Bundeszentrale für Heimatdienst«, 59). Bonn 1962.

Zelkowicz, Josef: »In Those Terrible Days. Notes from the Lodz Ghetto«. Hg. v. Michal Unger. Jerusalem 2002.

Zonabend, Nachman: »The Truth About the Saving of the Lodz Ghetto Archive«. Stockholm 1991.

Tageschronik
Juni/Juli 1944

Tagesbericht von Donnerstag, den 1. Juni 1944   Tageschronik Nr. 152

Das Wetter:	Tagesmittel 20-34 Grad, sonnig.
Sterbefälle:	26, Geburten: 2 /1 m., 1 w. Totgeburt/
Festnahmen:	Verschiedenes: 3
Bevölkerungsstand:	76.701 /lt. Statistik/ Ab heute geben wir den Bevölkerungsstand lt. Angabe der Statistischen Abteilung an./

Tagesnachrichten

Die Unterbringung der Mädchengruppe im Leder- und Sattler-Ressort[1], von der wir im Bericht vom 30.5. gesprochen haben, ist nunmehr eine beschlossene Sache.[2] Der Präses[3] hat das VI. Heim raschest für diesen Zweck überholen lassen und die Mädchen werden unmittelbar nach der Rationsausgabe, also Sonntag, den 4. ds. Mts., bereits ihre »Kaserne« beziehen. Ca. 50 Mädchen haben sich bereits registrieren lassen.

Im Zusammenhang damit wird behauptet, der Präses hätte sich geäussert, dass er auf diese Weise diese seine Schützlinge vor der Tuberkulose bewahren möchte. Ueber diese angebliche Aeusserung herrscht eine begreifliche Erbitterung. Es ist aber nicht richtig, dass der Präses eine solche Aeusserung getan hätte, das ändert allerdings nichts an der Tatsache selbst. Wenn er diese Mädchen unter besonders günstigen Verhältnissen unterbringt, so ist dies tatsächlich der Versuch, diesen Nachwuchs nach Möglichkeit vor Krankheit zu schützen. Unter den gegebenen Verhältnissen gibt es keine Möglichkeit allen Menschen im Getto zu helfen. So wie er einmal da, einmal dort mit einem Talon[4] hilft, oder diesen oder jenen Patienten ein paar Dekagramm[5] Tran bewilligt, so wie er fallweise Einzelpersonen in seine besondere Obhut nimmt, so ist es auch mit dieser Mädchengruppe. Gäbe es eine Möglichkeit durch eine gleichmässige Verteilung aller Hilfsmittel allen Menschen zu helfen, so würde dies zweifellos geschehen. Das Heim VI ist frei, etwa 80 Personen können dort untergebracht werden und wenn es nun etwa 2-3000 Mädchen im gleichen Alter gibt, so können eben nur 80 untergebracht werden. So ist eben das Getto.

Approvisation[6]

Es kamen heute 43.100 kg Kartoffeln, 530 kg Rote Beete, 1990 konserv. Rote Beete, 830 kg Spinat und 7.000 kg Radieschen. Fleisch kam heute 1850 kg. Es ist erstaunlich, dass so wenig grünes Gemüse hereinkommt, da in der Stadt zweifellos Spinat, Salat und junge Rote Rüben im Ueberfluss vorhanden ist. Die Gettoproduktion an Gemüse ist infolge der späten Landaufteilung noch sehr zurück und vor 2-3 Wochen ist mit einer reicheren inneren Ernte kaum zu rechnen. Ein paar Gartenbesitzer bringen schon etwas Spinat auf den Markt, doch kostet er 60 Mk das kg.

<u>Fleisch- und Wurstzuteilung.</u> Als Konsequenz der reicheren Fleischeinfuhr kam heute folgende Ration heraus:

Ab Donnerstag, den 1. Juni 1944 werden auf Coupon Nr. 36 der Nahrungsmittelkarte
        250 Gramm Fleisch pro Kopf und
ab Freitag, den 2. Juni 1944 auf Coupon Nr. 51 der Nahrungsmittelkarte
        100 Gramm Wurst pro Kopf herausgegeben.

Litzmannstadt-G., den 1.6.1944.   Gettoverwaltung

Sanitätswesen

Die heute gemeldeten ansteckenden Krankheiten: 9 Tuberkulose.
Die Todesursache der heutigen Sterbefälle:
18 Lungentuberkulose, 2 Lungenkrankheiten, 5 Herzkrankheiten, 1 Totgeburt.

Tagesbericht von Freitag, den 2. Juni 1944	Tageschronik Nr. 153

Das Wetter: Tagesmittel 16-28 Grad, bewölkt, zeitweise Regen.

Sterbefälle: 16, Geburten: keine

Festnahmen: Verschiedenes: 3, Diebstahl: 1

Bevölkerungsstand: 76.685

Brand: Am 2.6.1944 wurde die Feuerwehr um 2 Uhr nach dem Betrieb Nr. 89, Cranachstr. 19, alarmiert. Durch einen unvorschriftsmässig in den Kamin eingebauten Balken, welcher Feuer fing, entstand ein Deckenbrand zwischen dem 1. Stockwerk und Dachboden. Der Brand wurde mit Hilfe einer Motorpumpe gelöscht.

Tagesnachrichten

Der Präses besuchte heute die Statistische Abteilung, wo er mit dem Oberleiter Rechtsanwalt Neftalin[7], de[m] Leiter der Statistischen Abteilung Erlich und dem Leiter unserer Dienststelle Dr. Oskar Singer eine längere Aussprache über aktuelle Fragen hatte. Er besichtigte ein in Arbeit befindliches Album[8] über die soziale Fürsorge im Getto und liess sich von den 3 Herren über alle laufenden Arbeiten genau berichten. Für externe Mitarbeiter unserer Dienststelle bewilligte der Präses ein Honorar bestehend aus 30 Suppen wöchentlich.

Umbesetzung der Wachmannschaft. Es fällt der Gettobevölkerung auf, dass ein teilweiser Wechsel in der deutschen Wachmannschaft eingetreten ist. Es fehlen sehr viele altgewohnte Gesichter, mit denen sich sozusagen der Gettomensch schon angefreundet hat. Dem Vernehmen nach sind jetzt 16 Schupos jüngerer Jahrgänge vom VI. Polizei-Revier weggegangen und wurden durch neue ältere Leute ersetzt.[9]

Approvisation

Heute erhielt das Getto nur 12.800 kg Kartoffeln und 23.100 kg Radieschen. Dagegen ein grösserer Einlauf an Fleisch mit 4.500 kg.
Die Verteilungsläden geben heute pro Kopf
  10 dkg Petersilie und ½ kg Radieschen zum Preise von Mk 2.-- heraus.

Ressortnachrichten

Das Ressort für jugendliche Arbeiter, Goldschmiedegasse 19, veranstaltete eine Ausstellung von Kinderarbeiten.[10] Die Ausstellung wurde eröffnet in Anwesenheit von A. Jakubowicz[11], M. Kliger[12], Warszawski[13], Bender, Frl. Dora Fuchs[14] und den Herren Karo[15] und Tabaksblatt von der Umschichtungskommission[16].

Fürsorgewesen

Das Sekretariat Wołkowna[17] wird Sonntag bereits in den Räumen der Darlehenskassa amtieren. Die Dienststunden werden denen der Darlehenskassa angeglichen, d.h. also, dass der Parteienverkehr sich erst nach 5 Uhr abspielen wird.

Gesundheitswesen

Tuberkulose endemisch[18]. In einem kleinen Privatkreis besprach Dr. Mosze Feldman die Probleme der im Getto bereits endemischen Tuberkulose. Er wies darauf hin, dass die Gesundheitsabteilung mit der Bekämpfung vollkommen versage und das[s] Mittel und Wege gefunden werden müssten, um dieser Pest nach Möglichkeit entgegen zu wirken. In den Kooperativen, in den Küchen, in den Bäckereien arbeiten fast überall lungenkranke Menschen. Mit jeder Ration, mit jeder Suppe, mit jedem Brot wird die Tuberkulose in d[ie] Wohnungen getragen, die vielleicht noch verschont geblieben waren. Alle Vorhaltungen der Gesundheitsabteilung gegenüber, waren zweck- und erfolglos und er meinte, es müsse sich aus gesellschaftlichen Kreisen des Gettos ein Mittel finden lassen, man müsse de[m] Präses entsprechende Aufklärungen geben. Nur er allein könnte mit energischer Hand durchgreifen.
Wie sehr richtig diese Ansichten Dr. Feldmans auch sein mögen, so wenig praktischen Wert werden sie haben. In einer Stadt, die so masslos hungert, lässt sich, selbst durch umfassende prophylaktische Massnahmen, nichts mehr erreichen.

Sanitätswesen

Die heute gemeldeten ansteckenden Krankheiten: 6 Tuberkulose, 1 Ruhr.
Die Todesursache der heutigen Sterbefälle:
10 Lungentuberkulose, 2 Lungenkrankheiten, 3 Herzkrankheiten, 1 Herzschwäche.

Tagesbericht von Sonnabend, den 3. Juni 1944   Tageschronik Nr. 154

Das Wetter: Tagesmittel 15-19 Grad, bewölkt.
Sterbefälle: 10 /2 M., 8 Fr./,   Geburten: 1 m.
Festnahmen: Verschiedenes: 2,   Diebstahl: 1
Bevölkerungsstand: 76.676

Tagesnachrichten

Im Getto nichts von Belang.

Approvisation

Der heutige Einlauf besteht aus ca. 15.000 kg Kartoffeln und ca. 39.000 kg Radieschen. Laufende Rationen von diesem Gemüse werden ausgegeben. Von einer Kartoffelverteilung an die Bevölkerung ist leider noch immer keine Rede. Der Fleischeinlauf ist sehr gering, heute kamen nur 500 kg Freibankfleisch[19] herein. Sonst kamen wie üblich Roggenmehl, Salz, Kaffee, Brotaufstrich, Zucker im Kontingentrahmen.
Unter den Bedarfsgütern figurieren[20] am heutigen Tage auch 243.000 Stück verschiedene Pflanzen für die Gettoanbauflächen.
Im allgemeinen ist also die Hungerlage, trotz vorgeschrittener Saison, noch immer unverändert. Es ist auch, solange nicht Gemüse und Kartoffeln in ausreichender Menge hereinkommen, keine Hoffnung auf eine Besserung.

Gesundheitswesen

In der heutigen Meldung über den Einlauf an zusätzlichen Bedarfsgütern figurieren 12.662 verschiedene Ampullen. Die Injektionsverteilungsstelle des Aeltesten wird also in den nächsten Tagen wieder etwas Injektionen ausgeben können.

Sanitätswesen

Die heute gemeldeten ansteckenden Krankheiten: keine Meldungen.
Die Todesursache der heutigen Sterbefälle:
4 Lungentuberkulose, 1 tuberk. Gehirnhautentzündung, 1 Lungenkrankheit, 2 Herzschwäche, 1 chronische Nierenentzündung, 1 Oberlippenkarbunkel[21].

Tagesbericht von Sonntag, den 4. Juni 1944   Tageschronik Nr. 155

Das Wetter: Tagesmittel 14-23 Grad, bewölkt.

Sterbefälle: keine,   Geburten: 1 m.

Festnahmen: Verschiedenes: 3

Bevölkerungsstand: 76.677

Tagesnachrichten

Nach längerer Pause fanden in Marysin[22] wieder Trauungen statt. Der Präses hat am heutigen Tage 9 Paare getraut u.zw. um 6 Uhr Nachmittag.
Sonst keine Ereignisse von Belang.

Approvisation

Obwohl Sonntag, kamen heute 6.890 kg Kartoffeln und 37.360 kg Radieschen herein. Ausser der laufenden Ration von ½ kg Radieschen, wird heute pro Kopf eine weitere Ration von 1 kg ausgegeben. Die Bevölkerung verarbeitet Radieschen sowohl in den Suppen als auch als Gemüse. Die Qualität der Radieschen ist grösstenteils sehr gut.

Fürsorgewesen

Sekretariat Wołkowna. Am heutigen Tage bezog das Sekretariat Wołkowna die neuen Amtsräume bei der Darlehenskassa. Schon am ersten Tag gab es dort recht lebhaften Betrieb und es ist anzunehmen, dass bei regelmässiger Behandlung der Petenten[23] der übliche Betrieb herrschen wird.

Sanitätswesen

Die heute gemeldeten ansteckenden Krankheiten: 18 Tuberkulose, 1 Bauchtyphus, 1 Diphtheritis.

Tagesbericht von Montag, den 5. Juni 1944　　　Tageschronik Nr. 156

Das Wetter:　　　Tagesmittel: 17-20 Grad, bewölkt.

Sterbefälle:　　　25 /11 M., 14 Fr./,　Geburten:　　1 w.

Festnahmen:　　　Verschiedenes: 2,　Diebstahl: 1

Bevölkerungsstand:　76.653

Tagesnachrichten

Nichts von Belang.

Approvisation

Auch heute kamen wieder für die Küchen Kartoffeln herein u.zw. 26.000 kg und für die Verteilung an die Bevölkerung 12.390 kg Mairettich[24] und 14.520 kg Radieschen. Sonst kamen Fruchtsuppen, Salz, Roggenmehl, Roggenflocken, Kümmel und div. Suppenpulver im Kontingentrahmen.

Ressortnachrichten

Schäfte-Ressort. Nach vorübergehende[m] Stillstand hat das Schäfteressort wieder einen grösseren Auftrag für Militär- und Parteibehörden erhalten. Der Betrieb erzeugt nebstbei auch Schäfte für die Sommerschuhe die in den Schuhfabriken Izbicki[25] und Gutrajman für den Gettobedarf hergestellt werden. Einige Gruppen von Jugendlichen haben dem Präses als Geschenk eine Ueberproduktion an Sommerschuhen überreicht. Diese Schuhe wird der Präses durch die Abteilung Bunin zur Verteilung gelangen lassen.

Kleiner Getto - Spiegel.[26]

Pakete aus Prag. Noch immer wächst die Zahl der Empfänger von Lebensmittelpaketen, hauptsächlich aus Prag. Seit die Postsperre aufgehoben ist,[27] können doch wieder einige Eingesiedelte aus Böhmen und Mähren mit Angehörigen oder Freunden Kontakt bekommen; und wer noch irgendjemanden in der alten Heimat hat, kann rechnen, dass ihm geholfen wird. Manche Leute aber haben buchstäblich niemanden mehr. Sie haben keine Hoffnung von irgendeiner Seite Pakete zu erhalten. Nun fügt es das Schicksal, dass in einer Wohnung Menschen zusammenleben, die sehr viel und solche die nichts erhalten. Zumeist spielen sich da seelische Tragödien ab. Da ist z. B. ein junger Mann, der mit den Eltern und einem Bruder ins Getto kam. Vater und Mutter starben Hungers, der Bruder wurde auf Arbeit ausserhalb des Gettos geschickt. Als man nach dem Tode des Vaters die Koffer öffnete, fand man sie vollgestopft mit Lebensmittel[n] aus

Prag. Also nach einem Jahr Getto, noch Reserven aus Prag. Der Vater, ein ehemaliger Rechtsanwalt, stand unter Psychose. Die Lebensmittel wurden nicht verbraucht und erst nach dem Tode des Vaters konnte die Mutter mit den beiden Söhnen an diese Vorräte heran.

Nach dem Tode der Mutter und der Ausreise des Bruders wurde der einsame junge Mann /im Alter von etwa 18 Jahren/ von einer anderen Prager Familie aufgenommen. Diese Familie besteht aus einem Ehepaar, einem 17 jährigen Mädchen und einem 15 jährigen Knaben, ehemals sehr wohlhabende Leute aus Prag. Nun beginnt der Segen der Pakete. Die Familie erhält nichts, der junge Mann dagegen fast täglich eine Lebensmittelsendung. Er bekommt soviel, dass er es allein nicht verbrauchen kann, denn in Prag weiss man nicht, dass er mutterseelenallein dageblieben ist. Aber von seinem Segen gibt er nicht eine Brotkrume her. Fast jeden Ausgabetag, und d.i. 3-4 mal wöchentlich, schleppt er in einem Sack die Lebensmittel nach Hause, die ihm auf der Sonderabteilung ausgefolgt werden, und lässt seine Gastgeber zusehen. Der Geiz sitzt ihm im Nacken. Er stopft die Koffer voll, er ist von Vaters Seite her erblich belastet. Ich gebe prinzipiell nichts her, sagt er, mir hat auch niemand geholfen /er hat keine nennenswerte Hilfe gebraucht, aber für seinen Geiz braucht er doch ein Prinzip/. Die Familie, mit der er lebt, hungert. Nicht einmal der Hunger der beiden Kinder, die fast seine Altersgenossen sind, bringt ihn aus der Fassung. Was ist zu tun? Der Chronist, der sich mit dem Thema Pakete nicht nur hier, sondern auch praktisch befasst, interveniert beim Leiter der Sonderabteilung. M. Kliger hat für die Lage Verständnis. Schon am nächsten Tage hat auch die hungernde Familie das 1. Paket aus Prag; und so w[erden] der junge Mann und seine Gastgeberfamilie abwechselnd Pakete aus Prag erhalten und beide werden nicht hungern. In diesem Falle konnte man das Problem lösen. Aber hunderte Fälle, die komplizierter liegen, weil Familie mit Familie zusammenleben, sind noch ungelöst.[28]

O[skar].S[inger].

Sanitätswesen

Die heute gemeldeten ansteckenden Krankheiten: keine Meldungen.
Die Todesursache der heutigen Sterbefälle:
21 Lungentuberkulose, 2 tuberk. Gehirnhautentzündung, 1 Lungeninfiltration, 1 Herzmuskelschwäche.

Tagesbericht von Dienstag, den 6. Juni 1944　　　　Tageschronik Nr. 157

Das Wetter:	Tagesmittel 20-32 Grad, in den Nachmittagsstunden heftiger Regen.
Sterbefälle:	17 /12 M., 5 Fr./,　Geburten:　1 w.
Festnahmen:	Verschiedenes: 2
Einweisung:	1 Frau aus Kalisch
Bevölkerungsstand:	76.638

Tagesnachrichten

Kommission im Getto. Im Zentral-Gefängnis traf heute eine dreigliedrige Kommission, unter Führung des Gestapo-Kommissars Müller[29], ein, der zu den dort bereitstehenden Reservemannschaften, die für die Arbeiten ausserhalb des Gettos in Frage kommen, einige Worte sprach: Kommissar Müller führte aus, dass diese Gruppe beim Torfstechen eingesetzt wird, dass sie jedoch wesentlich besser als im Getto verpflegt sein werden und dass sie einmal im Monat an die nächsten Blutsverwandten schreiben können. Er betonte, dass möglichst wenig Handgepäck mitgenommen werden soll, da die Unterkunftsräume recht beschränkt seien. Nach Beendigung dieser Saisonarbeit würden die Arbeiter wieder ins Getto zurückkehren. Wer sich zwischenzeitig bei dieser Arbeit nicht bewähren sollte, kommt zur Verfügung der Gestapo ins Zentral-Gefängnis des Gettos zurück.

Die erforderliche Anzahl ist hauptsächlich durch freiwillige Meldungen gedeckt. Der Tag der Ausreise ist nicht bekannt.

Im Getto herrscht heute allgemein Nervosität. Dies hängt wohl mit verschiedenen Nachrichten zusammen, die durch die Drähte ins Getto dringen.[30]

Suppen-Streiks. Die im Getto leider häufigen Suppenstreiks reissen nicht ab.[31] Es gab gestern einen solchen Streik im Metall II und heute in der Trikotagen[32]-Abteilung /Zbar/. Der Präses traf sofort ein und mit der Uhr in der Hand befahl er den jugendlichen Streikenden, innerhalb 5 Minuten die Suppen abzunehmen. Vor Ablauf dieser 5 Minuten waren die Suppen in den Töpfen. In Räumen, die der Präses noch nicht betreten hatte, hat die blosse Tatsache, dass der Präses im Ressort ist, schon gewirkt, alles lief nach der Suppe. Der Präses ist sich allerdings im Klaren darüber, dass er zwar jedesmal bei persönliche[m] Auftreten einen solchen Streik ersticken könne, dass aber damit das Problem an sich keinesfalls gelöst ist. Er griff diesmal zu einer ziemlich drakonischen Massnahme und liess einige Rädelsführer, insgesamt 16 junge Leute, ins Zentral-Gefängnis einliefern,

wobei er überdies, für den Fall einer Wiederholung, den Angehörigen dieser jungen Leute mit der Blockierung der Lebensmittelkarten drohte.
Man sollte meinen, dass diese Jugendlichen unter einer einheitlichen unterirdischen Leitung stünden, dass die sogenannten »Roten«, eine legendäre Partei im Getto, alles dirigiere. Das ist aber unrichtig. Die Streiks sind wild. Es gibt nur innerhalb der Ressorts und von Ressort zu Ressort Solidaritäts-Demonstrationen. Der Präses muss unter allen Umständen für Ruhe und Ordnung im Getto sorgen und mitunter zu scharfen Massnahmen greifen, denn er haftet nicht nur mit seiner Person für die Aufrechterhaltung der Ordnung, sondern er haftet auch der jüdischen Bevölkerung dafür, dass durch solche Demonstrationen nicht durch das Eingreifen der deutschen Behörden Krisen hervorgerufen werden. Er kann keine Politik machen, er muss Ruhe schaffen und das um jeden Preis.

Approvisation

Der heutige Tag brachte 9.660 kg Kartoffeln, 3730 kg Salat /zum ersten Mal in dieser Saison/, 10.370 kg Radieschen, 9.150 kg Mairettich und schliesslich ca. 10.000 kg konserv. Rote Beete. Man sieht, dass sich die Belieferung mit Frischgemüse, soweit es sich um grobe Sorten handelt, etwas bessert. An Fleisch erhielt das Getto heute 2.260 kg. Sonst kamen Erbsen, Suppenpulver, Salz und nach längerer Zeit wieder 75 kg Hefe.

An die Ressorts und Abteilungen wurde folgende Bekanntmachung über Auftrag des Präses versendet:

Zur Beachtung!

Bei Abnahme der nächsten Lebensmittelzuteilung Nr. 4 im Laden, Steinmetzgasse 10, muss jeder Abnehmer ein Gefäss für ¼ Ltr. Inhalt mitbringen.
Litzmannstadt-Getto, den 6.6.1944.
Was bei der nächsten Lebensmittelzuteilung ausgegeben wird ist vorläufig unbekannt.

Sanitätswesen

Die heute gemeldeten ansteckenden Krankheiten: 8 Tuberkulose.
Die Todesursache der heutigen Sterbefälle:
12 Lungentuberkulose, 1 tuberk. Gehirnhautentzündung, 1 Lungenentzündung, 2 Herzkrankheiten, 1 Embolie.

7.6.1944 75

Tagesbericht von Mittwoch, den 7. Juni 1944   Tageschronik Nr. 158

Das Wetter: Tagesmittel 14-19 Grad, bewölkt, zeitweise Regen.

Sterbefälle: 10 /4 M., 6 Fr./,   Geburten: 2

Festnahmen: Verschiedenes: 1   Diebstahl: 2

Bevölkerungsstand: 76.630

Tagesnachrichten

Verhaftungen. In den Abendstunden, etwa gegen 6 Uhr, erlebte das Getto einen schweren Schock. Wie ein Lauffeuer verbreitete sich die Nachricht, dass eine Anzahl von Personen verhaftet wurden, die Radioapparate besassen, bzw. Rundfunknachrichten im Getto kolportiert haben.[33] Wenige Minuten nach der Verhaftung wusste das ganze Getto schon alle Einzelheiten. Zunächst hatte die Kriminalpolizei in Ausführung eines Auftrages der Geheimen Staatspolizei in der Wołborska /Rauchgasse/ einen gewissen Altszyler festgenommen. Man setzte ihn auf die von der Approvisationsabteilung für diesen Zweck geliehene Droschke und die Kriminalpolizei begab sich nach Mühlgasse 9 in die dortige Wohnung eines gewissen [Mosze] Tafel, der unglückseliger Weise bei frischer Tat an seinem Apparat beim Abhören von Nachrichten festgenommen wurde. Auch der Sohn des Altszyler, ein etwa 16 jähriger Knabe, wurde verhaftet. Bei Altszyler wurde kein Apparat vorgefunden, doch gestand der Knabe wo sich das Gerät befindet. Der Junge verriet auch sofort zwei Personen, die sozusagen Mitarbeiter seines Vaters waren u.zw. einen gewissen [Szloma] Redlich und Chaim Widawski. Redlich wurde ebenfalls sofort festgenommen, während Widawski sich versteckt hielt. Der jüdische Ordnungsdienst[34] erhielt von der Kriminalpolizei den strengen Auftrag Widawski stellig zu machen[35]. Sodann verhaftete die Kriminalpolizei in der Halbegasse einen gewissen [Icchak] Lublinski und schliesslich in der Hanseatenstrasse 61 drei Personen namens Weksler [die Brüder Jaków, Szymon und Henoch]. Weiters wurde der Friseurladen des Tartarka an der Hamburgerstrasse ausgehoben, wo die Zeitung auflag, bzw. vorgelesen wurde. Dort befand sich auch ein gewisser Richard Beer, ehemals Redakteur aus Wien, bei dem man Abschriften von verschiedenen politischen Berichten vorfand. Einige Personen, die im Friseurladen anwesend waren, wurden ebenfalls verhaftet. Alle Verhafteten wurden noch am gleichen Abend nach der Stadt gebracht. Im Laufe des Abends hiess es, dass der verfolgte Widawski sich selbst gestellt habe, was aber nicht der Wahrheit entsprach. Das ganze Getto ist in hellster Aufregung, kannte man doch so ziemlich alle Verhafteten, unabhängig davon, ob jemand von ihnen Nachrichten erhielt oder nicht.
Dieses von der Welt abgeschlossene Getto, dem es nicht einmal erlaubt ist eine im Reich erscheinende, unmittelbar hinter den Drähten greifbare Zeitung[36] zu

lesen, konnte natürlich auf die Dauer in Wirklichkeit nicht hermetisch von der Aussenwelt abgeschlossen werden. Zwei Radiogeräte wurden aufgefunden. Eine geschlossene Stadt von etwa 150.000 Menschen! Möglicherweise waren es Empfangsgeräte, die von den Polen im Getto zurückgelassen wurden, vielleicht auch primitive Gettokonstruktionen. Niemand wusste, ob es sich tatsächlich um Radiogeräte im Getto handelt oder um Nachrichten, die über die Drähte kamen. Sicher ist, dass das Getto immer voll war mit allerhand Gerüchten. Nun zeigt es sich, dass tatsächlich ein paar Leute verwegen genug waren, im Getto selbst Nachrichten abzuhören und zu verbreiten.

Das Getto ist sich im klaren darüber was diesen unglücklichen Menschen droht, weiss man doch wie dieses harte Gesetz in Kriegszeiten, ausserhalb des Gettos überall im Reich gehandhabt wird. Mit Angst und Bangen erwartet man weitere Nachrichten über die verhafteten Personen.

Die Ressortleiter wurden auf den Baluter-Ring[37] berufen, wo sie bei A. Jakubowicz entsprechende Instruktionen für den Fall von Luftangriffen auf das Getto erhielten.

Polen-Lager. Der Chef der Kriminalpolizei Getto[38] besuchte heute das sogenannte Polenlager /Lager für verwahrloste Kinder/[39], wo noch einige Juden beschäftigt sind und teilte ihnen mit, dass sie das Lager verlassen müssen und dass man für eine entsprechende Unterbringung sorgen wird.

Approvisation

An Kartoffeln erhielt das Getto heute 40.500 kg und an Frischgemüse: 21.800 kg Radieschen, 240 kg Mairettich, 9.350 kg Salat. Mit letzterem Gemüse wird die noch nicht ganz ausgegebene Spinatration vom 29.4.44 teilweise gedeckt u.zw. erhält man für 2 kg Spinat 1 kg Salat.

An Fleisch erhielt das Getto heute 3.700 kg. Sonst kamen im Rahmen des Kontingents Brotaufstrich, Erbsen, verschiedene Suppenpulver, Brühpasta, Salz und Kaffeemischung.

Gegen das Vorjahr ist die Gemüseeinfuhr ausserordentlich gering, dementsprechend ist auch der Hunger grösser, denn mit den wenigen Kilogramm Radieschen oder Salat ist dem Getto nicht geholfen.

Sanitätswesen

Die heute gemeldeten ansteckenden Krankheiten: 9 Tuberkulose.
Die Todesursache der heutigen Sterbefälle:
5 Lungentuberkulose, 2 tuberkulöse Gehirnhautentzündung, 3 Herzkrankheiten.

Tagesbericht von Donnerstag, den 8. Juni 1944   Tageschronik Nr. 159

Das Wetter: Tagesmittel 13-22 Grad, bewölkt.

Sterbefälle: 12 /6 M., 6 Fr./,   Geburten: 2 /1 m., 1 w./

Festnahmen: Verschiedenes: 2,   Diebstahl: 1

Bevölkerungsstand: 76.620

Tagesnachrichten

Verhaftungen. Das Getto steht noch ganz unter dem Eindruck der unglückseligen Verhaftungen vom gestrigen Tage. Das Ereignis wird überall im Flüsterton besprochen und die Angst um das Leben dieser Menschen schnürt allen, die sie kannten, die Kehle ab. Der Ordnungsdienst hat noch immer nicht den flüchtigen Chaim Widawski gefunden. Man befürchtet, dass der Genannte Hand an sich legen wird bevor er sich den deutschen Behörden stellt. Widawski ist ein im Getto sehr gut bekannter noch junger Mann, der sich Dank seiner Hilfsbereitschaft und seines hohen gesellschaftlichen Sinnes allgemeiner Beliebtheit erfreut. Er ist Kontrollor in der Talonabteilung. Es ist natürlich nicht gut möglich, dass er sich für längere Zeit verborgen halten könnte, da die Geheime Staatspolizei mit allem Nachdruck auf Stelligmachung seiner Person besteht. Von den Verhafteten hat man keine Nachricht.
Während bis zu diesen Verhaftungen die Litzmannstädter Zeitung doch in einigen wenigen Exemplaren über die Drähte kam, ist am heutigen Tage keine Zeitung mehr gesichtet worden. Auf welchem Wege die Zeitung bisher hereinkam ist unbekannt. Nunmehr wird das Verbot, Zeitung[en] ins Getto zu schaffen, entsprechend rigoros gehandhabt werden.

Approvisation

Die Belieferung des Gettos mit etwas Frischgemüse hält an. Heute kamen 10.250 kg Radieschen, 16.400 kg Salat und 3.110 kg Spinat. Die Qualitäten sind minderwertig. An Kartoffeln erhielt das Getto 14.620 kg. Hingegen ist die Fleischzufuhr etwas gebessert u.zw. kamen heute 4.290 kg.
Unter den Bedarfsgütern figurieren heute 240.000 Stück Kohlpflanzen.

Anbauflächen. Die obige Notiz über den Einlauf von Kohlpflanzen kann nicht verzeichnet werden, ohne hinzuzufügen, dass das Getto auf seinen Anbauflächen heuer unter einer besonderen Plage leidet. Ganze Rudel von Feldkaninchen verheeren die Pflanzen auf den Anbauflächen auf Marysin und an der Getto-Peripherie. Im Innern des Gettos ist diese Plage nicht zu bemerken. Es gibt in Marysin Gettogärtner, die Pflanzen 2 bis 3 mal gesetzt haben und immer wieder wurden die Setzlinge von den Feldkaninchen weggefressen. Auch die Maulwurfplage macht sich sehr bemerkbar. Der Umstand, dass keine Saatkartoffeln ausgegeben wurden, wird sich also umso böser auswirken, wenn nicht einmal Kohl geerntet werden wird.

Ressortnachrichten

Lang-Liste gesperrt. Eine Erweiterung der Liste der »Lang«-Arbeiter[40] ist nicht gestattet. Ebensowenig gibt es Uebertragungen aus Betrieben ohne »L«-Kategorie nach solchen mit Lang-, Schwer- und Nachtarbeit-Kategorie.

Metall III, die Schnallenfabrik, steht augenblicklich ohne Material bzw. Aufträge. Man befürchtet einen vollkommenen Stillstand dieses Betriebes.

Leder- und Sattler-Abteilung. Auch in diesem Betriebe finden mangels schwächerer Beschäftigung Reduktionen statt. Eine grössere Anzahl von jüngeren weiblichen Arbeitskräften wurden dem Tischlerressort, Zimmerstrasse, zugeteilt.

Sanitätswesen

Die heute gemeldeten ansteckenden Krankheiten: 10 Tuberkulose, 1 Flecktyphus.
Die Todesursache der heutigen Sterbefälle:
6 Lungentuberkulose, 1 Lungenentzündung, 3 Herzkrankheiten, 1 Darmverschlingung, 1 Fleckfieber.

9.6.1944

Tagesbericht von Freitag, den 9. Juni 1944　　　**Tageschronik Nr. 160**

Das Wetter: Tagesmittel 16-28 Grad, bewölkt, zeitweise sonnig.

Sterbefälle: 19, Geburten: keine

Festnahmen: Verschiedenes: 2

Bevölkerungsstand: 76.601

Selbstmord: Am 9.6.1944 verübte der Widawski Chaim, geb. 10.2. 1904, in Zdunska Wola, wohnhaft Mühlgasse 38, gegen 14 Uhr Selbstmord durch Vergiftung. Der Arzt der Rettungsbereitschaft stellte den eingetretenen Tod fest.

Tagesnachrichten

Selbstmord des Chaim Widawski. Der heutige Polizeibericht meldet mit trockenen Worten den Selbstmord des Chaim Widawski. Bis zum heutigen Tage hatte er sich versteckt gehalten, sah aber die Aussichtslosigkeit seines Beginnens ein und zog es vor selbst aus dem Leben zu scheiden. In einem Torbogen eines Hauses, Am-Bach, nahm er ein schnellwirkendes Gift /wahrscheinlich Blausäure/. Er begab sich dann auf die Gasse und brach dort zusammen. Der herbeieilende O.D.-Mann konnte nur noch den Tod feststellen. Man liess die Leiche bis zum Eintreffen der Kriminalpolizei liegen. Diese ordnete zunächst die Obduktion an, verzichtete jedoch nachträglich und gab die Leiche zur Beerdigung frei. Da am morgigen Samstag keine Beerdigungen vorgenommen werden, dürfte Widawski am Sonntag bestattet werden. Man fand einen kurzen Abschiedsbrief an seine hier lebenden Angehörigen vor. Das ganze Getto steht unter dem Eindruck dieses Todesfalls.

Es heisst, dass sich nur 5 Verhaftete in der Stadt befinden und der Rest bei der Getto-Kriminalpolizei. In der Stadt sollen sein: Zwei Personen Weksler, zwei Altszyler /Vater und Sohn/, und Tafel. Diese Nachricht dürfte jedoch nicht ganz zutreffen, es dürften wohl alle am vorgestrigen Tage verhafteten Personen in der Stadt sein.

Zur Arbeit nach ausserhalb Getto. Heute erschien die folgende Kundmachung in deutscher und jiddischer Sprache:

A c h t u n g !

Betr.: Freiwillige Registrierung zur Arbeit nach ausserhalb des Gettos.

Es wird darauf hingewiesen, dass die freiwillige Registrierung zur Arbeit nach ausserhalb des Gettos

w e i t e r

vorgenommen wird.

Die Registrierungen können jeden Tag im Arbeitsamt Getto in der Zeit von: 17 Uhr 30 bis 20 Uhr und am Sonntag in der Zeit von: 8 Uhr früh bis 18 Uhr erfolgen.
Alle näheren Auskünfte werden ebenfalls im Arbeitsamt Getto erteilt.
Litzmannstadt-Getto, den 9. Juni 1944.   /-/ Ch. Rumkowski[41]
       Der Aelteste der Juden
       in Litzmannstadt.
Es ist nicht bekannt wieviele Arbeiter neuerdings gebraucht werden.

Approvisation

Auch heute erhielt das Getto etwas Frischgemüse u.zw. ca. 4.000 kg Spinat, 6.200 kg Radieschen, ca. 1200 kg Salat, ca. 1500 kg Mairettich und ausserdem 3260 kg konserv. Rote Beete. Keine Kartoffeln.
Die Fleischbelieferung hält an. Heute kamen ca. 6300 kg herein.

Bäckereiabteilung übersiedelt aus ihren bisherigen Räumen an der Matrosengasse 6, in die Matrosengasse 4. Die bisherigen Räume der Bäckereiabteilung wurden den Resten der ehemaligen Talonabteilung, unter Leitung von Frl. Ejbuszic, zugewiesen. Diese Abteilung verliert ihre Selbstständigkeit und wird als Referat der Approvisationsabteilung untergeordnet.

Sanitätswesen

Die heute gemeldeten ansteckenden Krankheiten: keine Meldungen.
Die Todesursache der heutigen Sterbefälle:
11 Lungentuberkulose, 1 tuberk. Gehirnhautentzündung, 2 Lungenkrankheiten, 4 Herzkrankheiten, 1 alimentäre Vergiftung[42].

Tagesbericht von Sonnabend, den 10. Juni 1944   Tageschronik Nr. 161

Das Wetter: Tagesmittel 15-19 Grad, bewölkt.
Sterbefälle: 15,   Geburten: 4 /2 m., 1 w., 1 m. Totgeburt/
Festnahmen: Verschiedenes: 1,   Diebstahl: 1
Einweisungen: 2 /Frauen aus Litzmannstadt/
Bevölkerungsstand: 76.592

Tagesnachrichten

Zu den Verhaftungen. Ein O.D.-Mann der Kripo-Mannschaft erschien heute im Meldebüro, um die Personalien von 6 Personen festzustellen. Wir sprachen gestern von 5, es kommt noch hinzu ein gewisser Lublinski, dessen Verhaftung wir ebenfalls verzeichnet haben. Aus der Tatsache, dass man von der Kripo diese Personalien abverlangt, wird geschlossen, dass sich nur diese 6 Verhafteten in der Stadt befinden.
Der Kommandant der Feuerwehr, Kaufmann, wurde heute zur Kripo gerufen und von dort in die Stadt überstellt. Man vermutet, dass dies im Zusammenhang mit den Verhaftungen erfolgt wäre. Diese Nachricht ist natürlich das Tagesgespräch des Gettos. In den Abendstunden kehrte Kaufmann aus der Stadt zurück. Die Ursache seines Aufenthaltes in der Stadt ist nicht bekannt.

Einsiedlung. Im heutigen Polizeibericht wurden zwei Einsiedlungen gemeldet. Es handelt sich um zwei jüdische Frauen, Mutter und Tochter, persischer Staatsangehörigkeit. Beide Frauen haben sich bis jetzt in Litzmannstadt aufgehalten und dort ein Geschäft betrieben. Die beiden Frauen sind krank und wurden daher ins Krankenhaus I eingeliefert.

Approvisation

Der heutige Gemüseeinlauf: 3760 kg, 2400 kg Spinat, 595 kg Rettich, 9790 kg Radieschen, 205 kg Dille, 800 kg Salat und schliesslich 1200 kg konserv. Rote Beete. Fleischeinfuhr etwas abgeschwächt mit insgesamt 2.250 kg.

Ressortnachrichten

Tischlerei. Der Holzbetrieb I wird bis 1. Juli den Auftrag auf Munitionskisten beendigen. Es heisst, dass von diesem Zeitpunkt an andere Typen u.zw. ebenfalls für Militärzwecke erzeugt werden sollen.
Der Holzbetrieb II hat mit der Produktion eines Auftrages auf 20.000 Betten und 5.000 Schränke für die Militärbehörden begonnen.

Sanitätswesen

Die heute gemeldeten ansteckenden Krankheiten: keine Meldungen.
Die Todesursache der heutigen Sterbefälle:
7 Lungentuberkulose, 1 Lungenentzündung, 1 tuberk. Gehirnhautentzündung, 3 Herzkrankheiten, 1 Arterienverkalkung, 1 Magengeschwür, 1 Totgeburt.

Tagesbericht von Sonntag, den 11. Juni 1944   Tageschronik Nr. 162

Das Wetter:	Tagesmittel 13-22 Grad, bewölkt.
Sterbefälle:	1, Geburten: 2 /1 m., 1 w./
Festnahmen:	Verschiedenes: 2
Bevölkerungsstand:	76.593
Brand:	Am 10.6.1944 wurde die Feuerwehr um 18,04 Uhr nach dem Hause Bleicherweg 17 alarmiert, wo durch eine undichte Kaminwange durch den Fussboden Rauchschwaden drangen. Die Bauabteilung wurde mit der sofortigen Reparatur beauftragt.

Tagesnachrichten

Beerdigung. Heute fand in aller Stille in den Morgenstunden die Beerdigung des Chaim Widawski statt. Es waren nur die Angehörigen anwesend. Die Anordnungen am Friedhof selbst traf Boruch Praszkier, in dessen Amtsbereich auch der Friedhof gehört.

Approvisation

Am heutigen Sonntag kam nur etwas Frischgemüse herein u.zw. 260 kg Dille, 6.760 kg Radieschen und 8.740 kg Rettich. Eine weitere Ration in Radieschen ist also zu erwarten.

Kleiner Getto-Spiegel.

Bei der Post. Eine kleine verhutzelte Frau drängt sich an den Postschalter heran. Eine geborene »Reichsbaluterin«[43]. Sie will Postkarten kaufen. Postkarten sind jetzt ein sehr begehrter Artikel, seit die Postsperre aufgehoben wurde und seit vor allem die Eingesiedelten in ihre ehemalige Heimat schreiben, um Lebensmittelpakete zu erhalten. Die Post hat keine Karten mehr. Ueberdies liegen noch ganze Berge nichtexpedierter[44] Karten da. Die kleine Frau will unbedingt Postkarten haben. Der Leiter der Post, Gumener[45], geht auf sie zu. »Was wollt Ihr gute Frau?« »Postkarten will ich kaufen!« »Wem wollt Ihr denn schreiben und wohin?« »Ich weiss! Ich hab keinem zu schreiben, aber alle Leute kaufen, kauf ich auch!« ---
Nun sind auch Postkarten in die Reihe der Artikel gerückt, die im Schwarzhandel Rekordpreise erzielen. Unter der Hand werden Postkarten, die sonst bei der Postabteilung 10 Pfennig das Stück kosten, für 15 Mk angeboten und Leute, die nicht wissen, dass die Post in diesen Mengen nicht weggehen kann, kaufen sogar.

Sanitätswesen

Die heute gemeldeten ansteckenden Krankheiten: keine Meldungen.
Die Todesursache des heutigen Sterbefalles: Selbstmord.

Tagesbericht von Montag, den 12. Juni 1944   Tageschronik Nr. 163

Das Wetter: Tagesmittel 17-29 Grad, sonnig.
Sterbefälle: 22,   Geburten: 1 m.
Festnahmen: Verschiedenes: 3,   Diebstahl: 1
Bevölkerungsstand: 76.572

Tagesnachrichten

Der Präses bewirtete am gestrigen Sonntag in seiner Privatwohnung in Marysin die administrativen und technischen Leiter aller Metallabteilungen.
Zu den Verhaftungen. Von den in die Stadt eingelieferten verhafteten Juden dringt keinerlei Nachricht ins Getto. Nach wie vor ist man in höchster Besorgnis wegen des Schicksals dieser Menschen. Die allgemeine Stimmung ist elend. Leute weichen einander aus, sprechen nur im Flüsterton und auf die stereotype Frage, was gibt es Neues? antwortet ein Achselzucken. Um alle Ecken schleicht das Misstrauen. Die ganze Atmosphäre im Getto ist vergiftet, wie noch nie.

Approvisation

Die Lage ist unverändert. Der Einlauf nach wie vor unbefriedigend.

Allmählich ernten ein paar glückliche Gartenbesitzer ihren ersten Spinat. Da man aber heuer so spät angebaut hat, sind es nur einige Protektionskinder[46], die sich schon früher den Samen beschaffen konnten, aber die Masse der Gartenbesitzer kann vom Feld noch immer nichts nach Hause tragen. Heute kostet Spinat 40 Mk unter der Hand.
In allen Stuben, auf allen Herden hockt das Gespenst des Hungers. Der allgemeine Eindruck der Menschen im Getto ist denkbar elend, eine geringe Ausnahme machen die paar Eingesiedelten, die ausgiebig Pakete erhalten.

Sanitätswesen

Die heute gemeldeten ansteckenden Krankheiten: 14 Tuberkulose, 2 Diphterie.
Die Todesursache der heutigen Sterbefälle:
14 Lungentuberkulose, 1 tuberk. Hirnhautentzündung, 1 Lungeninfiltration, 4 Herzkrankheiten, 1 Ruhr, 1 Zwölffingerdarmgeschwür-Perforation.

Kleiner Getto-Spiegel.

Der Segen der Latrine. Der Mann, der sich seine Działka[47] in einem Kinderwagen installierte,[48] hat einen phantasiebegabten Nachfolger gefunden: einen Gettobewohner, den die Not des Frühjahrs 1944 zu einem ausserordentlichen

Rettungstrick getrieben hat. Da viele tausende Menschen im Getto keine Działka zugewiesen erhielten, also auf die normalen Gemüserationen angewiesen waren, ersannen sie höchst originelle Methoden, um einen Ausweg zu finden. Einige füllten Kisten mit Erde an, setzten Samen und stellten solch einen künstlichen Garten in die Fenster, wo die Sonne ihr Bestes tat – zum Wohlergehen der Saat. Andere entfernten vor ihren Wohnungen den Gehsteig, um Platz für ein Gemüsebeet zu gewinnen. Und einer – vorläufig der Einzige im Getto – belegte das lange und breite Dach der allgemeinen Hauslatrine /des offenen Hofklosetts/ mit Erdreich, setzte Radieschen und Porree, die bereits gedeihen … Wenn er das Beet begiessen oder ernten will, steigt er auf einer kurzen Leiter von seinem Wohnungsfenster aufs Latrinendach und beginnt seine Arbeit. Er hat keinen weiten Weg. Seine Działka liegt sozusagen vor seiner Nase, die den Geruch der Latrine und den des Gemüsebeetes zu spüren bekommt. Aber was liegt an ästhetischen Einwänden, wenn der Hunger treibt?

O[skar].R[osenfeld].

Tagesbericht von Dienstag, den 13. Juni 1944   Tageschronik Nr. 164

Das Wetter: Tagesmittel 18-27 Grad, sonnig.
Sterbefälle: 14,   Geburten: 3 w.
Festnahmen: Verschiedenes: 3
Bevölkerungsstand: 76.561

Tagesnachrichten

Der Präses, der sich schon gestern Nachmittag nicht wohl gefühlt hatte, hütet heute das Bett. Er klagt über Herzbeschwerden.

Luftschutz. Auf dem Gebiete des Luftschutzwesens herrscht jetzt im Getto lebhafte Bewegung. Ununterbrochen erhalten Luftschutzwart-Leitung und die Ressorts neue Weisungen.
Von der Getto-Verwaltung kam der Auftrag auf allen Gärten, innerhalb des Zentrums, sofort Splittergräben[49] anzulegen. Das bedeutet natürlich einen weiteren Verlust an Anbauflächen u.zw. schon an solchen, die natürlich bebaut, ja sogar in der Kultur schon recht fortgeschritten sind.
Die Zahl der Feuermeldestellen wird wesentlich vermehrt und fast überall, wo sich ein Telefon befindet, wurde jetzt eine rote Tafel angebracht: »Feuermeldestelle«. Alle Feuerlöschteiche im Getto sind gefüllt und stehen unter Kontrolle. Der Offiziersbestand des Luftschutz-O.D. wurde erhöht.

Approvisation

Noch immer keine Besserung der Lage. Es kommt wohl etwas Frischgemüse herein, wirkt sich aber nicht auf die Ernährungslage aus. Eine vorübergehende Mehlknappheit ist behoben, da Mehl jetzt in genügender Menge hereingekommen ist.

Kleiner Getto-Spiegel.

Pakete. Noch immer wächst die Zahl der Paketempfänger, hauptsächlich aus Prag. Aber auch aus Städten des Altreichs und aus Wien kommen schon Lebensmittelsendungen herein. Die Bemühungen, von diesen Paketen kleine Opfergaben für hungernde Eingesiedelte zu erhalten, dauern an. Es geht aber sehr schleppend voran. Der Propaganda sind sehr enge Grenzen gezogen. Es ist sehr schwer das psychologische Problem zu meistern. Die Menschen sind verstockt, verhärtet, egoistisch, rücksichtslos und es kostet unendlich viel Mühe die Menschen, von Mann zu Mann, zu überzeugen, zu gewinnen. A[u]s einer Abgabe von je 10 dkg Brot, bei etwa 500 Paketen in der Woche, wurden in der Zeit vom

8.-10.6. alles in allem nur 7 ½ kg Brot aufgebracht. Ein paar Mitarbeiter haben sich eingefunden und sich dem Leiter der Aktion[50] zur Verfügung gestellt. Es ist zu hoffen, dass man zunächst den noch hungernden Eingesiedelten aus Prag, dann allen anderen Eingesiedelten wird helfen können.

Sanitätswesen

Die heute gemeldeten ansteckenden Krankheiten: 5 Tuberkulose.
Die Todesursache der heutigen Sterbefälle:
12 Lungentuberkulose, 1 Entzündung der Gehirnhaut und [des] Rückenmarks, 1 Darmkatarrh.

Tagesbericht von Mittwoch, den 14. Juni 1944   Tageschronik Nr. 165

Das Wetter: Tagesmittel 20-32 Grad, sonnig.

Sterbefälle: 17 /7M., 10F./, Geburten: keine

Festnahmen: Verschiedenes: 3, Diebstahl: 1

Bevölkerungsstand: 76.544

Selbstmordversuch: Am 13.6.44 versuchte die Lajzerowicz Helena geb. 24.4. 26 in Lodz, wohnhaft Halbeg. 8, durch Einnahme eines Schlafmittels Selbstmord zu verüben. Die Genannte wurde durch die Rettungsbereitschaft ins Krankenhaus überführt.

Tagesnachrichten

Arbeiter nach ausserhalb des Gettos. Heute sind aus dem Zentral-Gefängnis 30 Mann zur Arbeit nach ausserhalb des Gettos abgegangen. Ziel unbekannt. Ueber Veranlassung des Präses erhielten die Leute 2 Brote /4 kg/, 25 dkg Zucker, 20 dkg Wurst und 100 Stück Zigaretten.

Der Präses erschien heute für einige Stunden wieder im Amt.

L.S.-Wart[51]. Von der Getto-Verwaltung kam der Befehl die Umfriedungen aller Gettogärten, soweit sie den Zugang zu den Splittergräben hindern könnten, sofort zu beseitigen.

Approvisation

Die Lage ist unverändert katastrophal. An Frischgemüse kam herein: am 12.6. Salat 8.420 kg, Radieschen 9.370 kg, 10.340 kg Mairettich und 2.610 kg Kartoffeln. Am 13.6. Radieschen 5.390 kg, Salat 19.950 kg, Mairettich 525 kg, und 1225 kg Dille. Und heute kamen 32.000 kg Salat, 5.000 kg Radieschen, 17.470 kg Mairettich, 1110 kg Rote Beete mit Laub und 693 kg Kartoffeln. Fleisch kam am 12. 4.010 kg, am 13. 3.540 kg und heute 2.330 kg. Alle anderen Lebensmittel kamen im Rahmen des Kontingents. Aus den letzten Gemüseeinläufen gab es eine Ration u.zw. 1 kg Salat und 1 kg Radieschen.

Kleiner Getto-Spiegel.

Kollektivstimmungen. Man betritt die Strasse, stösst auf einen Bekannten.
»Was gibt es?«
»Sie wissen ja, man spricht davon.....«

»Wenn man nur spräche, wäre alles gut, aber-«
»Es heisst, dass in den nächsten Wochen-«
»Schlecht ist's auf jeden Fall....«
»Im Vorjahr hatten wir dieselbe Lage....«
»Auf Arbeit ausserhalb des Gettos-«
»Wer hat Ihnen das erzählt?«
»Alle sprechen so-«
Und wenn alle so sprechen, dann wird es allmählich wahr. Oft genug kam es vor, dass das Getto gefühlsmässig irgend ein Ereignis, oder die Vorbereitung zu diesem Ereignis deutete und Recht behielt. Die Erfahrung hat uns gelehrt: das Getto reagiert mit der Genauigkeit eines Barometers auf die »atmosphärischen« Auswirkungen aller Ereignisse, soweit sie die Existenzbedingungen der Gettobewohner betreffen. Ein Wort, ein Flüstern, ein Augenzwinkern, ein Achselzucken genügt, um die erforderliche Reaktion hervorzurufen. Wie eine elektrische Welle gehen die Nachrichten durch das Getto. Die Stimmung des Gettos ist ein Faktor, mit dem man rechnen kann. Hier besteht das feinste Gefühl für Dinge, die sich nicht in eine konkrete Definition pressen lassen. Die Schicksalsschläge von vier Jahren haben das Getto festgeschmiedet. Es ist ein Körper mit einem gemeinsamen Herzen, einer einheitlichen Intuition geworden. Das Getto besitzt die Gabe, die Ereignisse vorauszufühlen. Es gibt sozusagen Kollektivstimmungen, mit denen der Chroniqueur des Gettos in guten und in schlimmen Tagen rechnen muss.

O[skar].R[osenfeld].

Sanitätswesen

Die heute gemeldeten ansteckenden Krankheiten: 6 Tuberkulose.
Die Todesursache der heutigen Sterbefälle:
8 Lungentuberkulose, 2 tuberkul. anderer Organe, 3 Lungenkrankheiten, 4 Herzkrankheiten.

Tagesbericht von Donnerstag, den 15. Juni 1944		Tageschronik Nr. 166
Das Wetter:	Tagesmittel 19-26 Grad, sonnig.	
Sterbefälle:	10 /6 M., 4 Fr./, Geburten:	3 /1 m., 2 w./
Festnahmen:	Verschiedenes: 3	
Bevölkerungsstand:	76.507	
Aussiedlung:	30 Mann zur Arbeit ausserhalb des Gettos.	

Tagesnachrichten

Kommission im Getto. Das Getto ist wieder einmal in höchster Erregung. In den späten Vormittagstunden traf eine Kommission im Getto ein u.zw. Oberbürgermeister Dr. Bradfisch[52], der frühere Bürgermeister Wentzke[53], Reg. Präsident Dr. Albers[54] und ein höherer Offizier /Ritterkreuzträger/[55], wahrscheinlich vom Luftschutz-Wart. Die Kommission begab sich in's Büro des Aeltesten, wo Dr. Bradfisch mit Präses Rumkowski eine Unterredung von wenigen Minuten hatte. Unmittelbar darauf erschienen die Gestapo-Kommissare Fuchs[56] und Stromberg[57] bei Frl. Fuchs. Die ersterwähnte Kommission begab sich sodann zu Fuss durch die Hanseatenstrasse in das Schneiderressort, Hanseatenstr. 36 und fuhr dann im Auto, Richtung Polenlager, Marysin, ab. Die Unterredung Fuchs-Stromberg mit Frl. Fuchs und de[m] vorher verständigten Kommandanten L. Rosenblatt dauerte ebenfalls nur ganz kurze Zeit. Soweit chronologische Folge der Tatsachen. Knapp nach diesen Besuchen war das Getto voll der wildesten Gerüchte. Aber alle liefen in einer Richtung: Aussiedlung! Noch wusste das Getto nichts was sich tatsächlich im Büro des Aeltesten ereignet hat, aber man will wissen, dass eine grössere Aussiedlung bevorstehe. Während man noch am Vormittag davon sprach, da[s]s 5-600 Menschen gebraucht werden, hiess es am Nachmittag bereits, dass die Aussiedlung sich auf mehrere tausend Menschen erstrecken wird, vielleicht sogar auf den grössten Teil der Bevölkerung. Ja, man wollte schon wissen, dass es auf eine Liquidierung des Gettos hinausläuft. Soweit man nun feststellen konnte, verliefen die Dinge folgendermassen: /Der Chronist hat seine Information natürlich nur aus zweiter Hand, da vom Präses direkt nichts zu erfahren ist./ Oberbürgermeister und Chef der Gestapo Dr. Bradfisch erklärte dem Aeltesten, dass man grosse Arbeitergruppen für Aufräumearbeiten in den bombengeschädigten Gebieten braucht. Es sei selbstverständlich, dass doch in erster Linie die Juden herangezogen werden müssten, da doch die Zerstörungen von den Briten angerichtet worden wären. Ob der Präses erklärt hat, dass er die zunächst angeforderten 500 Personen ohne weiteres geben kann oder nicht, kann vorläufig nicht festgestellt werden. Dr. Bradfisch erklärte dem Präses, dass nähere Einzelheiten durch die Kommissare Fuchs und Stromberg an das Büro des Aeltesten gelangen werden. Tatsächlich erschienen bald darauf, wie bereits geschildert, die genannten Polizeifunktionäre und überbrachten Frl. Fuchs und Kommandant Rosenblatt die Aufforderung, die wir hier mit Vorbehalt wiedergeben, da auch diese Mitteilungen aus zweiter Hand stammen: Ausser den zunächst verlangten 500 Personen zur Arbeit ausserhalb des Gettos, die bis Mittwoch, den 21. ds. Mts., stellig zu machen wären, sollen wöchentlich je 3.000 Arbeiter gestellt werden. Zeitliche und zahlenmässige Grenzen wurden nicht genannt. Unter diesen Umständen ist es klar, dass das Getto von einer unmittelbar bevorstehenden Liquidierung des Gettos spricht. Man muss dabei feststellen, dass die Stimmung eher apathisch als verzweifelt ist, von Einzelausbrüchen der Verzweiflung abgesehen. Die Bevölkerung ist durch die letzten Hungermonate schon so mürbe, dass sich jeder schon sagt, schlechter könne es wohl kaum noch gehen. Das Einzige, was die Menschen an das Getto fesselt, ist das eigene Bett, das man noch als eine gewisse letzte Stütze der Gesundheit betrachtet und die Familie. Da, wo Familien mit arbeitsfähigen Kindern hinausgehen können, mildert sich einigermassen die Tragik. Nur dort, wo die Gefahr besteht, dass kleine Kinder zurückbleiben müssten, oder kranke, engste Familienangehörige, wirkt die Nachricht wie ein Keulenschlag. Entsprechende Kundmachungen über freiwillige Meldungen zur Arbeit ausserhalb des Gettos sind zu erwarten. Ob tatsächlich Transporte in dem obenerwähnten Ausmass vorgesehen sind, werden wohl die nächsten Stunden zeigen.

Ausscheidung von zwei Wohnobjekte[n]. Die beiden Wohnhäuser an der Hamburgerstrasse 40 u. 42 müssen über Anordnung der deutschen Behörden bis spätestens 20. ds. Mts. geräumt werden. Die beiden Objekte werden aus dem Getto ausgeschieden und dem dahinterliegenden Fabriksareal angegliedert. Eine beträchtliche Anzahl von Wohnungsinhabern gerät dadurch in eine äusserst kritische Lage. Ueberdies wird auch das Gettointeresse insoferne schwer betroffen, als sich im Hause Hamburgerstrasse 40 das Ambulatorium[58] befindet, zu dessen Bereich das ganze Gebiet dieses[59] Teiles gehört. Das Wohnungsamt arbeitet fieberhaft, um die Wohnparteien dieser Objekte so rasch als möglich wieder unter Dach zu bringen.

Approvisation

Die Lage ist unverändert schlecht. Ausser den Tageseinläufen an Radieschen und Salat keinerlei Gemüse.

Sanitätswesen

Die heute gemeldeten ansteckenden Krankheiten: keine Meldungen.
Die Todesursache der heutigen Sterbefälle:
5 Lungentuberkulose, 2 tuberkulo. Gehirnhautentzündung[en], 1 Herzschlag, 1 Bauchfellentzündung, 1 Mastdarmkrebs.

Tagesbericht von Freitag, den 16. Juni 1944   Tageschronik Nr. 167

Das Wetter: Tagesmittel 18-29 Grad, sonnig.

Sterbefälle: 10 /4 M., 6 Fr./,   Geburten: keine

Festnahmen: Verschiedenes: 3

Bevölkerungsstand: 76.497

Tagesnachrichten

Am heutigen Tage erschien in deutscher und jiddischer Sprache die folgende Bekanntmachung:

Bekanntmachung Nr. 416.

Betr.: Freiwillige Registrierung zur Arbeit nach ausserhalb des Gettos.
Hierdurch gebe ich bekannt, dass sich Männer und Frauen /auch Eheleute/ zur Arbeit nach ausserhalb des Gettos registrieren können.
Soweit es sich um Familien mit Kindern im arbeitsfähigen Alter handelt, können auch diese Kinder zusammen mit den Eltern zur Arbeit nach ausserhalb des Gettos registriert werden.
   Diese Personen erhalten volle Ausrüstung wie: Kleidungsstücke, Schuhe, Wäsche und Socken. Gepäck kann im Gewichte von 15 kg pro Person mitgenommen werden.
Ich möchte dabei besonders bemerken, dass der Postverkehr für diese Arbeiter freigegeben wurde, sodass also ein[e] Möglichkeit zum Schreiben besteht. Weiterhin wird ausdrücklich darauf hingewiesen, dass denjenigen Personen, die sich zur Arbeit nach ausserhalb des Gettos registrieren, Gelegenheit gegeben wird, die ihnen zustehenden Rationen ohne Reihe sofort abzunehmen. Die vorerwähnten Registrierungen werden im Arbeitsamt-Getto, Hamburgerstr. 13, ab Freitag, den 16. Juni 1944 täglich in der Zeit von: 8 Uhr früh bis 21 Uhr vorgenommen.
Litzmannstadt-Getto, den 16. Juni 1944.   /-/ Ch. Rumkowski
                                                    Der Aelteste der Juden
                                                     in Litzmannstadt.
Diese Bekanntmachung spricht zunächst noch von freiwilligen Registrierungen. Aber nach der Lage der Dinge ist diese Formulierung längst überholt und zweifellos wird sich sofort der gesamte Apparat in Bewegung setzen, der für solche Situationen immer eingelaufen und bereit ist. Die Lage stellt sich ungefähr wie folgt dar: Tatsächlich handelt es sich nicht um eine Aussiedlung von nur etwa 500 Personen, die durch freiwillige Meldung gedeckt werden sollte, sondern um umfangreiche Entsendungen von Arbeitern aus dem Getto. Es heisst, dass zu-

nächst die 1. Gruppe von ca. 500 Menschen für München bestimmt ist, wo Aufräumearbeiten durchzuführen sind. Eine weitere Gruppe von ca. 900 Menschen soll noch in der gleichen Woche, wahrscheinlich am Freitag, den 23. ds. Mts. abgehen. Dann sollen durch 3 Wochen je 3000 Mann, in Transporten zu je 1000 Personen, abgehen. Für jeden Transport ist ein Transportleiter, 2 Aerzte, Sanitätspersonal und Ordnungsdienst zu bestimmen. Letztere soll sich nicht aus dem O.D. des Gettos, sondern aus den Transporten selbst bilden. Wohin die grossen Gruppen bestimmt sind ist unbekannt. Auch für diese grossen Transporte gelten die gleichen Bestimmungen wie für den Transport, auf den sich die obige Kundmachung bezieht. 15-20 kg Gepäck kann mitgenommen werden, doch soll dieses Gepäck möglichst wenig Raum einnehmen.

Kommissar Fuchs versicherte hohen Gettofunktionären, dass keine Gefahr für die Arbeitertransporte bestehe und dass es sich tatsächlich um Aufräumearbeit in bombardierten Städten handle. Diese Versicherung mildert einigermassen den Schrecken, den jede Aussiedlung bisher begleitet hat.

Peinlicher Zwischenfall. Gegen 5 Uhr Nachmittag ereignete sich im Büro des Aeltesten ein äusserst peinlicher und bedauernswerter Zwischenfall. Plötzlich erschien dort in höchst erregtem Zustand Amtsleiter Biebow[60], befahl der Beamtenschaft sofort die Räume zu verlassen und diese abzusperren. Dann stürmte er in das Kabinett des Präses Rumkowski, wo er in nahezu besinnungsloser Aufregung auf den Aeltesten der Juden losschlug. Der Präses erhielt eine nicht unerhebliche Verletzung im Gesicht, am Jochbein. Der Amtsleiter selbst verletzte sich an einer von ihm zerschmetterten Fensterscheibe. Dem Amtsleiter folgten sofort die Herren Tscharnulla[61] und Schwind[62], scheinbar in der Absicht den Amtsleiter zu beruhigen, was jedoch nicht gelang.

Der Präses wurde sofort nach diesem Zwischenfall in's Krankenhaus an der Richterstrasse gebracht, wo ihm Dr. Eliasberg erste Hilfe leistete. Es ist zum ersten Mal, dass sich Amtsleiter Biebow an der Person des Präses vergriff. Wir haben in diesen Blättern den ernsten und latenten Konflikt zwischen diesen beiden Männern wiederholt angedeutet. Niemand hätte gedacht, dass dieser Konflikt zu einer solchen Ausschreitung führen könnte, denn Präses Rumkowski ist immerhin, auch dem Amtsleiter gegenüber, nicht nur der Repräsentant von jetzt 80.000 schaffenden Juden, sondern ein Mann von nahezu 70 Jahren. Wer den Amtsleiter kennt weiss, dass es sich um einen Ausdruck seines Jähzorns handelt, den er bestimmt nachher bedauern wird. Es ist natürlich nicht zu erfahren, welcher Art der Wortwechsel war, der den Tätlichkeiten voraus ging. Ohne Zweifel liegt ein Zusammenhang vor mit dem gestrigen Besuch des Oberbürgermeisters Dr. Bradfisch beim Präses. Manche wollen wissen, dass der Amtsleiter den Präses mit Vorwürfen überschüttet habe, dass er, ohne sich mit ihm zu beraten, dem Oberbürgermeister die glatte Beistellung von zunächst 600 Menschen zugesagt habe, wodurch er, der Amtsleiter, blossgestellt worden wäre, weil er seinerseits bei Menschenanforderungen auf dem Standpunkt stehe, er könne nichts abgeben. Genaues lässt sich natürlich nicht erfahren, da der Präses einerseits im desolaten Zustande im Spital liegt und es andererseits nicht auf seiner Linie liegt, über derlei Dinge zu sprechen.

Zur Arbeit ausserhalb des Gettos. Im Zentralgefängnis melden sich täglich etwa 40-50 Personen zur Arbeit ausserhalb des Gettos. In diesem Tempo kann natürlich die Beistellung von etwa 5-600 Personen bis Mittwoch, den 21. ds. Mts. nicht zustande kommen.

Kommission gebildet. Eine Kommission, die die technischen Fragen der kommenden Arbeiterentsendungen zu lösen hat, wurde bereits gebildet. Sie besteht aus: dem Gerichtsvorsitzenden Jakobson[63], als Vorsitzenden, und folgenden Herren Blemmer, Kohl[64], Berkowicz[65] /I. Polizeirevier/, Kommissar Wollmann /Sonderabteilung/, Prokurator Nussbrecher[66] ist der Kommission wohl in Funktion als Sekretär beigegeben. Die Kommission arbeitet in engstem Kontakt mit dem Arbeitsamt. Eine gemeinschaftliche Sitzung der Kommission mit Kommandant Rosenblatt, Dawid Warszawski und Sienicki[67] findet morgen statt.

Approvisation

Die Lage im Getto ist unverändert schlecht.
Die Ration wurde heute publiziert:
Betr.: Lebensmittelzuteilung für die gesamte Gettobevölkerung:
Ab Sonnabend, den 17. Juni 1944, wird auf Coupon Nr. 23 der Nahrungsmittelkarte für die Zeit vom 19.6.1944 bis zum 2.7.1944 einschl. folgende Ration pro Kopf herausgegeben:

600 Gramm	Roggenmehl,	500 Gramm		Kaffeemischung,
150 "	Erbsen,	150	"	»Vitamo«[68],
450 "	Zucker, weiss,	150	"	Saladine[69],
350 "	Brotaufstrich,	10	"	Zitronensäure,
200 "	Suppenpulver,	20	"	Natron,
200 "	Salz,	1 Stück Seife		

für den Betrag von Mk 11,50

Weiterhin werden auf Grund der Gemüselegitimationen
50 Gramm Fruchttee und
1 Schachtel Streichhölzer pro Familie
für den Betrag von Mk 0.50 ausgefolgt.

Ferner gelangen ab Sonnabend, den 17. Juni 1944 auf Coupon Nr. 55 der Nahrungsmittelkarte

      250 Gramm Margarine
      100 "   Gemüsesalat pro Kopf für den
              Betrag von Mk 3,75 zur Verteilung.

Fleisch- und Wurstzuteilung für die gesamte Gettobevölkerung.
  Ab Sonntag, den 18.6.1944 werden auf Coupon Nr. 46 der Nahrungsmittelkarte

      250 Gramm Fleisch pro Kopf und

auf Coupon Nr. 47 der Nahrungsmittelkarte

      50 Gramm Wurst /Krakauer/ pro Kopf für den Betrag
      von Mk 1.-- herausgegeben.

Litzmannstadt-Getto, den 16.6.1944.   Gettoverwaltung.

Sanitätswesen

Die heute gemeldeten ansteckenden Krankheiten: keine
Die Todesursache der heutigen Sterbefälle:
5 Lungentuberkulose, 1 beiderseitige Lungenentzündung, 1 tuberk. Hirnhautentzündung, 2 Herzkrankheiten, 1 Darmentzündung.

Nachtrag zum heutigen Polizeibericht:
Selbstmord. Am 15.6.1944 starb die Widawski Edith, geb. 19.9.1910 in Stettin. Es wird vermutet, dass dieselbe Selbstmord verübt hat.

Tagesbericht von Sonnabend, den 17. Juni 1944   Tageschronik Nr. 168

Das Wetter: Tagesmittel 17-25 Grad, bewölkt.

Sterbefälle: 24 /14 M., 10 Fr./,   Geburten: 3 /2 m., 1 w./

Festnahmen: Verschiedenes: 1,   Diebstahl: 1

Bevölkerungsstand: 76.476

Tagesnachrichten

Der Präses befindet sich noch immer in ärztlicher Behandlung im Spital an der Richterstrasse. Vormittags fuhr dort in seinem Auto der Amtsleiter Biebow vor. Man nahm zunächst an, dass er nach dem Auftritt mit dem Präses, diesem einen Versöhnungsbesuch abstatten wolle. Dem war aber nicht so. Amtsleiter Biebow begab sich wegen seiner verletzten Hand in ärztliche Behandlung und liess sich überdies röntgenisieren. Bei ihm wurden ernstliche Verletzungen nicht festgestellt.

Die gestern angekündigte Sitzung fand heute im Wartezimmer des Präses statt. Nachmittag wurden sämtliche Ressort- und Abteilungsleiter zusammenberufen, die von der Kommission entsprechende Weisungen erhielten. Die Leiter werden Listen aufzustellen haben von Leuten, die das Ressort entbehren kann. Kriegswichtige Betriebe werden weniger, unwichtige Betriebe werden mehr aufgeben. Die Teppicherzeugung Klugmann ist aufgelöst, das gleiche Schicksal traf das Hausschuhressort. Die Steppdeckenabteilung wurde binnen einer Stunde aufgelöst. Die Absicht des Amtsleiters war ursprünglich die, die Frage der Arbeiterentsendung auf die übliche drastische, kriegsmässige Art zu lösen: Steppdeckenressort, Hausschuhressort, Teppichressort etc. als unwichtige Betriebe aufzulösen und die Belegschaft komplett zur Arbeit ausserhalb des Gettos auszusiedeln. Es gelang diese Form abzuwenden. Es werden, wie oben geschildert, die Abteilungs- und Ressortleiter prozentmässige Listen aufstellen. Bei dieser Methode allerdings, sehen die hier noch verbliebenen Eingesiedelten[70] ihrem Schicksal mit grosser Besorgnis entgegen. Die Einstellung der Fabriksleiter den eingesiedelten Arbeitern gegenüber ist sehr subjektiv, in den meisten Ressorts ausgesprochen schlecht. Es ist kein Zweifel, dass in erster Linie diese Gruppe von Menschen geopfert werden wird, da es ganz und gar in der Hand der Leiter liegt aufzugeben wen sie wollen. Da die Ressorts im Getto fast ausnahmslos auf »mischpochaler«[71] Grundlage aufgebaut sind, d.h. dass jeder Leiter in erster Linie dafür gesorgt hat, dass seine eigenen Angehörigen und deren Angehörige, dass also eine bestimmte, ihm nahestehende Clique entsprechend versorgt wird, werden die Leiter naturgemäss in erster Linie das Element preisgeben, an dem sie

persönlich nicht interessiert sind. So darf man wohl annehmen, dass durch diese Aussiedlung, durch das herrschende System, der letzte Rest der Juden aus dem Westen, bis auf kleine Fragmente, aus dem Getto verschwinden wird.
Die Druckerei hat bereits den Auftrag, 10.000 Transportnummern-Garnituren für die Ausreisenden herzustellen. Auch dieser Umstand bestätigt die Vermutung, dass es sich vorläufig um etwa insgesamt 10.000 Menschen handelt, die das Getto verlassen sollen. Personen, die mit der deutschen Behörde in Kontakt stehen, wollen wissen, dass diese nicht die Absicht habe das Getto auf diesem Wege zu liquidieren, weil nach wie vor Aufträge hereinkommen und weil kriegswichtige Betriebe vorhanden sind, auf deren Erhaltung man dort Wert legt.
Es heisst also, dass durch 3 Wochen je 3000 Menschen abgehen sollen, dazu die ersten 5-600 und die zweiten 900, alles in allem etwa 10-11.000 Menschen. Das wenigstens erfährt man vor allem in dieser Form vom Büro des Aeltesten.

Approvisation

Nichts von Belang. Einfuhren äusserst gering. Einzelheiten folgen.

Sanitätswesen

Die heute gemeldeten ansteckenden Krankheiten: 11 Tuberkulose, 4 Ruhr.
Die Todesursache der heutigen Sterbefälle:
14 Lungentuberkulose, 2 Lungenkrankheiten, 5 Herzkrankheiten, 1 Bauchspeicheldrüsenkrebs, 1 Vergrösserung der Vorsteherdrüse, 1 Selbstmord.

Tagesbericht von Sonntag, den 18. Juni 1944	Tageschronik Nr. 169

Das Wetter: Tagesmittel 20-32 Grad, sonnig.

Sterbefälle: keine, Geburten: 1 w.

Festnahmen: Verschiedenes: 1

Bevölkerungsstand: 76.477

Brand: Am 17.6.1944 wurde die Feuerwehr um 22,50 Uhr zu einem Russbrand nach dem Hause Mühlgasse 36 alarmiert. Der Brand wurde erstickt und der Kamin gefegt.

Tagesnachrichten

Zur Arbeit ausserhalb des Gettos. Am heutigen Sonntagnachmittag hat die Postabteilung die ersten Aufforderungen, sich im Zentral-Gefängnis zu stellen, ausgetragen. Diese Aufforderungen haben folgenden Wortlaut:

Liste........   Nummer.........

AUSREISE – AUFFORDERUNG !

.......................wohnhaft.....................

wird aufgefordert, sich am.........Juni 1944 um 9 Uhr früh im Zentral-Gefängnis, Schneidergasse 12, zwecks Ausreise zur Arbeit einzufinden.

Mitnahme von Reisegepäck von 15-20 kg, pro Person, ist gestattet. Darunter muss sich ein kleines Kopfkissen und eine Decke befinden. Das Gepäck soll möglichst geformt gepackt sein.

Die Familienmitglieder können sich den zur Ausreise Aufgeforderten anschliessen.

..........Juni 1944   /-/ Ch. Rumkowski
                                          Der Aelteste der Juden
                                          in Litzmannstadt.

Der Wortlaut dieser Aufforderung ist angepasst den Vorschriften, die der Aelteste der Juden von der Geheimen Staatspolizei in Angelegenheit dieser Transporte erhalten hat. Die Weisungen wurden mündlich über Frl. Fuchs erteilt und es wurde, wie immer in solchen Fällen, eine Aktennotiz aufgenommen, die folgenden Wortlaut hat:

A b s c h r i f t
N o t i z :
Am Montag, Mittwoch und Freitag einer jeden Woche soll ein Transport von je 1.000 Personen zur Arbeit nach ausserhalb des Gettos fahren. Erstmalig am

Mittwoch, den 21. Juni 1944 /ca. 600/. Die einzelnen Transporte werden numeriert /mit römischen Ziffern, z. B. I. Transport usw./. Die ausfahrenden Personen werden mit einer Transportnummer versehen. Eine Transportnummer trägt die Person selbst, die andere Nummer mit gleicher Ziffer muss an das Gepäck angeheftet werden. Darunter muss sich ein kleines Kopfkissen und eine Decke befinden. Lebensmittel müssen für 2-3 Tage mitgenommen werden. Bei jedem Transport ist eine Person als Transportleiter zu ernennen, dem weitere 10 Personen zur Hilfe hinzugegeben werden. Also: Aus jedem Transport 11 Personen. Die Transporte fahren jeweils um 7 Uhr früh ab und [es] muss mit dem Einladen um 6 Uhr früh begonnen werden. Auf je 1.000 Mann muss ein Arzt oder Feldscher[72] bzw. 2-3 Sanitäter mitgeschickt werden. Die Familienangehörigen dieser Aerzte, Feldscher oder Sanitäter können mitfahren.

Das Gepäck soll nicht in ein Laken oder eine Decke gewickelt, sondern möglichst geformt gepackt sein, damit die Gepäckstücke leicht in den Zug hineingegeben werden können und somit leicht transportabel sind.

<u>Zu den 11 Personen:</u> diese müssen mit einer Ordnungsdienstmütze und Armband versehen werden.–

Aus dieser Aktennotiz und der vorhergegangenen Aeusserung des Oberbürgermeisters Dr. Bradfisch dem Präses gegenüber, will man entnehmen, dass es sich diesmal um einen grösseren Einsatz von arbeitsfähigen Juden handelt. In allen in Frage kommenden Ressorts wurden die Listen bereits ausgefertigt und dem Zentral-Gefängnis bzw. der Kommission übergeben. Die Postabteilung hat sofort mit dem Austragen der Vorladungen begonnen. Ungeachtet dieser Vorladungen melden sich auch Freiwillige.

Der Stand im Zentral-Gefängnis beläuft sich auf ungefähr 400 Menschen. Man nimmt an, dass nach Zustellung der Aufforderungen der 1. Transport rasch sichergestellt werden wird. Wie aus der Aktennotiz hervorgeht und wie es das Getto auch weiss, soll der 1. Transport Mittwoch, den 21. ds. Mts. abgehen u.zw. 600 Menschen.

Auf den Wortlaut der obigen Aktennotiz zurückkommend, ist zu erwähnen, dass weder eine zeitliche – noch zahlenmässige Begrenzung ausgesprochen wurde, sodass also in dieser Beziehung Unsicherheit herrscht. Aus dieser Tatsache glauben Pessimisten den Schluss ziehen zu dürfen, dass es sich um eine allmähliche Liquidierung des Gettos handelt. Obwohl der Wortlaut der Aktennotiz in dieser Richtung nichts Beruhigendes enthält, darf man jedoch annehmen, dass eine akute Gefahr nicht besteht.

Der Präses befindet sich noch immer in Spitalspflege. Ausser den dienstlichen Besuchen von Frl. Fuchs und seinem Sekretär Abramowicz empfängt der Präses keinerlei Besuche. Sein Zustand ist keinesfalls besorgniserregend.

Wir haben schon gesagt, dass die Stimmung diesmal durchaus nicht so panisch ist wie bei den sonstigen Aussiedlungen kleineren oder grösseren Umfanges. Das bedeutet allerdings nicht, dass sich die Mehrzahl der Betroffenen ohne weiteres in ihr Schicksal fügen. Diese Einstellung ist lediglich bei den Eingesiedelten zu erwarten, die an und für sich, schon erziehungsmässig, nicht zum Widerstand geneigt bzw. fähig sind. Dieses Bevölkerungselement wird der jüdischen Behörde zweifellos die geringsten Schwierigkeiten bereiten, und das aus mehreren Gründen: 1./ Die Eingesiedelten, die aus dem Westen kamen, sind gewohnt, behördlichen Anweisungen ohne Verzug zu entsprechen. Sie haben nicht jene milieubedingte Vitalität, die sofort in Aktion tritt, wenn eine Gefahr naht. 2./ Sie haben nicht die notwendigen Erfahrungen, bzw. Beziehungen, um sich für längere Zeit dem Zugriff des Ordnungsdienstes entziehen zu können, was bei den Einheimischen im hohe[n] Masse der Fall ist. 3./ Sie sind in weit höherem Masse zermürbt und daher fatalistischer eingestellt. 4./ Die noch vorhandenen reichsdeutschen Eingesiedelten spielen mit dem Gedanken, dass sie schliesslich doch in's Altreich, also in die Heimat zurückgehen, sodass sie das Gettomilieu noch immer als das grössere Uebel betrachten, als ein kollektives Lagerleben auf deutschem Boden. 5./ Glauben sie, im Falle eines Kriegsendes in der Heimat eher untertauchen zu können, als im Getto. Bei den aus Prag Eingesiedelten kommen diese Argumente nur zu einem geringen Teil in Frage. Zunächst haben die Prager im Allgemeinen im Getto leichter Wurzel geschlagen, ausserdem haben sie jetzt, gerade durch den lebhaften Einlauf von Lebensmittelsendungen aus der Heimat, wesentlich verbesserte Chancen durchzuhalten. Sie haben kein Heimweh in's Altreich. Ihre Familien sind um einige Nuancen besser daran. Bei den Pragern gibt es tatsächlich noch einige komplette Familien. Es ist daher zu erwarten, dass dieses Element innerlichen und vielleicht auch aktiven Widerstand leisten wird, insoferne, als sie versuchen werden sich von der Ausreise zu befreien.
Aber die Frage der Eingesiedelten ist nur ein kleiner Sektor des ganzen Komplexes, da ja das Hauptkontingent doch aus dem Reservoir der Einheimischen geschöpft werden muss, sodass also an die tausende Tragödien im Anmarsch sind. Es ist abzuwarten, ob die Kommission alle technischen Schwierigkeiten meistern wird, um ein Eingreifen von deutscher Seite zu vermeiden.

Approvisation

Am heutigen Sonntag kam etwas Frischgemüse herein u.zw. 13.937 kg Salat, 6.600 kg Rettich, 5.100 kg Radieschen und 1.150 kg Spinat.
Die Ernährungslage ist nach wie vor sehr schlecht, was sich schliesslich in den steigenden Sterblichkeitsziffern sehr beredt ausdrückt.
Was die Zeit vom 15. bis zum 17. ds. Mts. betrifft, so weist der Einlauf an Frischgemüse keine Aenderung der Linie auf. An diesen 3 Tagen kamen herein insgesamt 118.330 kg. An Fleisch erhielt das Getto an diesen 3 Tagen 8.363 kg.

Ressortnachrichten

Der allgemeine Beschäftigungsstand ist nicht befriedigend. Die meisten Betriebe klagen über Materialmangel und Auftragsschwund. Manchen Fabriken droht der unmittelbare Stillstand. Für die Schneiderbetriebe sind grössere Rohwarenpartien eingelangt, alles in allem aber ist das Bild nicht sehr erfreulich.

Sanitätswesen

Die heute gemeldeten ansteckenden Krankheiten: keine Meldungen.
Die Todesursachen der heutigen Sterbefälle: "   "

Tagesbericht von Montag, den 19. Juni 1944	Tageschronik Nr. 170

Das Wetter:	Tagesmittel 22-34 Grad, sonnig.
Sterbefälle:	29 /17 M., 12 Fr./, Geburten: 2 m.
Festnahmen:	Verschiedenes: 2
Bevölkerungsstand:	76.450

Tagesnachrichten

Der Präses ist noch immer im Spital.
Zur Arbeit ausserhalb des Gettos. Der Status im Zentral-Gefängnis hat keine wesentliche Aenderung erfahren. Die ersten Listen der Ressorts haben sich bereits ausgewirkt, die Ausreise-Aufforderungen sind in den Händen der Betroffenen. Wie vorauszusehen war haben einzelne Ressorts ihre Eingesiedelten-Arbeiter nahezu hundertprozentig auf die Listen gesetzt. An erster Stelle marschiert hier das Handstrickerei-Ressort Wisniewski[73], dort gibt es kaum eine eingesiedelte Frau, die nicht betroffen worden wäre. Freilich hat auch dieses Ressort den grössten Bestand an solchen Arbeiterinnen. Die Folge davon war, dass heute in den ersten Vormittagstunden die ersten Gesuche der Kommission, neben dem Zentral-Gefängnis, abgegeben wurden. Diesmal geht die Kommission methodisch vor, indem sie zugleich mit der Aussendung der Ausreise-Aufforderung die Lebensmittelkarten der Aufgeforderten blockiert, soferne Angehörige da sind auch die Lebensmittelkarten der ganzen Familie, ein Resultat der schlechten Erfahrungen bei den letzten Aktionen. Wie zu erwarten war, stellten sich die Eingesiedelten aus dem Altreich verhältnismässig pünktlich ein, während die cechischen Juden Himmel und Hölle in Bewegung setzen, um diesem Schicksal zu entgehen. Die Juden aus dem Altreich haben keine Stelle oder Persönlichkeit, an die sie sich in ihrer Not wenden könnten und treten daher an. Die cechischen Juden sind gewohnt sich an Dr. Oskar Singer zu wenden und dies geschieht natürlich auch diesmal mit entsprechendem Ansturm. Wie weit dieser, nichtoffizielle Repräsentant dieser Gruppe, Möglichkeiten haben wird einzugreifen, lässt sich noch nicht feststellen. Die betroffenen Eingesiedelten kämpfen mit den altgewohnten Kampfmitteln. Sie verstecken sich in der Nacht in fremden Wohnungen und hoffen, sich so dem Ordnungsdienst entziehen zu können. Vorläufig ist keine Aktion des Ordnungsdienstes für die nächsten Stunden vorgesehen.
Die Leiter der Fabriken, in deren Hände nun das Schicksal der Menschen gelegt ist, handhaben ihre Macht je nach dem moralischen Niveau des Einzelnen. Die Fabriken haben den Auftrag, einen bestimmten Prozentsatz ihrer Belegschaft zur Verfügung zu stellen. Die Leiter entledigen sich der Aufgabe nur in vereinzelten Fällen wirklich verantwortungsbewusst. Sie geben zweierlei Kategorien von

Menschen auf: 1./ Solche, von denen sie bestimmt im Voraus wissen, dass sie sich nicht werden helfen können, weil sie keine, oder nur schwache Beziehungen haben und dann geben sie Personen auf, von denen sie im Voraus wissen, dass sich diese Leute auf irgendeine Weise helfen können. Also Frauen, von höher gestellten Persönlichkeiten, von Angehörigen des Ordnungsdienstes oder der Sonderabteilung[74], Personen, die den höchstgestellten Persönlichkeiten des Gettos nahestehen. Damit haben sie sozusagen auf dem Papier ihr Kontingent präsentiert und die Kommission im Zentral-Gefängnis mag sich den Kopf zerbrechen, woher sie das angeforderte Kontingent de facto aufbringen wird, denn dass Beziehungen im Getto unter allen Umständen funktionieren, liegt[75] im Wesen der Verhältnisse. Gewissenhafte Leiter berücksichtigen gerechte Kriterien. Sie nominierten in ihren Listen in erster Linie alleinstehende Personen und das ohne Rücksicht auf Einheimische oder Eingesiedelte.

Alles in allem kann man natürlich heute, am 1. Tage des Einrückens im Zentral-Gefängnis, keinen Ueberblick gewinnen wie die Aktion verlaufen wird. Es heisst, dass der 1. Transport von ca. 600 Personen nicht am Mittwoch, den 21. ds. Mts., sondern erst Freitag, den 23.6. abgehen soll, da angeblich die angeforderten Waggons nicht verfügbar sein werden.

An diese Nachricht knüpft der immer zu optimistischen Gerüchten geneigte Gettomensch die Hoffnung, dass die ganze Aussiedlungsaktion noch nicht sicher sei.

Approvisation

Der heutige Tag buchte: 2.910 kg Kartoffeln und an Frischgemüse, alles zusammen, 25.700 kg. An Fleisch kam heute 2.300 kg herein.
Ansonsten unveränderte Hungerlage.

Man hört, man spricht.........

.........von einem Mord im Getto. Es soll in der Krämergasse eine angeblich schwangere Frau ermordet worden sein.

Sanitätswesen

Die heute gemeldeten ansteckenden Krankheiten: 15 Tuberkulose, 1 Diphterie.
Die Todesursache der heutigen Sterbefälle:
14 Lungentuberkulose, 2 tuberk. Gehirnhautentzündung, 3 Lungenkrankheiten, 7 Herzkrankheiten, 1 Bauchfellentzündung, 1 Arterienverkalkung, 1 Wundrose.

Kleiner Getto-Spiegel.

<u>Ausserhalb des Gettos.</u> Der Aelteste hat Plakate affichieren[76] lassen, die besagen, dass es für die Juden des Gettos Arbeit ausserhalb des Gettos gibt und dass sich Juden zu dieser Arbeit freiwillig melden können. Die Gettobewohner, d.s. rund 80.000 Juden reagieren auf diese Kundmachung mit der Formel: »Es schmeckt mit ›Wysiedlenie‹, ›Aussiedlung‹, d.h.: Es riecht nach Aussiedlung! Wie gross auch die Verlockung sein mag – die Zahl derer, die sich freiwillig registrieren lassen, erscheint gering neben der Zahl, die benötigt wird….bis schliesslich die Freiwilligkeit durch den Zwang ersetzt wird.
Die Behörde, der das Getto untersteht, braucht rund zehntausend Menschen. Sie müssen aufgebracht werden. Der Apparat arbeitet. Und knapp nach dem Auftauchen der ersten Gerüchte flattern schon die gedruckten Aufforderungen ins Haus, sich im Zentral-Gefängnis, der offiziellen Sammelstelle für alle »Aussiedlungen«, bzw. für alle »Arbeit ausserhalb des Gettos«, zu stellen.
Motiv: <u>Arbeit ausserhalb des Gettos!</u>
Ein paar tausend Juden sollen der Gnade teilhaftig werden, <u>ausserhalb</u> des Gettos zu arbeiten. Das Getto, das jüdische Wohngebiet zu verlassen, über die Drähte hinaus in die goldene Freiheit zu gelangen! Welche herrliche Perspektive! Nach vier schweren, qualvollen, angst- und notgefüllten Jahren wieder mit der Welt in Berührung kommen, ein Stück Erde zu sehen, das nicht von Drähten umzäunt ist, Essen zu erhalten, das nicht an Gettorationen gebunden ist, also sozusagen wieder Mensch zu sein. Und doch nehmen nur wenige, sehr wenige diese Aussicht als Gnade des Schicksals auf. Wie tief muss sich der Zweifel in die Seele der Gettojuden von Litzmannstadt eingegraben haben, wenn sie von solcher Chance nicht Gebrauch machen wollen, sondern lieber unter den trost- und hoffnungslosesten Umständen im Getto bleiben wollen. Welch tiefe seelische Verheerung! Lieber im Getto bleiben unter bereits erprobten Bedingungen, zusammen mit der Familie und dem Freundeskreis als – <u>ausserhalb</u> des Gettos. Die Melodie »Ausserhalb des Gettos« hat keine Anziehungskraft. Es gibt zwar ein paar hundert Bewohner des Gettos, die entweder freiwillig sich zur Arbeit ausserhalb des Gettos melden, /jugendliche Abenteurer, Menschen, die nichts zu verlieren haben/, oder der Familie wegen freiwillig mitgehen, aber das Getto an sich ist keinerlei Verlockungen zugänglich. Es lebt sozusagen, nach dem Gesetz der Trägheit, sein arteigenes Leben. Es wartet nicht auf Arbeit <u>ausserhalb</u> des Gettos, e[s] wartet – wenn man das stumpfe fatalistische Hindämmern noch »warten« nennen kann, auf ein Wunder. Auf das Wunder der Erlösung.

O[skar].R[osenfeld].

Tagesbericht von Dienstag, den 20. Juni 1944　　　　Tageschronik Nr. 171

Das Wetter:	Tagesmittel 15-28 Grad, früh bewölkt, mittags sonnig.
Sterbefälle:	8,　　Geburten:　　4 /2 m., 2 w./
Festnahmen:	Verschiedenes: 2
Bevölkerungsstand:	76.446
Mord:	Am 19.6.1944 wurde die Plewinska Brana Cyrel, geb. Goldbard, geb. am 23.12.1912 in Lendstädt, in ihrer Wohnung, Krämerg. 6, ermordet aufgefunden. Die Staatl.[77] Kriminalpolizei wurde benachrichtigt. Die Nachforschungen sind im Gange.

Tagesnachrichten

Mord. Der heutige Polizeibericht verzeichnet den gestern gerüchteweise gemeldeten Mord an der Plewinska Brana Cyrel. Es handelt sich um einen Raubmord, den zweiten seit Bestand des Gettos. Vom Täter noch keine Spur. Im Zusammenhang mit dem Mord erfolgte wohl eine Verhaftung, der Verdächtige leugnet aber. Man vermutet, dass der Täter versuchen wird sich jetzt im Wirbel der Aussiedlung der Strafe zu entziehen.

Der Präses ist noch immer im Spital, empfängt aber keine Besuche ausser Frl. Fuchs und seinem Sekretär Abramowicz. Zum ersten Mal empfing er den Leiter der Sonderabteilung, M. Kliger.

Zur Arbeit ausserhalb des Gettos. Die Kommission beim Zentral-Gefängnis wird von Menschenmassen belagert, die dort ihre Gesuche abgeben. Bis auf wenige Freiwillige, bzw. Reichsdeutsch[e], die der Aufforderung unverzüglich Folge leisten, findet sich fast kein Fall ohne Reklamation, so dass sich eine Unmasse von Gesuchen stauen werden und es ist kaum abzusehen wie die Kommission diese Menge von Ansuchen erledigen soll, zumal die Tendenz besteht, gewissenhaft jedes Gesuch zu prüfen.

Es besteht die Absicht die Bursa[78] für jugendliche Arbeiter aufzulassen[79]. In diesem Institut befinden sich ja durchwegs alleinstehende Kinder, sodass durch deren Ausreise zur Arbeit Familien nicht zerissen werden. Wahrscheinlich wird bei dieser Aussiedlung das jugendliche Element weniger geschützt sein als bisher. Der Amtsleiter Biebow hat für die Aussiedlung insgesamt RMk 600.000.-- zur Verfügung gestellt. Dieses Geld soll wie folgt verwendet werden: Jeder Ausreisende erhält 10 RMk bei der Ausreise. Einen entsprechenden Betrag erhält die Zentral-Einkaufsstelle, die an die Ausreisenden den Gegenwert der verkauf-

ten Gegenstände in Reichsmark bezahlen wird, letzteres freilich nur bis zum Höchstbetrag von 50 RMk. Die Auszahlung erfolgt in Form eines Schecks an das Zentral-Gefängnis. Die Zentral-Einkaufsstelle nimmt den Ankauf nur vor, wenn die Aufforderung zur Ausreise vorliegt. Dadurch soll also den Ausreisenden ermöglicht werden einen Teil ihres Eigentums in Reichsmark zu verwerten. Dies ist der erste Fall in der Geschichte des Gettos, dass die deutsche Behörde dafür sorgt, dass die Ausreisenden deutsches Bargeld mitnehmen können. Bei früheren Aussiedlungen konnte der Ausgesiedelte zwar ebenfalls bei der Zentral-Einkaufsstelle verkaufen, erhielt jedoch nur Gettogeld[80].
Der gegenwärtige Modus wird begreiflicherweise günstig kommentiert. Mit der Ueberwachung dieser Geldmanipulation[81] wurde Rechtsanwalt Henryk Neftalin betraut.
Die Bekanntmachung bezüglich des Ankaufs hat folgenden Wortlaut /deutsch und jiddisch/:

<u>Bekanntmachung Nr. 417.</u>
<u>Betr.: Mobiliar und Sachen der zur Arbeit ausreisenden Familien.</u>
<u>Hiermit gebe ich bekannt, dass die Möbel und sonstigen Sachen</u> der zur Arbeit fahrenden Familien von der
   Zentraleinkaufsstelle, Kirchplatz 4, Telefon 72, aufgekauft werden. Dortselbst werden die Möbel, Hausgerät, Waren, Wäsche, Kleider u.s.w. von den Fachleuten geschätzt, und [es] wird der Gegenwert in b a r ausgezahlt. Die Familien, die grössere Möbelstücke besitzen und keine Möglichkeit haben, dieselben nach der Zentraleinkaufsstelle zu bringen, können dies dort anmelden und [es] werden in diese Wohnungen Fachleute zur Schätzung und Uebernahme entsandt.
Diejenige, die ihre Sachen nicht verkaufen wollen, können dieselben der Zentraleinkaufsstelle zur Aufbewahrung übergeben, mit der eventl. Angabe an wen sie im Getto auszuliefern sind.
   Die Zentraleinkaufsstelle ist in der Zeit von 8 - 19 Uhr tätig.
Litzmannstadt-Getto, den 18. Juni 1944.   /-/ Ch. Rumkowski
                                                  Der Aelteste der Juden
                                                  in Litzmannstadt.

Approvisation

Noch immer keine Entspannung. Bei einem Einlauf von 2560 kg Kartoffeln, 180 kg Kohlrabi, 760 kg Dill, 26.570 kg Salat, 7.480 kg Rettiche lässt sich natürlich eine Erleichterung nicht erreichen. An Fleisch kam ca. 3.300 kg herein.

Kleiner Getto-Spiegel.

<u>Flucht in die Hölle</u>. Die Briefträger jagen durch die Stadt, d.h. die Aufgabe jagt sie, sie selbst aber schleppen sich durch die Strassen, treppauf, treppab, sie haben

jetzt volle Posttaschen. Wenn es jetzt an die Türe klopft, so weiss man bestimmt, es ist weder der Milchmann, noch der Bäcker und der sonst so willkommene Postbote schreckt mit seinem Klopfen bei hellichtem Tage die Menschen auf, als wäre es Mitternacht. Kaum hat man die Ausreise-Aufforderung in der Hand, so ist man auch schon entschlossen Widerstand zu leisten. Man redet sich ein, der Krieg, der nun schon das fünfte Jahr dauert, müsse jetzt bald zu Ende gehen und jetzt zum Schluss möchte man nicht mehr das Letzte, was man besitzt, sein Bett oder seine Pritsche verlassen. Keiner weiss, ob es besser ist, in diesem Stadium im Getto, oder ausserhalb der Drähte zu sein. Niemand kann berechnen wie die Lage des Gettos sich entwickeln wird, wenn dieser Sommer grössere Ereignisse bringen sollte. Denn, dass solche vor der Türe stehen, zeigt sich aus den Vorbereitungen der deutschen Behörden im Getto selbst, aus den Luftschutzmassnahmen und sonstigen Anzeichen. Die einheimische Bevölkerung hat ihre bewährten Methoden. Man rüstet zum grausigen Versteckenspiel. Schlupfwinkel werden bezogen, eingerichtet, Lebensmittel, soweit jemand Vorräte hat, werden hingeschafft. Der Tanz kann beginnen. Aber alle anderen, und das ist die Masse, die kein Dekagramm Vorrat besitzen, werden nur mit Lebensgefahr diesen Weg beschreiten können, und dennoch wagen sie es. Alle Lebensmittelkarten sind blockiert, sie werden kein Brot erhalten, die Suppen im Ressort werden gesperrt sein, selbst Gemüse werden sie nicht mehr bekommen. Das Wenige, das sie bisher vor dem Hungertod bewahrt hat, wird nun auch nicht mehr zu haben sein. Aber der Instinkt treibt sie, die Angst hetzt sie. Ganze Familien verkriechen sich, man will nicht heraus aus der Hölle, weil man sich an sie gewöhnt hat. Vorläufig sind keine scharfen Massnahmen der Kommission zu erwarten. Man rechnet mit der Wirkung der Kartenblockierung. Sie wird nicht versagen. Niemand kann 14 Tage oder mehr nach relativem Hunger einen absoluten ertragen.

O[skar].S[inger].

Sanitätswesen

Die heute gemeldeten ansteckenden Krankheiten: keine.
Die Todesursache der heutigen Sterbefälle:
7 Lungentuberkulose, 1 Nierenkrankheit.

21.6.1944

Tagesbericht von Mittwoch, den 21. Juni 1944   Tageschronik Nr. 172

Das Wetter: Tagesmittel 19-30 Grad, sonnig.

Sterbefälle: 21,   Geburten: 2 m.

Festnahmen: Verschiedenes: 3,   Diebstahl: 1

Bevölkerungsstand: 76.427

Selbstmord: Am 20.6.1944 beging der Grylak Michuel geb. 16.3.1908 in Krzepice, wohnhaft Kelmstr. 32, Selbstmord durch Erhängen. Der Arzt der Rettungsbereitschaft stellte den eingetretenen Tod fest.

Tagesnachrichten

Eine Kommission besuchte das Getto. Sie besichtigte die grosse Kirche am Kirchplatz.[82] Angeblich handelt es sich um eine L.S.-Wart-Angelegenheit, nach anderer Meinung um eine Besichtigung der Türme aus militärischen Gründen.

Der Präses ist noch immer im Spital, sein Zustand ist wesentlich gebessert.

Fliegeralarm. Zum ersten Mal erlebte das Getto bei Tag einen ernsten Fliegeralarm. Um 25 Minuten nach 11 Uhr ertönten die Sirenen und sofort trat die L.S.Wart-Organisation in Funktion.
Die am Baluter-Ring arbeitenden Juden mussten sofort die Amtsräume verlassen und begaben sich in die Objekte Hanseatenstrasse 25/27. Die deutsche Beamtenschaft vom Baluter-Ring eilte in den dort vor kurzem fertiggestellten bombensicheren Unterstand. Die Bevölkerung des Gettos verhielt sich absolut ruhig, hat sie doch auch keine Möglichkeit sich wirksam zu schützen und so blieben die meisten Leute, wo sie gerade waren, in den Wohnungen, in den Ressorts, in den Büros, in den Haustoren und teilweise in den sogenannten Splittergräben. In einzelnen Ressorts wurde die Belegschaft in's Freie gejagt, wo sie sich auf den Boden legen mussten. Dass bei dieser Gelegenheit die Gärten zertreten und zertrampelt wurden liegt auf der Hand. Irgendwo in der Nähe erdröhnten einige Schüsse der Flak. In etwa 2000 m Höhe konnte man ein grosses Geschwader, etwa 300 Flugzeuge, beobachten, die in der Richtung Osten flogen. Es wurden keine Bomben abgeworfen. 40 Minuten nach 12 Uhr kam die Entwarnung.

Zur Arbeit ausserhalb des Gettos. Die Ausreise des 1. Transportes, die heute erfolgen sollte, wurde auf Freitag, den 23. ds. Mts. verschoben. In der Nacht von gestern auf heute wurden durch Streifen des O.D. Personen ausgehoben und ins Zentralgefängnis gebracht.

Eine Sammelstelle, die der Kommission des Zentralgefängnisses untersteht, wurde im ehemaligen Kulturhaus an der Schneidergasse eingerichtet, da das Zentralgefängnis bekanntlich so grosse Reserven nicht beherbergen kann, ohne die Insassen in dieser Jahreszeit gesundheitlich zu gefährden. Das Menu der Internierten im Zentralgefängnis besteht aus: 35 dkg Brot, Kaffee und 3 Suppen.
Die bei den Aussiedlungen Beschäftigten im Zentralgefängnis, O.D., Büro und Patronat[83] erhalten täglich Zusatzzuteilungen bestehend aus: 25 dkg Brot, 3 Suppen, 3 dkg Fett und 5 dkg Wurst.
Das Damen-Patronat besteht aus folgenden Damen: Uryson, Rosner /Fürsorge-Ausschuss/, Kaufman, Gerszonowicz /Post/, Szpigel /Laden, Ceglana 10/.

Approvisation

Keine Aenderung. An Frischgemüse erhielt das Getto insgesamt 38.800 kg und 11.370 kg Kartoffeln. An Fleisch kam 4.500 kg herein.

Ressortnachrichten

Die Renovierungssektion, der Abteilung für besondere Angelegenheiten, arbeitet intensiv an der Renovierung des Objekts Holzstrasse 75 /dem ehemaligen Infektionsspital und nachmaligen Fabriksobjekt/, das Ende dieser Woche der deutschen Behörde, angeblich für Militärzwecke, übergeben werden soll.

Sanitätswesen

Die heute gemeldeten ansteckenden Krankheiten: 13 Tuberkulose.
Die Todesursache der heutigen Sterbefälle:
13 Lungentuberkulose, 3 Tuberk. anderer Organe, 1 Herzkrankheit, 1 Gehirnhautentzündung, 1 Darmentzündung, 1 Mord, 1 Selbstmord.

Tagesbericht von Donnerstag, den 22. Juni 1944	Tageschronik Nr. 173

Das Wetter: Tagesmittel 19-30 Grad, sonnig.

Sterbefälle: 26,   Geburten: keine

Festnahmen: Verschiedenes: 1,   Diebstahl: 1

Bevölkerungsstand: 76.401

Selbstmordversuch: Am 21.6.1944 versuchte die Sachs Gerti geb. 22.8.1905 in Brünn, durch Einnahme eines Schlafmittels Selbstmord zu begehen. Die Genannte wurde durch die Rettungsbereitschaft ins Krankenhaus überführt.

Tagesnachrichten

Der Präses befindet sich noch immer in Spitalspflege.
Ausreise.[84]

Das Getto steht ganz unter dem Eindruck des Aderlasses, der ihm jetzt bevorsteht. Man glaubt allgemein, dass es sich jetzt um den Beginn einer allmählichen Liquidierung des Gettos handle und man befürchtet, dass nach Absolvierung der vorgesehenen Transporte, vielleicht nach kurzer Unterbrechung, eine weitere Evakuierung vor sich gehen wird. Gegen diese Annahme spricht der Umstand, dass die Gettoverwaltung nach wie vor Aufträge für die Ressorts hereinnimmt und dass man bestrebt ist, die wichtigen Ressorts, durch die Aussiedlung, in ihrer Produktion nicht zu stören.

Abtrennung von weiteren Gettoteilen. Heute fand am Baluter-Ring eine Besprechung zwischen Vertreter[n] der Gettoverwaltung und einigen jüdischen Abteilungsleitern statt. Gegenstand der Besprechung war die Frage, unter welchen Umständen gewisse Partien des Gettos abgetrennt und der Stadt einverleibt werden könnten. Es handelt sich um die Wohnblocks an der Hamburgerstrasse, Am-Bach, Holzstrasse, Altmarkt und Rauchgasse. Bei Kassierung dieses Teiles des Gettos würde eine Umsiedlung von ungefähr 10.000 Juden in andere Teile des Gettos erforderlich sein. Im Zusammenhang damit nahm auch der Leiter des Wohnungsamtes Wolfowicz an der Besprechung teil. Ing. Gutman[85] soll ein entsprechendes Gutachten über dieses Projekt ausarbeiten.

Zur Arbeit ausserhalb des Gettos. In der Nacht auf heute wurden durch weitere Polizeistreifen Personen sichergestellt und ins Zentralgefängnis gebracht. Es handelt sich zunächst um die Sicherung des Kontingents für den 2. grösseren Transport, der voraussichtlich Montag, den 26. ds. Mts. abgehen soll.

Gestern wurden ca. 600 Menschen für den 1. Transport bestimmt. Es heisst, dass ca. 50 Menschen hievon, separat über Baluter-Ring, zum Torfstechen abgehen sollen. Alle Reisefertigen erhielten heute 1 Brot, 25 dkg Wurst, 25 dkg Zucker und 25 dkg Margarine.

Allmählich erfolgt die Deblockierung der Lebensmittelkarten von Personen, die die Aufforderung erhielten, von der Kommission jedoch befreit wurden. Der Vorgang ist ziemlich kompliziert. Die Listen aus dem Zentralgefängnis gehen zunächst an die Kartenstelle, die zufolge ihrer Mitarbeit an der Aktion von der Stellung eines Kontingents befreit ist, und an die Approvisationsabteilung, wo sich sämtliche Register befinden. Dort werden die Eintragungen vorgenommen u.zw. unter Kontrolle der Sonderabteilung, die die Listen ebenfalls erhält. Die im Laufe des Tages erfolgten Deblockierungen werden dann den Verteilungsläden bekanntgegeben, bzw. ersehen diese aus den Registerbüchern, ob die betreffende Person frei ist oder nicht. Antworten der Kommission erfolgen nicht. Die Deblockierung im Laden ist die günstige Antwort.

Approvisation

Heute besonders schlecht. Kartoffeln keine und an Frischgemüse alles in allem 10.500 kg. Ausserdem kamen heute 7.100 kg Sauerkohl. An Fleisch kam ca. 3.000 kg.

Kohlen-Ration. Heute wurde die neue Kohlen-Ration publiziert:
Betr.: Brennmaterialien – Zuteilung.
Ab Sonnabend, den 24.6.1944 werden an alle auf Coupon Nr. 62 der Nahrungsmittelkarte für die Zeit vom 1.7.44 bis 31.7.44 einschl.
        8 kg Briketts pro Kopf für den Betrag von Mk 3.--
herausgegeben. Die Verteilung erfolgt lt. Plan.
Litzmannstadt-Getto, den 22.7.1944.   /-/ Ch. Rumkowski
                                                Der Aelteste der Juden
                                                  in Litzmannstadt.

Sanitätswesen

Die heute gemeldeten ansteckenden Krankheiten: keine
Die Todesursache der heutigen Sterbefälle:
13 Lungentuberkulose, 5 Tuberk. anderer Organe, 4 Lungenkrankheiten, 1 Nierenentzündung, 1 Alimentäre Vergiftung, 1 Herzschlag, 1 Leberkrankheit.

Kleiner Getto-Spiegel.

»Zu spät.« So vieles kommt im Getto zu spät. Kranke Menschen, geschwollen, knochenentkalkt oder sonstwie siech[86], bemühen sich um verbesserte Nahrung, um Vigantol[87], um Tran. Ehe sie solch ein Heilmittel bekommen, sind sie ret-

tungslos verloren. »Zu spät, nichts mehr zu machen,« sagt kopfschüttelnd der Arzt. Aber nicht nur auf der jüdischen Seite hat dies »Zu spät« Geltung. Die Kripo fahndet nach einer 11 köpfigen Familie Szmulewicz. Sie klopft an die Tür, reisst die Tür auf, fragt den Insassen.
»Wohnt hier Szmulewicz?«
»Hat gewohnt. Jetzt bin ich hier, Dawid Botwin. Ich hab die Wohnung der Szmulewicz bezogen.«
»Mordko Szmulewicz?« fragt der Beamte.
»Gestorben«.
»Szaja«?
»Gestorben.«
»Lajzer und Sure Szmulewicz?«
»Ausgesiedelt.«
»Jankel?«
»Hat sich zum Fenster heruntergestürzt. Tot.«
»Chawe Szmulewicz?«
»Ausgesiedelt.«
»Ein 15jähriger Mojsze Szmulewicz?«
»Am Draht erschossen.«
»Zwei Brüder Boruch und Hersz?«
»Auf der Flucht nach Warschau umgekommen.«
»Boruchs Sohn Josef?«
»Weiss nicht. Ist garnicht ins Getto hereingekommen.«
Die zwei Beamten blicken in der Stube umher. Ein armseliges Bild. Von der Familie Szmulewicz keine Spur. Elf Menschen ausgelöscht. Nichts zu machen. Die Toten können nicht erzählen, wo sich gegebenenfalls ein »Päckel«[88] befindet. Wären die Herren früher gekommen, hätten sie vielleicht etwas von dem durch reichsgesetzliche Regelung beschlagnahmten jüdischen Vermögen aufgespürt.
Zu spät. Der Tod hat der Behörde ein Schnippchen geschlagen. Gegen den Tod ist sogar die schlagartigste Hand machtlos.

O[skar].R[osenfeld].

Tagesbericht von Freitag, den 23. Juni 1944   Tageschronik Nr. 174

Das Wetter: Tagesmittel 14-19 Grad, bewölkt, zeitweise Regen.

Sterbefälle: 23,   Geburten: 1 w.

Festnahmen: Verschiedenes: 3

Bevölkerungsstand: 76.379

Tagesnachrichten

Zur Arbeit ausserhalb des Gettos. Heute morgen 1. Transport.[89]
Der 1. Transport von 562 Menschen ist heute um 8 Uhr morgens vom Bahnhof Radegast abgegangen. Vor dem Abtransport sprach der Gestapo-Kommissar Fuchs einige beruhigende Worte an die ausreisenden Personen. Er erklärte, dass es nunmehr auf Arbeit ins Reich gehe und dass für eine anständige Verpflegung gesorgt sein wird. Die Verladung erfolge zwar jetzt, mangels Personenwagen in einem Güterzuge, doch ist unterwegs eine Umladung in Personenwagen vorgesehen. Niemand möge sich ängstigen.
Diese Ansprache ging natürlich wie ein Lauffeuer durch das Getto und wirkte einigermassen beruhigend.
Die Einwaggonierung vollzog sich glatt, ohne jeden Zwischenfall. Die Familien wurden nicht getrennt. Die Güterwagen hatten Strohbelag.
Ein Mann, der sich besonders verzweifelt gebärdete, wurde von Kommissar Fuchs ins Zentralgefängnis zurückgenommen.
Die Ausreisenden mussten ihr Gepäck nicht tragen, alles wurde mit Rollwagen zum Bahnhof gebracht. Jeder erhielt am Bahnhof sein Handgepäck, während das grössere Gepäck in separaten Güterwagen verstaut wurde. Alles war mit Nummern ordentlich gezeichnet. Die Behandlung der Menschen am Bahnhof war korrekt.
50 Mann über Baluter-Ring. 50 Mann gingen heute separat über Baluter-Ring zur Arbeit ausserhalb des Gettos. Auch das Ziel dieser Gruppe ist unbekannt, doch wird angenommen, dass diese kleine Partie zum Torfstechen in der Nähe von Litzmannstadt eingesetzt werden soll.

Tagung der Leiter. Die Leiter der Ressorts und Abteilungen hielten in den Büroräumlichkeiten der Metallabt. I, Hanseatenstr. 63, um 9 Uhr abends eine Beratung ab. Den Vorsitz führte A. Jakubowicz. Die Leiter wurden aufgefordert Listen der auszusendenden Personen in den Ressorts und Abteilungen zusammenzustellen und der Kommission im Zentralgefängnis zu übergeben.
Es verlautet, dass alles in allem 25.000 Menschen gebraucht werden.

Der Präses noch immer im Spital. Allgemein wird bedauert, dass der Präses noch immer nicht mobil ist und demnach nicht eingreifen kann.

Sobald es bekannt wurde, dass eine so grosse Zahl von Menschen zur Ausreise in Betracht komme, bemächtigte sich des Gettos eine begreifliche Panik. Es ist schwer vorauszusagen, wie die Kommission die Stelligmachung einer solchen Masse meistern wird, denn dies will ja bedeuten, dass jeder dritte Mensch das Getto verlassen müsste. Ob und inwieweit die Erhaltung der Betriebe angesichts einer solchen Evakuation berücksichtigt werden soll, ist noch nicht klar. Es besteht aber kein Zweifel darüber, dass von einem ruhigen Gang der Produktion unter solchen Umständen keine Rede sein kann.

Approvisation

Neben der Ausreisepanik wirkt auch weiterhin niederdrückend die Hungerlage. Am heutigen Tage kamen an frischen Lebensmitteln lediglich 180 kg Mairettich, 1660 kg Kartoffeln und 1710 kg Salat herein. Fleisch insgesamt 5750 kg. Mehl und Margarine im Rahmen des Kontingents.

Ressortnachrichten

Am heutigen Tage kamen über Radegast beträchtliche Mengen von Rohwaren für die Schneiderbetriebe herein, worauf das Getto wieder /irrtümlich/ den Schluss zog, dass also das Getto nicht liquidiert werden dürfte. Natürlich hat eines mit dem andern nichts zu tun. Die Rohwaren sind ja längere Zeit unterwegs und gehören in den wirtschaftlichen Sektor des wirtschaftlichen Problems, das unabhängig vom politischen, von anderen Stellen geleitet bzw. gelöst wird.

Sanitätswesen

Die heute gemeldeten ansteckenden Krankheiten: keine Meldungen
Die Todesursache der heutigen Sterbefälle:
14 Lungentuberkulose, 2 tuberk. Gehirnhautentzündung, 1 Lungenentzündung, 3 Herzkrankheiten, 1 Dickdarmentzündung, 2 Herzschwäche.

Tagesbericht von Sonnabend den 24. Juni 1944   Tageschronik Nr. 175

Das Wetter: Tagesmittel 12-18 Grad, bewölkt, zeitweise Regen.

Sterbefälle: 18,   Geburten: keine

Festnahmen: Verschiedenes: 1

Bevölkerungsstand: 76.361[90]

Tagesnachrichten

Der Präses beteiligt sich noch immer nicht an der Aktion. Ihn vertritt der Vorsteher des Ordnungsdienstes, Rosenblatt, der im Büro des Aeltesten amtiert.
Die Kommission im Zentralgefängnis arbeitet sozusagen ganz autonom. Der Leiter der Sonderabteilung M. Kliger, begibt sich wohl täglich zu der Kommission, ist aber offiziell nicht deren Mitglied, noch auch ist er für die Durchführung der Aussiedlung verantwortlich.

Sitzung aller Leiter. Am heutigen Tage fand eine Sitzung aller Leiter statt, um die Methoden bzw. Richtlinien für diese Aussiedlung festzusetzen. Personen, die anwesend waren, bestreiten entschieden, dass in dieser Sitzung auch nur ein Wort über das Teilproblem der Eingesiedelten gesprochen worden wäre.
In Gesprächen ausserhalb dieser Sitzung erklärten sowohl Dr. Miller als auch Kommandant Rosenblatt, dass von einer besonderen, bzw. umfassenden Inanspruchnahme der Eingesiedelten keine Rede sein kann.
Komm. Rosenblatt erklärte dem Chronisten, dass er auf dem Standpunkt stehe, dass die Eingesiedelten prozentuell in gleichem Verhältnis herangezogen werden sollen wie die einheimische Bevölkerung.
Dr. Miller betonte lediglich die Frage der Qualität der auszusendenden Menschen. Da es sich diesmal um eine Evakuation von Arbeitern handelt, habe er verlangt, dass durchwegs nur gesundes Menschenmaterial ausgewählt wird, das sowohl dem Transport, wie auch den Anforderungen der Arbeit gewachsen wäre.
Ob sich die Leiter an diese Thesen tatsächlich halten werden ist zweifelhaft. Eines steht fest: Das Getto verlassen werden durchwegs Menschen, die sich nicht werden helfen können. Wer nur die kleinsten »Plejzes«[91] haben wird, der wird versuchen sich der Ausreise zu entziehen. Man muss verstehen, dass es unter diesen Umständen den Leitern ausserordentliche Schwierigkeiten bereiten wird, die Listen zusammenzustellen.
Die Abteilung Handstrickerei, Wiszniewski, hat sich einfach so geholfen, dass dort kurzerhand fast alle Heimarbeiterinnen auf die Liste gesetzt wurden. Damit glaubte er die Zahl, die ihm vorgeschrieben wurde, bzw. den Prozentsatz seiner

Belegschaft aufgegeben zu haben. Dass aber Heimarbeiterinnen zumeist überaltert sind, bzw. oft nur fingiert beschäftigt sind, liess er unberücksichtigt. So wird natürlich auch jedes andere Ressort handeln, das über Heimarbeiterinnen verfügt. Der Stand ist, gegenüber dem schweren akuten Problem, recht primitiv, ja geradezu leichtsinnig. Denn mit Fiktionen, und das sind doch diese Listen, wird sich die Kommission im Zentralgefängnis schwerlich aus der Lage helfen. Man muss abwarten, was die Gesamtheit der Leiter tun wird, um einerseits zu schützen, was schützenswert ist, andererseits dem Befehl zu gehorchen und transport- und arbeitsfähige Menschen beizustellen.

<u>Die Leiter bilden ein Komitee.</u> Um dem Chaos, das nun droht, entgegenzutreten, entschlossen sich die Leiter ein Komitee zu bilden. In der heute stattgefundenen Sitzung von etwa 40 hervorragenden Persönlichkeiten, an der auch die Kommission aus dem Zentralgefängnis teilnahm, kam es nach einem recht dramatischen Verlauf zu konkreten Resultaten.

A. Jakubowicz und Kliger waren anwesend.

Es musste den Leitern klar gemacht werden, dass man etwa 30.000 Menschen wird aufgeben müssen, um notfalls die Zahl von etwa 25.000 Auszusiedelnden auch wirklich aufzubringen. Es müsse ein wirklich gangbarer Weg gesucht werden, um dieses Problem zu meistern.

Nach dem Referat von Jakubowicz gab Kommissar Berkowicz eine zahlenmässige Uebersicht über die Lage. Die Sitzung nahm dann einen recht unsachlichen Verlauf, weil sich der Leiter der Bauabteilung, Ing. Gutman, in erregtestem Tone über die Bestellung eines gewissen Oderberg zum Transportleiter des I. Transportes äusserte. Anschliessend daran erhob Leiter Lewin[92] Anklagen gegen die ganze Wirtschaft im Zentralgefängnis, wogegen sich natürlich wieder Kommissar Berkowicz in heftigen Worten wehrte. Die Sitzung lief Gefahr sich nach unmeritorischen[93] Debatten aufzulösen. Verschiedene Leiter erklärten dann zum aktuellen Problem, dass sie keine Verantwortung tragen wollten. Schliesslich wurde ein Antrag gestellt mit der Kommission des Zentralgefängnisses zusammenzuarbeiten und Kommandant Rosenblatt unterstützte diesen Antrag. Man kam überein, dass die Leiter ein Komitee bilden sollten, das sich mit der Aufstellung der Listen und mit den eventuellen Berufungen zu befassen hätte. Mit der Obhut der Auszureisenden und mit der technischen Durchführung der Transporte hätte sich dann die Kommission im Zentralgefängnis zu beschäftigen. Daraufhin entfernten sich die Herren der ständigen Kommission, um den Leitern Gelegenheit zu geben sich über den Vorgang schlüssig zu werden. Einzelne von ihnen wollten zunächst nur ein Aufsichtsrecht ohne volle Verantwortung. Einer der Leiter aber erklärte, dass es keinen Sinn habe Verstecken zu spielen. Wenn man gezwungen ist Listen aufzustellen, so trage man doch schon die volle Verantwortung. Damit ist also eine Grundlage zur Zusammenarbeit von selbst gegeben.

So beschloss man die Schaffung der sogenannten Zwischen-Ressort-Kommission, die die Aufgabe haben wird eine Art Clearing[94] durchzuführen. /Hierüber später/ Kommandant Rosenblatt begrüsste diese Gründung und meinte, dass jetzt zur Diskussion keine Zeit sei. Diese Zwischen-Ressort-Kommission muss der Kommission im Zentralgefängnis reine Listen übergeben, d.h. sie hätte zu entscheiden, wer auf Arbeit gehen soll.

Der Präses wurde sofort informiert und ergänzte das Komitee, das sich nun aus folgenden Personen zusammensetzt: D. Warszawski, Leon Glazer, Winograd, Strykowski, Podlaski[95], Sonabend[96], Ing. Gutman, B. Praszkier, u. M. Rosenblatt[97]. Es sollte auch Rechtsanwalt Neftalin in dieses Komitee eintreten, da er jedoch anderweitig stark in Anspruch genommen war, trat er in dieses Komitee nicht ein. Das Komitee kooptierte /wahrscheinlich über Wink des Präses/ die Herren Hauptkassier Ser, Sienicki, und Komm. Reingold[98].

Das Komitee beschloss dann folgende Arbeitsteilung: Für die Aufstellung des allgemeinen Kontingents ist das Plenum kompetent. Reklamationen aller Art kommen vor eine siebengliedrige Reklamationskommission, bestehend aus: Winograd, Podlaski, Ser, Sienicki, Praszkier, Strykowski und Glazer.

Für die Obhut der zur Ausreise in Frage kommenden Personen sind die Herren Reingold und Praszkier kompetent. Das Büro gliedert sich in 4 Sektionen, 3 für Ressorts und 1 für die Abteilungen. Das Sekretariat besteht aus: den ehemaligen Referenten der FUKA[99] Mandelman, Lotenberg[100], Perle und Feierstein[101].

<u>Das Kontingent.</u> Festgesetzt wurde, dass ca. 20-25% der Belegschaft der Betriebe bzw. Abteilungen aufgegeben werden müssen, wobei die bisherigen Listen eingerechnet werden. Die folgenden Abteilungen sind vorläufig, als an der Aktion beteiligt, oder aus anderen Gründen, geschützt, von der Abgabe einer Liste befreit: Karten-Abt., Zentraleinkaufstelle, Postabt., Wohnungs-Abt., Abteilung für Meldewesen und Statistik, sowie die Feuerwehr.

Der Kommandant der Feuerwehr, Kaufman, berief sich auf einen Brief des Oberbürgermeisters, wonach er /Kaufman/ persönlich für die Feuersicherheit im Getto hafte und er deshalb berechtigt sei, seinen Mannschaftsstand zu erhöhen falls es notwendig wäre, er könne daher nichts abgeben. Auch der O.D. gibt vorläufig nichts ab. Von den Ressorts wurden sofort ausgenommen die Schwachstrom-Abt. und die Nadelrichterei.

<u>Die Richtlinien</u> für die Stellung von Menschen: Jeder Leiter macht selbst seine Liste, wobei er diejenigen Personen aufgibt, die er am ehesten entbehren kann. Die Altersgrenze ist vom vollendeten 15. bis zum 60. Lebensjahr, doch kann die[102] obere Grenze überschritten werden, wenn der betreffende Fall es zulässt / gut entwickelt, oder noch gut und arbeitsfähig erhalten/. Eltern von Kinder[n] unter 5 Jahren sollen möglichst nicht angegeben werden. Minderjährige nur dann wenn die ganze Familie ausreist. Nicht anzugeben sind die nächsten Angehörigen von Personen, die für andere Ressorts oder Abteilungen unentbehrlich sind.

Die Listen müssen sofort ausgehängt werden, sodass jeder Einblick nehmen und seine Reklamationen sofort einbringen kann. Ist jemand mit der Erledigung seiner Reklamation durch den Leiter unzufrieden, so kann er ein Gesuch mit entsprechenden Beilagen durch seine Leitung an die Kommission überreichen, was ihm quittiert werden muss. Der Leiter kann das Gesuch begutachten oder auch nicht.

Meldet sich jemand freiwillig, so gilt folgender Grundsatz: Hat er sich vor dem Datum der Listenveröffentlichung gemeldet, so kann für ihn eine Person gestrichen werden. Nach Veröffentlichung der Liste zählt er auf das Kontingent und kann nicht mehr eine andere Person ersetzen.

Glaubt der Leiter einen Fehler gemacht zu haben, so kann er eine Korrektur auch nach Ueberreichung der Liste vornehmen.

Alle angegebenen Personen müssen transportfähig sein. Die Aerzte erhalten entsprechende Weisungen, was darunter zu verstehen ist. Da in den Lagern Menschen für die Aufrechterhaltung der Ordnung und Sauberkeit bzw. für die Verwaltung gebraucht werden, können also auch kranke oder schwache Personen in Frage kommen. Den Standpunkt der Gesundheitsabteilung haben wir bereits gestreift.

Rechtsanwalt Neftalin und der Leiter der Karten-Abt. Merenlender wurden zur Sonderabteilung gebeten, weil die Frage der Blockierung durchgesprochen werden musste.

Kleine Panik. Das Getto ist beunruhigt durch die Tatsache, dass heute schon die Zugsgarnitur, mit welcher der gestrige Transport abgefahren ist, wieder am Bahnhof Radegast bereitsteht. Daraus schliesst man, dass der Transport nur eine kurze Strecke gefahren ist und schon verbreitete sich der Schrecken im Getto. Man erinnerte sich an den schnellen Pendelverkehr der Transportautos bzw. Zugsgarnituren in der Zeit der grossen Aussiedlungen und an die alarmierenden Gerüchte in jener Zeit.[103]

In einem Waggon wurde angeblich ein Zettel gefunden, aus dem hervorgeht, dass der Zug nur bis Kutno gefahren sei und dass dort eine Umladung in Personenwagen erfolgt wäre. Diese Nachricht ist nicht bestätigt. Niemand hat den Zettel tatsächlich gesehen, sodass man also keine Schlüsse aus der Tatsache der schnellen Rückkehr der Waggons ziehen kann. Möglicherweise werden die Transporte in Kutno gesammelt werden. Man hofft, dass man doch in kürzester Zeit erfahren wird, was mit diesen Menschen geschieht.

Approvisation

In der Verpflegung des Gettos keine wesentliche Aenderung, geschweige denn Besserung. 1000 kg Kartoffeln bedeuten nichts und 2420 kg Salat sind das ganze eingetroffene Gemüse. Es kamen auch 9330 kg Sauerkraut, sodass das Getto wieder Krautsuppen erwarten darf. Frischfleisch kamen heute 1190 kg.

Sanitätswesen

Die heute gemeldeten ansteckenden Krankheiten: 8 Tuberkulose.
Die Todesursache der heutigen Sterbefälle:
12 Lungentuberkulose, 1 tuberk. Gehirnhautentzündung, 1 Lungenentzündung, 2 Herzkrankheiten, 1 Darmentzündung, 1 Arterienverkalkung.

Tagesbericht von Sonntag, den 25. Juni 1944   Tageschronik Nr. 176

Das Wetter: Tagesmittel 18-29 Grad, sonnig.

Sterbefälle: keine Meldungen,   Geburten: 1 w.

Festnahmen: Diebstahl: 1,   Verschiedenes: 3

Bevölkerungsstand: 76.362

Brand: Am 24.6.1944 wurde die Feuerwehr um 17,07 Uhr nach
                       der Hohensteinerstr. 28 alarmiert, wo ein Wasserpumpen-
                       motor in Brand geriet. Der brennende Motor wurde mit
                       Hilfe eines trockenen Handfeuerlöschapparates gelöscht.

Tagesnachrichten

Der Präses ist wieder zu Hause und dürfte morgen oder übermorgen wieder im Amt erscheinen. Diese Tatsache wird allseits mit Freude begrüsst, weil man doch fühlt, dass die sichere Hand des Präses in den entscheidenden Stunden, wie das Getto sie jetzt erlebt, überall fehlt.

Nach dem Abtransport der 561 Menschen verblieben im Zentralgefängnis ca. 400 Personen. Die Kommission ist jedoch nicht besonders beunruhigt und glaubt die nächsten Transporte unter allen Umständen glatt sicherstellen zu können. Es heisst, dass insgesamt 25 Transporte zu je ca. 800 Menschen abgehen sollen. Aber diese Zahlen schwirren nur so durch die Luft. Von offizieller Seite erfährt man nichts über genaue Transportzahlen bzw. Kontingente. Möglicherweise wird durch unverbindliche Aussprachen zwischen Kliger und Gestapo jeweils eine Abmachung über die Anzahl der auszusendenden Personen getroffen werden. Es werden jeweils soviel Menschen beigestellt werden müssen, als von der Gestapo angefordert werden. Man hofft jedoch, dass die Zahl von 25 Transporten nicht überschritten werden wird und dass höchstens 7 – 800 Personen pro Transport gehen werden.
Aerzte für die Transporte. Die Gesundheitsabteilung /Dr. Miller/ hat bereits eine Liste der Aerzte vorbereitet, die mit den einzelnen Transporten herausgehen sollen. Mit dem 1. Transport ging Dr. Robert Blum /Köln/ als Arzt mit.

Bei der Zentraleinkaufstelle herrscht lebhaftes Treiben. Die Leute, die zur Ausreise bestimmt sind, bringen ihre Habseligkeiten und bieten sie der Zentraleinkaufstelle an. Es sind echte Gettohabseligkeiten, Federbetten, Möbelstücke und armseliges Küchengerät. Auf dem Hofe, Kirchplatz 4, wo sich die Zentraleinkaufstelle befindet, türmen sich allmählich Berge von Federbetten. Es ist ein erschütterndes Bild, da[s] uns an die schlimmen Tage der Sperre[104] erinnert und an die Einsiedlung aus den Provinzstädten[105], denen dann der grosse Import von Federbetten folgte. Wir erinnern uns, dass waggonweise Federbetten in die Kirche am Kirchplatz und in die »Schul« an der Żurawiagasse[106] von ausserhalb [ins] Getto gekommen sind, Federbetten, die dann hier sortiert und für deutsche Rechnung wieder exportiert wurden. Ein Bild des Elends und des Jammers, das zu beschreiben hier nicht möglich ist. Die Menschen werden am Hof rasch abgefertigt, erhalten ihre Anweisungen und im Büro der Zentraleinkaufstelle werden ihnen Checks auf Reichsmark ausgefolgt. Diese Checks werden erst im Zentralgefängnis eingelöst. Die Verwaltung der zur Verfügung stehenden Reichsmarkbestände besorgt treuhänderisch bei der Zentraleinkaufstelle Rechtsanwalt Neftalin.

Approvisation

Am heutigen Sonntag kamen insgesamt 7,200 kg Mairettich und 5,185 kg Salat herein. Ausserdem kamen noch 1575 kg Rossfleisch. Sonst nichts.

Kleiner Getto-Spiegel.

Es wird ernst. Die Wirklichkeit hat den Strom der Gerüchte völlig eingedämmt. Die Transporte von Personen zur Arbeit ausserhalb des Gettos gehen. Einer wurde bereits abgefertigt, der zweite wird morgen das Getto verlassen. Heute schreiben wir Sonntag, den 25. Juni. Ein Sonntag mit Sonne und Wolkentreiben, mit Windstille und Sturm und Regentropfen. Die Gassen, die zum Zentralgefängnis führen, sind belebter als sonst. Menschen verschiedener Altersklassen und beiderlei Geschlechts, Grauhaarige und Kinder, schleppen Koffer und Rucksäcke und enggepresste Bündeln auf den Schultern. An den Koffern ist oft ein deutscher Name und eine deutsche Stadt zu lesen. Sie gehören Juden, welche im Herbst 1941 in Litzmannstadt-Getto eingesiedelt wurden und jetzt den Ausreisebefehl erhalten haben. Auch ist viel buntes Gepäck zu sehen: gestreifte Pölster und grellfarbige Decken – das Bettzeug für die künftigen Schlafstätten.

Die Menschen gehen ihren Weg. Vorüber an ihnen Menschen mit Blumen in den Händen, mit Heckenblüten und Pfingstrosen, mit Jasmin und anderen Juniblüten. Man plauscht, schlendert. Die Działki sind voll von arbeitenden Gettogeschöpfen. Vor den Läden drängt sich die Menge. Alles wie sonst.

Und doch ein Schleier der Wehmut über dem ganzen Getto. 25 Transporte sind angekündigt. Alle wissen, dass es um eine ernste Sache geht, dass die Existenz des Gettos in Gefahr ist. Niemand kann die Berechtigung solch einer Befürchtung bestreiten. Diejenigen, welche mit allerlei Argumenten beweisen wollen, dass sogar »diese Aussiedlung« den Kern des Gettos nicht anrühren wird, finden kein Gehör. Denn fast alle Gettobewohner sind betroffen. Jeder verliert einen Verwandten, einen Freund, einen Stubengenossen, einen Arbeitskollegen.

Und doch – der jüdische Glaube an eine Gerechtigkeit, die irgenwann siegen wird, lässt den äussersten Pessimismus nicht zu. Man versucht sich selbst zu trösten, sich irgendwie selbst zu täuschen. Aber fast alle sagen sich und sprechen es aus:
»Gott allein weiss, für wen es besser sein wird: für den, der hier bleibt, oder für den, der weggeht!«

O[skar].R[osenfeld].

Sanitätswesen

Die heute gemeldeten ansteckenden Krankheiten: keine Meldungen

Tagesbericht von Montag, den 26. Juni 1944   Tageschronik Nr. 177

Das Wetter: Tagesmittel 19-30 Grad, sonnig.

Sterbefälle: 32,   Geburten: 2 m.

Festnahmen: Diebstahl: 1,   Verschiedenes: 2

Bevölkerungsstand: 76.332

Tagesnachrichten

Zur Arbeit ausserhalb des Gettos. Heute ist der II. Transport mit 912 Personen abgefahren /Arzt: Dr. Adolf Wittenberg, Berlin/. Die Verladung erfolgte in der gleichen Zugsgarnitur, unter denselben Umständen wie das erste Mal. Auch diesmal sprach Gestapo-Kommissar Fuchs einige Worte an die Leute. Mit diesem Transport ging eine grössere Anzahl von jüngeren, darunter mehreren freiwilligen, Personen, die das Getto guten Mutes verliessen. Dagegen waren aber auch recht viele schwache und kränkliche Personen dabei. Es heisst, dass mit dem nächsten Transport, der Mittwoch, den 28. gehen soll, eine geringere Zahl ausreisen soll.

Listen ausgehängt. Gemäss den Weisungen des Zwischen-Ressort-Komitees, das bereits auf vollen Touren arbeitet, wurden in allen Ressorts die Listen ausgehängt. Eine Flut von Interventionen und Gesuchen ergiesst sich über das Zwischen-Ressort-Komitee.

Wer nur eine kleine Rolle im Getto spielt wird von protektionssuchenden Menschen belagert. In den Korridoren der Ressorts stauen sich die Schlangen von Arbeitern, die ihre Reklamationen beim Leiter abgeben wollen. Soviel Namen in den Listen, soviel Gesuche, Aehnliches spielt sich bei den Aerzten ab. Die privaten Ordinationsstunden[107] der Aerzte sind ausgefüllt mit Kranken, die noch kränker sein wollen, und mit Gesunden, die um jeden Preis krank sein wollen. Dass diese Aerzte jetzt Unsummen einheimsen, bemerken wir nur am Rande.

Hinter den Kulissen spielt sich ein Kuhhandel mit Menschen zwischen den Leitern der Ressorts ab. Bevor noch das Zwischen-Ressort-Komitee das Clearingverfahren durchführt, treffen die Ressortleiter ihre Abmachungen: streichst Du meinen Juden, streich ich Deinen Juden, gibst Du meinen Juden auf, geb ich Deinen Juden auf. Persönliche Intrigen und Abrechnungen werden jetzt abgeschlossen. Rätselhaft, dass die Ressorts überhaupt noch arbeiten. In den Strassen wimmelt es von Menschen, die nach Protektion rennen.

Das Zwischen-Ressort-Komitee hat heute neue Weisungen an die Ressorts bzw. Abteilungen herausgegeben. Sie laufen hauptsächlich auf Regelung des Kontingents hinaus.

Man handelt mit sich selbst. Auch diesmal handeln die Menschen mit sich selbst, d.h. Leute, die entweder nichts mehr zu verlieren haben, oder leichtsinnig oder verzweifelt sind oder glauben aus der allgemeinen Lage weise Schlüsse ziehen zu müssen[108], melden sich freiwillig als Ersatzmann. Sie verkaufen sich. Der Preis ist diesmal ziemlich einheitlich: ein Mensch kostet: 3 Laib Brot, ½ kg Margarine, 1 kg Zucker. Dazu kommen noch eventuell Schuhe und sonstige Kleidungsstücke.

Approvisation

Noch immer keine Besserung. Alles in allem kam heute 3510 kg Mairettich und ca. 6000 kg Sauerkraut. An Fleisch kamen 980 kg Pferdefleisch.

Kleiner Getto-Spiegel.

Die letzte Etappe. Nach vier Gettojahren hat sich erwiesen, dass Sentiments[109], Vorurteile, Traditionsgebundenheiten nur Fesseln sind für denjenigen, der den Krieg überleben, der erlöst werden will. Alle Fäden zerreissen, das altgewohnte Heim ohne Träne aufgeben, den mühsam erworbenen Hausrat zurücklassen – das ist die Parole aller Gettobewohner, die eine »Ausreise-Aufforderung« bekommen haben.
Geld, Schmuck, Pelze, Nähmaschinen, Gramophone, Musikinstrumente, Briefmarken, Sportschuhe, Fahrräder, Plätteisen[110], elektrische Kochapparate, Teppiche, Kristallglas wurden bereits requiriert[111]. Jetzt heisst es, das Letzte hergeben. Auf dem Hof des Hauses Kirchplatz 4, vor den Magazinen der Zentraleinkaufstelle liegen, in Ballen gepackt, Polster und Decken, buntes Bettzeug. Kübel, Geschirr, Wäsche staut sich rings um den Tisch der Beamten, welche die Aufgabe haben, diesen Hausrat abzuschätzen und zu honorieren. Diejenigen, welche zur Ausreise bereit sind, bringen ihre Habseligkeiten zur Einkaufstelle, um sich für den Erlös etwas Nahrung auf den Weg anzuschaffen: ein paar Deka Zucker oder Brot, oder irgendein »Kolonial«. Auf Grund der Schätzung erhalten sie einen Bon auf Gettomark und auf Reichsmark. Die Gettomark werden ihnen in der Hauptkassa, die Reichsmark im Zentralgefängnis eingehändigt.
So nimmt man Abschied vom letzten Stück des beweglichen Vermögens. Keine Träne fällt, kein böses Wort. Fatalismus hat die Betroffenen ergriffen. Sie denken: die letzte Etappe. Jetzt kann uns nichts mehr weggenommen werden. Wir sind so arm wie Gott uns geschaffen hat. Das Kleid am Leib und ein paar Dinge für die letzte Notdurft – das genügt bis dahin. Dahin, das ist der Augenblick, wo das Schicksal über Leben und Tod entscheidet.

O[skar].R[osenfeld].

Sanitätswesen

Die heute gemeldeten ansteckenden Krankheiten: 25 Tuberkulose.
Die Todesursache der heutigen Sterbefälle:
15 Lungentuberkulose, 1 Darmtuberkulose, 4 Lungenkrankheiten, 8 Herzkrankheiten, 1 Darmentzündung, 1 Nierenentzündung, 1 Gehirnblutung, 1 Krebs.

Tagesbericht von Dienstag, den 27. Juni 1944　　　Tageschronik Nr. 178

Das Wetter:　　　Tagesmittel 22-34 Grad, sonnig, heiss.

Sterbefälle:　　20,　　Geburten:　　1 w.

Festnahmen:　　Verschiedenes: 2

Bevölkerungsstand: 76.313

Tagesnachrichten

Der Präses ist soweit hergestellt, dass er wieder im Amt erscheinen kann. Er hat sofort die Geschäfte übernommen und greift mit der alten Energie in die Aktion ein.
Gestern fand eine Konferenz beim Präses statt, an der die Herren A. Jakubowicz, Kliger, Rechtsanwalt Neftalin und Tröger /von der Sonderabteilung/ teilnahmen. Es wurden die Einzelheiten der Lebensmittelkarten-Blockierung durchbesprochen. Das System klappt vorläufig noch nicht. Insbesondere geht es mit den Deblockierungen ziemlich schleppend. Das Kontrollsystem wird vereinfacht, sodass es ab 30.6. schon recht gut klappen wird.
Die Kartenstelle arbeitet fieberhaft Tag und Nacht.

L.S.-Kommission. Heute besuchte bereits um 7 Uhr morgens eine Luftschutz-Kommission das Getto und besichtigte alle wichtigen Punkte.

Verhaftung. Der Leiter der Schneidereien, Dawid Warszawski, wurde nach einer Hausdurchsuchung mit seiner ganzen Familie von der Kripo verhaftet und ins Kripo-Gebäude eingeliefert.
Einzelne behaupten, dass man bei ihm zwei goldene Uhren gefunden hätte, andere wieder wollen wissen, dass man nichts gefunden hätte und dass es sich nicht um eine übliche Gettofestnahme handle, sondern um eine Angelegenheit grösseren Stiles, die jedoch jahrelang zurückliegt und in der Stadt behandelt wird. Diese Verhaftung hat, obwohl das Getto jetzt andere Sorgen hat, dennoch grosses Aufsehen erregt.[112]

Zur Arbeit ausserhalb des Gettos. Der morgen abgehende Transport ist bereits sichergestellt.
Was die Eingesiedelten betrifft, so hat das Zwischen-Ressort-Komitee ebensowenig wie die Kommission im Zentralgefängnis irgendwelche besonderen Richtlinien ausgegeben.
Wie dies bei solchen Anlässen üblich ist, sucht die grössere Zahl der betroffenen Eingesiedelten bei Dr. Oskar Singer Schutz, von dem sie glauben, dass er durch

seine Beziehungen helfen könne. Dr. Singer hat zunächst während der Krankheit des Präses mit Kliger Fühlung genommen, um wenigstens einen Teil der Intelligenz sicherzustellen. Er fand volles Verständnis und es ist ihm gelungen eine gewisse Zahl von graduierten Personen, sowie besonders wertvoll[e] und verdient[e] Menschen, vor der Aussiedlung zu schützen. Ein grosser Teil der eingesiedelten Intelligenz arbeitet in den Abteilungen des Rechtsanwalt Neftalin, der ebenfalls volles Verständnis für diese Frage beweist.

Aussenlisten – Innenlisten. Die Ressortleiter helfen sich so gut sie können mit kleineren und grösseren Schwindeleien. Die Menschen müssen sich schliesslich stellen. Wie wird das nun gemacht, um Betriebsrevolutionen zu vermeiden? Man setzt auch die Protektionskinder auf die Listen und die misera plebs[113] ist wenigstens beruhigt. Da[s] sind freilich die sogenannten Aussenlisten. Die Innenlisten, da[s] sind die, die dem Zwischen-Ressort-Komitee überreicht werden, sehen dann schon etwas anders aus. Katastrophal wirkt sich die prozentuale Anforderung auf gewisse Abteilungen aus. So eine Abteilung hat z. B. 60 Menschen in Evidenz[114], davon sind 20 wirklich krank, 30 haben besondere Beziehungen und 10 arbeiten wirklich. Von diesen 10 haben 5 womöglich kleine Kinder. Nun soll so ein Amt 25% seines Personals aufgeben, wie bringt man also 15 Menschen auf? Man bringt sie eben nicht auf, oder man setzt einfach die Kranken und absolut geschützten Protektionskinder auf die Liste. So sieht es in den meisten Abteilungen aus.

Approvisation

Heute erhielt das Getto 1680 kg Kohlrabi, 4000 kg Salat und 7600 kg Sauerkraut. Fleisch etwas gebessert mit ca. 2700 kg.
Gemüsesalatzuteilung für die gesamte Gettobevölkerung.
Ab Dienstag, den 27.6.44 werden an alle auf Coupon Nr. 33 der Nahrungsmittelkarte
    100 Gramm Gemüsesalat für den Betrag von Mk 0.50 ausgegeben.
Litzmannstadt, den 27.6.1944   Gettoverwaltung.

Kleiner Getto-Spiegel.

Das verlorene Bett. In dieser Zeit der Aussiedlung ist der Hof der Zentraleinkaufstelle am Kirchplatz 4 einer der interessantesten Punkte des Gettos. Mitten im Hof türmen sich berghoch Federbetten in ihren meist grellroten Ueberzügen, gleich einem Korallenriff, um das herum trübe und farblos die Masse der anonymen Auszusiedelnden brandet. Diese Menschen sind hergekommen, um ihre letzte Habe zu Geld zu machen, um sich mit diesem, wenigstens die ersten Stunden ihrer ganz ungewissen, unbekannten Zukunft ausserhalb der beengenden, andererseits aber seelischen Schutz gewährenden, Drähte des Gettos zu verbes-

sern. Was ihrer wartet, sie wissen es nicht und wer könnte es ihnen sagen? Was sie verloren haben wissen sie: Hier liegt es aufgetürmt eines am andern, das Letzte des Armen, das ihnen sicher war: das eigene Bett.
So gewinnt das Aussehen des Hofes der Zentraleinkaufstelle in diesen sorgenvollen Tagen geradezu symbolische Bedeutung.

P[eter].W[ertheimer].

Sanitätswesen

Die heute gemeldeten ansteckenden Krankheiten: 24 Tuberkulose.
Die Todesursache der heutigen Sterbefälle:
14 Lungentuberkulose, 3 Herzkrankheiten, 2 Lungenentzündung, 1 Rückenmarkentzündung.

Tagesbericht von Mittwoch, den 28. Juni 1944   Tageschronik Nr. 179

Das Wetter: Tagesmittel 22-32 Grad, sonnig, heiß.

Sterbefälle: 12,   Geburten: 1 m.

Festnahmen: Verschiedenes: 2

Bevölkerungsstand: 76.302

Tagesnachrichten

Zur Arbeit ausserhalb des Gettos. Heute frühmorgens ging der III. Transport mit 803 Personen ab. Der mitfahrende Arzt ist Dr. Walter Schwerin, Berlin. Immerhin sind mit diesem Transport etwas weniger Personen gefahren als am 26. ds. Mts.
Vorläufig sind keine nennenswerten Schwierigkeiten in der Gestellung des erforderlichen Menschenmaterials zu verzeichnen. Die Blockierung der Karten tut ihre Schuldigkeit, vor allem bei den Personen, die sich nicht helfen können, weil sie entweder keinen Anhang oder keine Beziehungen haben.
Nach wie vor ergiesst sich die Flut der Gesuche an das Zwischen-Ressort-Komitee und dass natürlich alle Register der Protektionsorgel spielen, ist selbstverständlich. Insbesondere über die Kommission im Zentralgefängnis wird allerhand gesprochen. Dort sitzen ja auch lauter Personen mit entsprechender Praxis. Es wird mit Unmut verzeichnet, dass dort ganze Familien beschäftigt sind, da ja verschiedene Separatzuteilungen an Lebensmitteln zu haben sind.

Approvisation

Leichte Besserung. Es kamen ca. 4000 kg Kartoffeln, 5785 kg Salat, 14,485 kg Kohlrabi und 10,190 kg Mairettich. Fleisch ebenfalls etwas besser mit 3,560 kg.

Sanitätswesen

Die heute gemeldeten ansteckenden Krankheiten: keine.
Die Todesursache der heutigen Sterbefälle:
7 Lungentuberkulose, 1 tuberk. Hirnhautentzündung, 3 Herzkrankheiten, 1 Thrombose.

Tagesbericht von Donnerstag, den 29. Juni 1944   Tageschronik Nr. 180

Das Wetter:	Tagesmittel 20-34 Grad, sonnig, heiss.
Sterbefälle:	13, Geburten: keine
Festnahmen:	Diebstahl: 1, Verschiedenes: 2
Bevölkerungsstand:	76.289
Brand:	Am 28.6.44 wurde die Feuerwehr um 21,46 Uhr zu dem Hause Talweg 10 alarmiert, wo starker Funkenflug aus einem Kamin festgestellt wurde. Die Kamine wurden gefegt.
Selbstmordversuch:	Am 29.6.44 versuchte die Dwojra Tenenbaum geb. 1912 in Tomaszow, durch Sprung aus dem III. Stockwerke ihres Wohnhauses Holzstr. 33, Selbstmord zu verüben. Die Genannte wurde durch die Rettungsbereitschaft ins Krankenhaus überführt.

Tagesnachrichten

Zur Arbeit ausserhalb des Gettos. Die Aussiedlungsmaschine arbeitet präzise. Nichts hat sich geändert, wenn auch Gerüchte hin und wieder durch die Stadt schwirren, dass die Aussiedlung unterbrochen werden soll. Ueberall das gleiche Bild. Durch die Strassen ziehen zu allen Stunden des Tages bepackte Menschen, die sich mühselig zu dem Sammelpunkt begeben, andere wieder, die ihre letzten Habseligkeiten zur Zentraleinkaufstelle tragen oder sie auf der Strasse zum Kauf anbieten.

Trotz allem herrscht Ruhe im Getto. Eine Ruhe, die schon an Apathie grenzt.

Verschärfte Luftschutz-Vorkehrungen. Der Präses erliess das folgende Rundschreiben:

Rundschreiben
an alle Betriebe und Abteilungen.

Es wird nochmals allen Leitern der Betriebe und Abteilungen in Erinnerung gebracht, dass:

1. in den Räumen der Betriebe und Abteilungen u n b e d i n g t Sand und Wasser in genügenden Mengen vorhanden sein muss. Der derzeitige Vorrat an Sand und Wasser ist, wie in dem Schreiben des Herrn Oberbürgermeisters von Litzmannstadt Nr. 9142 vom 26. Juni 1944 erwähnt nicht ausreichend.
2. die Betriebe und Abteilungen mit Feuerschutzgeräten versehen sein müssen, die im Bedarfsfalle sofort verwendet werden können.

3. die Betriebe der Belegschaft die nächstliegenden Felder und Plätze anzuweisen haben, wo dieselben im Falle eines Fliegeralarms Schutz finden können.
4. in Betrieben, in denen sich Splitterschutzgräben befinden, sind dieselben im ersten Falle für den Werkluftschutz vorgesehen, anderenfalls hat sich der Werkluftschutz auf das nächst liegende Feld zu begeben, wobei jede Geländevertiefung, Sandgruben u.s.w. auszunutzen sind.

/-/ Ch. Rumkowski
Der Aeltese der Juden
Litzmannstadt-Getto, den 29.6.1944.   in Litzmannstadt

Approvisation

Keine wesentliche Aenderung der Lage. Der Einlauf ist unzureichend, das Getto hungert. 3370 kg Kartoffeln kamen für die Küchen und insgesamt 19,200 kg Frischgemüse /Kohlrabi, Salat und Mairettich.
An Fleisch kamen 3,700 kg herein.

Sanitätswesen

Die heute gemeldeten ansteckenden Krankheiten: 7 Tuberkulose, 2 Bauchtyphus.
Die Todesursache der heutigen Sterbefälle:
7 Lungentuberkulose, 1 tuberk. Hirnhautentzündung, 3 Herzkrankheiten, 1 Gehirnentzündung, 1 Tetanie[115].

Tagesbericht von Freitag, den 30. Juni 1944   Tageschronik Nr. 181

Das Wetter: Tagesmittel 16-27 Grad, bewölkt.

Sterbefälle: 13,   Geburten: keine

Festnahmen: Verschiedenes: 2

Bevölkerungsstand: 76.276

Tagesnachrichten

Zur Arbeit ausserhalb des Gettos. In den Morgenstunden herrschte eine gewisse Unsicherheit darüber, ob der heutige Transport abgehen wird, da die Zugsgarnitur nicht pünktlich am Bahnhof Radegast gestellt war. Die Reichsbahn stellte jedoch gegen 9 Uhr die Garnitur bei, sodass tatsächlich die Einwaggonierung der 700 Personen erfolgen konnte. Mit diesem Transport ging Frau Elisabeth Singer /Prag/ als Aerztin mit.

Um den Rest der eingesiedelten Intelligenz vor der Aussiedlung zu schützen, hatte Dr. Oskar Singer eine Unterredung mit dem Leiter der Sonderabteilung M. Kliger, bevor noch der Präses die Geschäfte übernommen hat. Kliger hatte für die Auffassung des Dr. Singer volles Verständnis und ordnete den Schutz einiger Personen an. Eine solche Liste wurde der Kommission im Zentralgefängnis überreicht.
Was den Schutz der einheimischen Intelligenz betrifft, insbesondere einer gewissen literarischen Gruppe[116], bemühten sich S. Rozenstajn[117], Josef Zelkowicz[118] und Szaja Szpigel[119] durch Rechtsanwalt Neftalin. Hierüber folgt Separatbericht.

Im Zentralgefängnis befürchtet man eine gewisse Verknappung, sodass anzunehmen ist, dass doch mit Razzien vorgegangen werden wird.

Mit dem heutigen IV. Transport gingen, wie bereits gemeldet, 700 Personen ab. Zusammen sind bereits 2.976 Personen abgegangen u.zw.:

23.6.44	561 Pers.	268 Männ.,	293 Fr.	davon Einges.	32 M,	46 Fr.
26.6.44	912 "	361 "	551 "	" "	43 "	71 "
28.6.44	803 "	261 "	542 "	" "	32 "	75 "
30.7.44	700 "	204 "	496 "	" "	23 "	40 "
	2976 Pers.	1094 Männ.	1882 Fr.	davon Einges.	130 M	232 Fr.

Die Befürchtungen, dass der grösste Teil der Eingesiedelten mitgerissen werden könnte, sind nicht eingetroffen. In der obigen Gesamtzahl von 2.976 Personen befinden sich 362 Eingesiedelte aus dem Altreich und dem Protektorat Böhmen und Mähren. Diese Ziffern sind errechnet auf Grund der Transportlisten, wobei die Eingesiedelten nur dem Namen nach festgestellt wurden. Genaue Ziffern werden wir noch nachtragen.

Approvisation

Noch immer schwacher Einlauf von Gemüse u.zw. kamen heute nur 2035 kg Salat und 15.800 kg Kohlrabi. Fleisch kam heute ca. 2800 kg.
Die heutigen Schwarzhandelspreise: Brot /2 kg/ 1600 Mk, Mehl 1200, Zucker 1400-1800, Margarine 1500-1600, Butter 3200, Erbsen 900, Grütze 900, Kaffee 70-90, Salat 40-50, Spinat 50-65, Kohlrabi 60, Botwinki[120] 80, Fleisch 1100, Wurst 1100 Mk, die Preise sind je kg. Ressortsuppe heute 35-47 Mk.

Sanitätsnachrichten

Die heute gemeldeten ansteckenden Krankheiten: keine
Die Todesursache der heutigen Sterbefälle:
7 Lungentuberkulose, 1 tuberk. Bauchfellentzündung, 2 Herzkrankheiten, 1 alimentäre Vergiftung, 1 Darmentzündung, 1 Kniegelenkentzündung.

Tagesbericht von Sonnabend, den 1. Juli 1944   Tageschronik Nr. 182

Das Wetter:	Tagesmittel 18-25 Grad, bewölkt, nachdem es die ganze Nacht stark geregnet hat.
Sterbefälle:	17, Geburten: keine
Festnahmen:	Verschiedenes: 2
Bevölkerungsstand:	73.234

Tagesnachrichten

Zur Arbeit ausserhalb des Gettos. Die Kommission kämpft allmählich mit Schwierigkeiten in der Aufbringung des für den nächsten Transport erforderlichen Menschenmaterials. Die immer wieder auftauchenden Gerüchte, dass die Transporte abgestoppt werden sollen, veranlassen viele Menschen sich erst recht zu verbergen.
Die an Hunger und Entbehrungen gewohnten Menschen ertragen auch diese erhöhten Qualen. Die Familien leisten Ungeheuerliches an Entbehrungen, um den Vater, den Bruder oder die Schwester vor der Aussiedlung zu schützen und in der Zwischenzeit zu ernähren.
Die verantwortlichen Stellen sind sich der Gefahren einer nicht rechtzeitigen Beistellung der Transporte bewusst.
Um eine Bevorratung an Lebensmitteln nach Möglichkeit zu verhindern, hat sich der Präses entschlossen die Lebensmittelzuteilung /Rationen/ diesmal nicht für 14 Tage, sondern nur für eine Woche auszugeben. Es heisst, dass die Ration schon heute herauskommen soll.

Zum heutigen Bevölkerungsstand ist zu bemerken, dass sich die Zahl von 73,234 Einwohnern des Gettos wie folgt zusammensetzt:

Volksdeutsche	1
Polen	16
Juden	73,217

Die Volksdeutsche und [die] Polen sind Familienangehörige von Juden.[1]

Approvisation

Nach wie vor ist die Lage katastrophal. Keine Kartoffeleinfuhr und verschwindend geringe Gemüseeinfuhr. Heute kamen insgesamt 10,280 kg Frischgemüse /Salat, Mairettich, Kohlrabi/ herein. An Fleisch kam heute 1230 kg.
Ration. In den Abendstunden wurde die Ration bekanntgegeben:

Betr.: Lebensmittelzuteilung. Ab Sonntag, den 2. Juli 1944, 5 Uhr früh wird auf Coupon Nr. 54 der Nahrungsmittelkarte für die Zeit vom 3.7.44 bis zum 9.7.44 einschl. folgende Ration pro Kopf herausgegeben:

300 Gramm	Roggenmehl,	30 Gramm		gekörnte Brühe,
100 "	Erbsen,	60	"	getrocknete Kartoffeln,
250 "	Zucker, weiss,	500	"	Kaffeemischung
200 "	Marmelade,	200	"	Salz,
100 "	Suppenpulver,	25	"	Kümmel

für den Betrag von Mk 7.50

Weiterhin werden ab Sonnabend, den 1. Juli 44 auf Coupon Nr. 43 der Nahrungsmittelkarte
   100 Gramm Margarine pro Kopf für den Betrag von Mk 1.25 ausgefolgt[2].

Fleischzuteilung: Ab Sonntag, den 2. Juli 1944, werden an alle auf Coupon Nr. 56 der Nahrungsmittelkarte
   250 Gramm Fleisch pro Kopf zur Verteilung gebracht.

Litzmannstadt, den 1.7.1944   Gettoverwaltung

Sanitätswesen

Die heute gemeldeten ansteckenden Krankheiten: keine
Die Todesursache der heutigen Sterbefälle:
8 Lungentuberkulose, 1 tuberkul. Rippenfellentzündung, 2 Lungenkrankheiten, 2 Herzkrankheiten, 1 Gehirnhautentzündung, 2 Krebs, 1 Bauchtyphus.

Kleiner Getto-Spiegel.

Ein goldener Samstag. Nach einer durchregneten Nacht taute ein feuchter trüber Sonntagmorgen auf. Man hat heute Nacht einige genommen, flüstert das Getto. Das heisst, dass ein paar Dutzend Menschen zur Ausreise nach ausserhalb des Gettos nach Czarnieckiego /Zentralgefängnis/ gebracht wurden, damit der Transport zustandekomme. Mit dieser Nachricht war das Gerücht von einer 7 Tage-Ration verknüpft. Sie wollen diejenigen, die sich verborgen halten, durch Aushungern zum Antreten zwingen. Eine 14 Tage-Ration auf einmal könnte solche Versuche der Sabotage begünstigen.
Aber niemand weiss etwas Positives.
Heute sind keine Ausreise-Aufforderungen von der Post zugestellt worden. Ein gutes Zeichen. Vielleicht sind die nächsten Transporte gesichert.... In Wirklichkeit keine Spur. Im Gegenteil. Am Samstag, den 1. Juli gab es an allen drei Sammelpunkten insgesamt knappe 600 Personen, also nicht einmal einen kompletten Transport.
In den Mittagsstunden wurde die Stimmung noch gehobener. Es hiess: die 7 Tage-Ration ist ausgeschrieben[3]. Grossartig. Zwar fehlt eine Oel- und Kolo-

nialzuteilung⁴, aber schon das blosse Erscheinen hat beruhigend gewirkt, insbesondere dadurch, dass die Ration schon ab 5 Uhr morgens – wenn auch erst morgen Sonntag – zu beheben ist. Ausserdem brachte der heutige Samstag das Laib Brot. Wiederum ein Grund, Genugtuung über die Wohltaten des Gettos zu empfinden.

Keine Ausreise-Aufforderung, eine Ration, 1 Laib Brot – diese drei Fakten an einem Tag hatten die Kraft, das Getto glücklich zu machen. Mit einem Wort: Ein goldener Samstag !

O[skar].R[osenfeld].

Tagesbericht von Sonntag, den 2. Juli 1944   Tageschronik Nr. 183

Das Wetter: Tagesmittel 17-29 Grad, früh bewölkt, dann sonnig.

Sterbefälle: keine,   Geburten: 1 w.

Festnahmen: keine

Bevölkerungsstand: [keine Angabe]

Selbstmordversuche: Am 30.6.1944 versuchte die Adler Pesa, geb. 19.9.1925, in Lodsch, durch Sprung aus dem III. Stockwerke ihres Wohnhauses, Matrosengasse 50, Selbstmord zu verüben. Die Genannte wurde ins Krankenhaus überführt.
Am 2. Juli 1944 versuchte die Gumpelewicz Malka, geb. 1914 in Lodsch, wohnhaft Hohensteinerstrasse 31, durch Sprung aus dem III. Stockwerke des Hauses Alexanderhofstr. 24, Selbstmord zu begehen. Die Genannte wurde durch die Rettungsbereitschaft ins Krankenhaus überführt.

Tagesnachrichten

Heute fand beim Präses eine Sitzung sämtlicher Leiter der Schneiderbetriebe statt, in der die Lage dieser Betriebe besprochen wurde. Mit Rücksicht auf die augenblickliche Aussiedlung wurde die Nachtschicht vorläufig aufgelassen.
Der Leiter der Schneider-Zentrale Dawid Warszawski ist noch immer bei der Kripo. Lediglich das Adoptivkind und das Dienstmädchen wurden entlassen.

Zur Arbeit ausserhalb des Gettos. Der morgige V. Transport ist bereits sichergestellt.
Man hat im Getto noch immer keine Ahnung, wohin die Transporte gehen. Da die Zugsgarnitur immer zur Aufnahme des nächsten Transportes rechtzeitig zur Stelle ist, liegt also ein Pendelverkehr vor. Die Transporte gehen zweifellos nur bis Kutno, wo, wie man behauptet, eine Sichtung des Menschenmaterials vorgenommen wird. Man erzählt sich, dass von Kutno aus gesunde arbeitsfähige Menschen an landwirtschaftliche Unternehmen abgegeben werden. Eine Bestätigung dieses Gerüchtes ist natürlich nicht zu erhalten.
Obwohl der I. Transport am 23.6. abgegangen ist, also ein Zeitraum von 9 Tagen verstrichen ist, gibt es im Getto noch keine zuverlässige Nachricht von den Ausgesiedelten.
Ersatzmänner. Auch jetzt noch wird die Praxis der Ersatzmänner fortgesetzt. Der Preis für den Ersatzmann ist derselbe: 3 Laib Brot, ½ kg Margarine, 1 kg Zucker /kleine individuelle Schwankungen/.

Approvisation

Am heutigen Sonntag kam etwas Frischgemüse herein u.zw. 1360 kg Mairettich, 4100 kg Kohlrabi und ca. 2000 kg Salat. Sonst nichts.
Angesichts der schlechten Ernährungslage ist die Sterblichkeit noch immer sehr beträchtlich. Eine Steigerung ist leider zu befürchten.

Kleiner Getto-Spiegel.

Die Leiter handeln mit Menschen. Der Clearingverkehr mit Menschen blüht.
Der Leiter hat jetzt die beste Gelegenheit sich unliebsamer Personen zu entledigen. Das wird meist telefonisch bereinigt.
Der Leiter der I. Wäscherei ruft die Textilfabrik: »Bei Dir ist Herr X beschäftigt, hast Du ihn auf der Liste?« Antwort: »Nein«!
»Du brauchst ihn dringend«? Antwort: »Ja«!
»Schade«! Antwort: »Warum denn«?
»Ich hätte gerne seine Frau auf die Liste gesetzt«!
Der Leiter der Textilfabrik weiss aber Rat: »Wenn Du mir Frau Y nicht auf die Liste setzt, so setz ich Herrn X noch nachträglich hinein, dann kannst Du seine Frau auch noch auf die Liste setzen.«
Das Geschäft wird gemacht.
Irgendeine persönliche Animosität und das Schicksal der Menschen wäre besiegelt.
Aber Herr X verschafft sich »Plejzes«, er rettet sich. Nun ist aber Frau X schon auf der Liste und jetzt geht der Kampf von neuem los. Das Geschäft kann nicht ganz rückgängig gemacht werden, da ja für die X die Y freigegeben wurde. Ein wenig kompliziert sind die Sachen für den erstaunten Leser unserer Nachwelt. Aber wir Juden verstehen ja zu handeln, warum sollen wir nicht auch den Handel mit Menschen verstehen.
Es ist schwer alle Nuancen, alle Möglichkeiten, alle vorkommenden Gemeinheiten, die in diesem Sumpf wachsen, zu schildern. Die meisten Tragödien aus Willkür deckt ein gnädiger Schleier.

Sanitätswesen

Die heute gemeldeten ansteckenden Krankheiten: 20 Tuberkulose.

Tagesbericht von Montag, den 3. Juli 1944   Tageschronik Nr. 184

Das Wetter: Tagesmittel 22-34 Grad, sonnig, heiss.

Sterbefälle: 36,   Geburten: 1 w.

Festnahmen: Diebstahl: 1,   Verschiedenes: 2

Bevölkerungsstand: [keine Angabe]

Tagesnachrichten

Zur Arbeit ausserhalb des Gettos. Heute in den frühen Morgenstunden ging der V. Transport mit 700 Personen von Bahnhof Radegast ab. Als Arzt ging Dr. Fritz Heine /Berlin/ mit.
Im Zentralgefängnis verblieb nur eine geringe Reserve für den nächsten Transport, der Mittwoch gehen soll.
Im Getto flüstert man von einer weiteren Anforderung von 3000 arbeitsfähigen Männern. Offizielle Stellen wissen jedoch von dieser Anforderung nichts. Immerhin herrscht erhöhte Unruhe im Getto.

Mord. In der Nacht von gestern auf heute wurde der Frydman Szmul Lajb, geb. 1.4.1900, wohnhaft Basarg. 9, auf dem Gelände des Holzbetriebes, Putzigerstr. 9 /Działka/ ermordet. Die Leiche wurde in den dort befindlichen Brunnen geworfen. Näheres über diese Mordtat ist unbekannt.

Approvisation

Die Ernährungslage bessert sich noch immer nicht. Der Einlauf an Frischgemüse ist äusserst unbefriedigend. Es kamen 1464 kg Kohlrabi, 156 kg Mairettich und 10,370 kg Salat herein. Auch Fleisch ist wieder etwas weniger hereingekommen, insgesamt nur 1610 kg Rossfleisch.
Wie die Personen, die sich vor der Aussiedlung verstecken, die Lage meistern können, ist ein Rätsel. Die Opferwilligkeit der Angehörigen oder Freunde wird auf eine harte Probe gestellt. Dennoch halten viele Menschen durch und hoffen sich so bis zum Schluss dieser Aktion zu retten.

Kleiner Getto-Spiegel.

»Auf nach Czarnieckiego«. Die Parole lautet: »Auf nach Czarnieckiego!« Jeder Transport soll 700 Menschen umfassen. Und da diese Zahl auf natürlichem Wege sehr schwer aufzubringen ist, muss eine strenge Hand nachhelfen. Hängt man dir den Brotkorb höher, dann bekommst du geradezu Sehnsucht nach der Suppe in Czarnieckiego. Und wenn du sogar dieser Sehnsucht widerstehst, holt dich die strenge Hand nachts aus dem Bett und schleppt dich ins Sammellager. Man soll für immer die Figuren zeichnen, die in den Tagen der 5 Transporte, in den Strassen des Gettos, auf dem Weg ins Zentralgefängnis, zu sehen waren: mit den Bündeln auf den gekrümmten Rücken, den Koffern und Handtaschen auf den schwachen Schultern, Kinder und Greise verschwitzt danebentrottend ... Figuren, wie sie Dostojewskij und andere russische Schriftsteller geschildert haben. Aber zwischen all diesen Menschen, hinter ihnen, da sie nicht Schritt halten kann, eine Frau: lose graue Strähne über die Schläfen bis auf die Schultern fallend, zum Teil unter einem bunten Kopftuch verborgen; an Stelle eines Kleides eine zerschlissene Pelzweste, an der ein kurzer Mädchenrock aus grobem Leinen befestigt ist; die Beine derart geschwollen, dass sie in den fast absatzlosen Halbschuhen nicht Platz haben; in den Händen kleinere und grössere Bündel, auf der linken Schulter ein aus bunte[m] Zeug zusammengefügter Rucksack; vorn über die Schenkel baumelnd eine Suppenschüssel und eine Menaschka⁵. Die alte Frau trägt den Rücken derart gebeugt, dass nur hie und da, wenn sie sich an eine Häusermauer aufstützt, ihr verwittertes Gesicht und der zahnlose Mund sichtbar w[erden]. Sie stolpert mehr als sie geht. Das Gettopflaster lässt ein rhythmisch gleichmässiges Ausschreiten nicht zu. Auch sie ist eine Kandidatin für »Arbeit ausserhalb des Gettos«. Auch sie wird da draussen irgendwo am Aufbauwerk teilnehmen. Auch sie muss gehen. Denn sie ist – allein. Alleinstehende Personen werden bei der Ausreise bevorzugt. Sie hat Mann, Kinder, nächste Angehörige verloren und ist allein zurückgeblieben. Die einsame Frau humpelt nach Czarnieckiego. Es ist ein schöner warmer Tag. Das Unglück allein zu sein, wird mit dem Glück, auf Arbeit ausserhalb des Gettos gehen zu dürfen, belohnt.

O[skar].R[osenfeld].

Sanitätswesen

Die heute gemeldeten ansteckenden Krankheiten: 19 Tuberkulose.
Die Todesursache der heutigen Sterbefälle:
19 Lungentuberkulose, 1 Bauchfelltuberkulose, 5 Lungenkrankheiten, 4 Herzkrankheiten, 1 Darmkatarrh, 1 Gehirnhautentzündung, 1 Gehirnschlag, 1 Nierensclerose, 1 Beckenniere, 1 Geisteskrankheit, 1 Lebensunfähigkeit /neugeborenes Kind/.

Tagesbericht von Dienstag, den 4. Juli 1944   Tageschronik Nr. 185

Das Wetter: Tagesmittel 28-34 Grad, sonnig, heiss.

Sterbefälle: 25,   Geburten: 2 /1m., 1 w./

Festnahmen: Diebstahl: 2,   Verschiedenes: 2

Bevölkerungsstand: [keine Angabe]

Mord: Am 3.7.1944 wurde die Leiche des ermordeten Frydman Szmul Lajb, geb. 1.4.1900, wohnhaft Basarg. 9, in einem Brunnenschacht bei der Zimmerstrasse 33, aufgefunden. Die Staatl. Kriminalpolizei wurde benachrichtigt. Die Nachforschungen sind im Gange.

Tagesnachrichten

Trauungen. Am heutigen Tage nahm der Präses 19 Trauungen vor.[6] Der Zweck dieser aussertourlichen[7] Trauungen war wohl der, gewisse Personen, durch die Heirat mit absolut geschützten Personen, vor der Aussiedlung zu bewahren.

Sitzung beim Präses. Der Präses hielt heute von 5-8 Uhr abends eine Besprechung mit allen Leitern ab.

Die Sitzung fand in der Halle der Metallabteilung I, Hanseatenstr. 63 statt. Das Resultat sind neuerliche Listen, da sich die Situation von Tag zu Tag verschärft. Bisher hat der Präses von Razzien bei Nacht und bei Tag Abstand genommen, weil das Kontingent doch noch einigermassen ohne besonderen Zwang zustande gekommen ist. Jetzt aber wird die Lage immer angestrengter.

Unterredungen mit deutschen Stellen /Gestapo/, zeigen, dass diese Stellen die Lage im Getto durchaus nicht verstehen. Die deutsche Behörde versteht einfach nicht, wie es möglich ist, dass jemand auf die Aufforderung sich zur Ausreise zu stellen, nicht erscheine. In der Stadt sei soetwas ausgeschlossen. Schon die blosse Verspätung ziehe harte Strafen nach sich. An sich würden auch die Juden de[m] deutschen Gestellungsbefehl sofort entsprechen, aber der Unterschied ist ein sehr grosser. In der Stadt wussten und wissen die Menschen, die zur Arbeit ausserhalb ihres Wohnortes anzutreten hätten, dass es tatsächlich auf Arbeit geht und wohin.

Das Getto jedoch glaubt andere Erfahrungen zu haben, obwohl keine Beweise vorliegen. Das Bild der Septembersperre schwebt jedem vor und die Angst vor der Behandlung ausserhalb des Gettos treibt die Menschen zu den verzweifeltsten Versuchen sich vor der Aussiedlung zu bewahren.

Die jüdische Polizei hat für diese Lage volles Verständnis und wenn sie auch gezwungen ist den Auftrag der deutschen Behörde durchzuführen, so weiss sie doch die Lage der Betroffenen einzuschätzen.

Approvisation

Noch immer keine Spur von Besserung. Heute liefen 15,500 kg Kohlrabi ein, sonst keinerlei Gemüse, keine Kartoffeln, buchstäblich nichts.
Etwas mehr Fleisch kam heute u.zw. alles zusammen 3,350 kg.

Sanitätswesen

Die heute gemeldeten ansteckenden Krankheiten: keine Meldungen.
Die Todesursache der heutigen Sterbefälle:
14 Lungentuberkulose, 2 Tuberk. anderer Organe, 1 Lungenentzündung, 6 Herzkrankheiten, 2 Dickdarmkatarrh.

Tagesbericht von Mittwoch, den 5. Juli 1944　　　　　Tageschronik Nr. 186

Das Wetter:	Tagesmittel 23-36 Grad, sonnig.
Sterbefälle:	19,　Geburten:　1 w.
Festnahmen:	Verschiedenes: 2
Bevölkerungsstand:	[keine Angabe]

Tagesnachrichten

Zur Arbeit ausserhalb des Gettos. Heute ist der VI. Transport wieder in den frühen Morgenstunden abgegangen. Es gingen 700 Personen, als Arzt Dr. Hermann Weiss /Prag/. Die Abfertigung des Transportes verlief wie üblich glatt, ohne jeden Zwischenfall.

Bis zum heutigen Tage /einschliesslich/ sind also VI Transporte mit zusammen 4.376 Personen abgegangen. Davon sind bis zum 30.6. /siehe dort/

　　　2.976 Person.　1094 M.,　1882 Fr., davon Einges. 130 M., 232 Fr. und am
3.7.　　700　"　　182　"　　518 "　"　　"　　10　"　　24　"
5.7.　　700　"　　212　"　　488 "　"　　"　　10　"　　15　"
　　　4.376 Pers.　1488 M.,　2888 Fr., davon Einges. 150 M., 271 Fr.

ausgereist.

Bemühungen wegen der eingesiedelten Intelligenz. Um den Rest der hauptsächlich aus Prag eingesiedelten jüdischen Intelligenz zu retten, sind weitere Bemühungen im Gange.

Dr. Oskar Singer wandte sich zunächst an Rechtsanwalt Neftalin, mit dem er dieses Problem besprach. Rechtsanwalt Neftalin zeigte volles Verständnis für die Lage und versprach Dr. Singer, ein von diesem verfasstes Memorandum zunächst dem Kommissionsmitglied Kommandant Z. Reingold mit entsprechendem Nachdruck vorzulegen.

Die Frage der einheimischen Intelligenz ist grundsätzlich geregelt. Ueber die Aktion zur Rettung der Intelligenz folgt noch ein Spezialbericht.

Approvisation

Die Lage ist heute womöglich noch schlimmer. 1030 kg Salat und 12,780 kg Kohlrabi sind der Einlauf des heutigen Tages. An Frischfleisch kamen 2,300 kg herein.

Sanitätswesen

Die heute gemeldeten ansteckenden Krankheiten: keine Meldungen
Die Todesursache der heutigen Sterbefälle:
9 Lungentuberkulose, 1 tuberk. Gehirnhautentzündung, 2 Lungenkrankheiten, 5 Herzkrankheiten, 1 Bauchfellentzündung, 1 Mord.

	6.7.1944

Tagesbericht von Donnerstag, den 6. Juli 1944   Tageschronik Nr. 187

Das Wetter:	Tagesmittel 25-36 Grad, sonnig, heiss.
Sterbefälle:	18, Geburten: 2 /1 m. 1 w./
Festnahmen:	Verschiedenes: 1
Bevölkerungsstand:	74.646
Ausweisungen:	912 /II. Transp. zur Arbeit ausserhalb des Gettos/.
Selbstmorde:	Am 5.7.1944 verübte der Rozen Syna, geb. 14.5.1886 in Ozorkow, durch Sprung aus dem III. Stockwerke seines Wohnhauses Sulzfelderstr. 7, Selbstmord. Der Arzt der Rettungsbereitschaft stellte den eingetretenen Tod fest. Am 5.7.1944 verübte der Dornberger Chaim Jakub, geb. 11.6.1904, in Pilica, wohnhaft Hanseatenstr. 33, durch Erhängen Selbstmord. Der Arzt der Rettungsbereitschaft stellte den eingetretenen Tod fest.

Tagesnachrichten

Der Oberbürgermeister im Getto. Heute Vormittag erschien der Oberbürgermeister Dr. Bradfisch im Getto und gab dem Aeltesten Weisungen bezüglich einer neuen Abbruchstelle. Mitten in die Aufregungen der Aussiedlung platzte diese Bombe und es scheint, als ob sich alle Gewalten augenblicklich gegen das Getto verschworen hätten, dessen Nerven nahezu am Zerreissen sind. Es hiess zunächst, dass der ganze Block vom Altmarkt bis zur Holzstrasse und Scheunenstrasse unverzüglich abgetragen werden soll. Manche wollten wissen, dass der Abbruch bis zum Tor an der Hohensteinerstrasse durchgeführt werden soll. Ja man sprach sogar von einem Abbruch bis zur Brücke an der Kirche. Schliesslich stellte es sich heraus, dass nur einige Häuser Am-Bach, Holzstrasse und Scheunenstrasse abgebrochen werden sollen u.zw. so, dass dadurch ein Brandschutzgürtel für die in der Nähe liegende ehemalige[8] Poznański-Fabrik[9] geschaffen werden soll, aber auch dieser Abbruch trifft das Getto genügend schwer, denn es wohnen dort etwa 1.000 Personen, die so über Nacht ihr Heim verlieren.

Der Präses begab sich an Ort und Stelle und sprach dann mit einigen Passanten, die sich am Feuerwehrplatz versammelten. Den betroffenen Mietparteien sagte er 1 kg Brot pro Person zu und betonte andererseits, dass alle Personen, die die Aufforderung zur Ausreise erhalten haben, derselben unbedingt Folge zu leisten haben, da er diesen Menschen keine Hilfe bieten könne.

Trauungen. Am heutigen Tage nahm der Präses 11 Trauungen vor. Es handelt sich nicht[10] um besonders ausgewählte Personen, die dadurch vor der Ausreise geschützt werden sollen,[11] da die O.D.-Männer und Feuerwehrleute nicht getraut werden konnten.

Der Leiter der Schneider-Zentrale Dawid Warszawski wurde mit seiner Familie von der Kripo in die Stadt überstellt. Näheres über diese Angelegenheit ist nicht zu erfahren.

Rückkehrer.
Heute trafen über Baluter-Ring 14 Männer ein, die am 30.5.44 zu Torfstecherarbeiten das Getto verlassen haben. Es handelt sich durchwegs um Männer in überaus schlechtem körperlichen Zustand, die sofort nach Erledigung der Formalitäten im Zentral-Gefängnis ins Spital überstellt werden sollen. Man versorgte diese Menschen im Zentralgefängnis sofort mit neuer Kleidung, da sie völlig abgerissen waren.

Für den morgigen Transport sind die erforderlichen 700 Menschen bereits vorbereitet.

Approvisation

Unverändert schlechte Lage. Mit einem Einlauf von zusammen 14,640 kg Radieschen, Kohlrabi, Mairettich und Salat ist dem Getto nicht geholfen. 2,990 kg Fleisch kam heute herein.

Sanitätswesen

Die heute gemeldeten ansteckenden Krankheiten: keine Meldungen
Die Todesursache der heutigen Sterbefälle:
13 Lungentuberkulose, 3 Lungenkrankheiten, 1 Herzschlag, 1 Lebensschwäche /neugeborenes Kind./

Tagesbericht von Freitag, den 7. Juli 1944   Tageschronik Nr. 188

Das Wetter: Tagesmittel 23-32 Grad, sonnig, heiss.
Sterbefälle: 18,   Geburten: 1 w.
Festnahmen: keine
Einweisungen: 14 /Männer von Arbeit ausserhalb des Gettos/
Bevölkerungsstand: 74.643

Tagesnachrichten

Zur Arbeit ausserhalb des Gettos. Heute in den frühen Morgenstunden ist der VII. Transport mit 700 Personen abgegangen. Als Arzt ging der aus Hamburg stammende, über Prag ins Getto eingesiedelte Dr. Hugo Natannsen[12] mit Frau und Tochter mit.
Gleichzeitig gingen über Baluter-Ring 20 ausgesuchte Männer, als Ersatz für die gestern eingetroffenen Rückkehrer, zum Torfstechen ab.
Hartnäckig hält sich das Gerücht, dass 2000 Männer, ausserhalb der laufenden Aussiedlung, für Krakau gebraucht werden. Offizielle Stellen wissen nichts davon. Wahrscheinlich hat jemand den 20 Leuten zum Torfstechen zwei Null angehängt. Es gibt noch immer Leute, denen die Panik im Getto noch nicht gross genug erscheint.

Approvisation

Keine Aenderung im Grossen und Ganzen. Es kamen heute an Frischgemüse 9,720 kg Salat, 6,000 kg Mairettich und 5,230 kg Kohlrabi herein. Ferner kamen 2,790 kg Frischfleisch herein.
Auffallend in der heutigen Wareneingangsliste der Lebensmittel ist eine Post von 1800 Laib Brot /3,600 kg/. Im Zusammenhang damit wird natürlich schon geflüstert, dass die Brotlieferung für das Getto von der Stadt aus erfolgen soll und dass durch die Schliessung der Bäckereien im Getto ein paar hundert Arbeiter gewonnen werden. Dies ist jedoch unrichtig. Die Brotlieferung wird wahrscheinlich eine Ersatzlieferung sein, für Brot, das das Getto für Rechnung der Stadt ausgegeben haben dürfte.

Kleiner Getto-Spiegel.

Aepfelchen wohin rollst Du …?
Der 46 jährige R.M. hat sich im Mai 1944 freiwillig zur Arbeit ausserhalb des Gettos gemeldet. Er wusste nicht, dass es zum Torfstechen, also zu schwerer Arbeit geht. Er liess sich auch gerne sagen, dass die Verpflegung draussen wesentlich besser und dass daher eine, selbst schwere Arbeit leichter zu ertragen

wäre. Er hat sich durch Gerüchte informieren lassen, die einzige Information des Gettos.

Der Hunger hat ihn bewogen die Frau und den 17 jährigen Sohn zu verlassen und sein Glück ausserhalb der Drähte[13] zu suchen. Das einzige Glück, dass ihm ersehnenswert schien: einmal satt sein. –

Nun kam die neue Aussiedlung im Juni. Die Frau und der Junge sind vorläufig auf keiner Liste. Man bestürmt sie mit Angeboten. Bekommt doch der Ersatzmann 3 Laib Brot pro Kopf. 6 Laib Brot also zusammen. Der Kopf schwindelt ihnen vor soviel Reichtum. Unvorstellbar, dass man sich wieder einmal sattessen könnte. Margarine, Zucker, vielleicht Marmelade und weiss Gott was noch alles, da treten die Schrecken der Aussiedlung zurück. Dazu kommt, dass doch Vater sowieso nicht mehr da ist und wohl wenig Hoffnung besteht ihn im Getto wiederzusehen.

Die Verlockung ist zu gross. Die beiden melden sich freiwillig. Am 6. Juli vormittags rücken sie ein, bekommen das Lösegeld in Form von Brot, Margarine, Zukker und anderem.

Im Zentralgefängnis legen sie richtig los und essen. Nur satt werden! Der Magen verträgt garnicht viel, man ist sehr schnell satt und wenn der Magen nicht mehr so nüchtern ist, wird der Kopf etwas nüchterner. Man denkt ein wenig nach: was hat man getan? – Aber alles spekulieren hinterher nützt nichts. Herein ins Zentralgefängnis geht's leicht, hinaus kommt man wohl nicht mehr.

Da werden plötzlich 14 Mann eingeliefert. Sie kommen von R[ąbień], vom Torfstechen. Sie sehen recht beklagenswert aus, nicht zum erkennen. Dennoch erkennen die Frau und der Sohn einen der rückkehrenden Männer. Der Vater kommt zurück und die beiden haben sich freiwillig[14] als Ersatzmänner gestellt. Verzweifelte Lage. Die Kommission hat eine feste Hand, lässt Menschen nicht so bald los. Menschen, die sie braucht, und gar Freiwillige, die keine Schwierigkeiten machen.

Nun geht die Jagd nach Protektion los. Himmel und Hölle werden in Bewegung gesetzt, denn die Frau will mit dem Sohn bleiben.

Vom Brot ist ja noch nicht soviel verzehrt, man wird es schon irgendwie ersetzen können. Eine Befreiung wird kaum möglich sein. Wo sind die Mitglieder der Kommission, die der Lage Verständnis entgegenbringen, und zunächst einen Aufschub gewähren werden? Wie wird das Drama enden?

Das Leben dichtet grausamer als der kaltblütigste Dramatiker.

Wir können den Fall nur verfolgen. Wir wollen sehen was kommt.

Sanitätsnachrichten

Die heute gemeldeten ansteckenden Krankheiten: 22 Tuberkulose, 1 Ruhr.

Die Todesursache der heutigen Sterbefälle:

8 Lungentuberkulose, 1 Lungenentzündung, 4 Herzkrankheiten, 1 Darmentzündung, 1 Verbrennung, 1 Lebensschwäche /neugeborenes Kind/, 2 Selbstmorde.

Tagesbericht von Sonnabend, den 8. Juli 1944   Tageschronik Nr. 189

Das Wetter:	Tagesmittel 25-38 Grad, sonnig, heiss.
Sterbefälle:	17, Geburten: 2 w.
Festnahmen:	keine
Ausweisungen:	803 Personen /auf Arbeit nach ausserhalb des Gettos, III. Transport. /vom 28.6.1944/
	20 " /auf Arbeit ausserhalb des Gettos über Baluter-Ring, 7.7.44./
Bevölkerungsstand:	73.805

Tagesnachrichten

Zur Arbeit ausserhalb des Gettos. Durch nächtliche Razzien hilft sich die Kommission im Zentralgefängnis aus der prekären Lage. Immer mehr Menschen halten sich versteckt. Die Meldung von Freiwilligen hat nahezu ganz aufgehört. Ein Gerücht, das nicht die geringste Unterlage hat, dass angeblich die ganze Aktion in den nächsten Stunden abgestoppt werden soll, wird immer wieder, aus weiss Gott welchen Quellen, genährt.
Die nächtlichen Szenen der Menschenjagd sind immer wieder dieselben. Wir haben sie oft genug beschrieben.[15]
Die Betriebe Metall I und II, Holzbetrieb I, II und IV und Chem. Reinigungs- und Waschanstalt I sind von der Verpflichtung zur Aufstellung der Listen befreit. Diese Betriebe haben laufend grössere Militäraufträge.

Der Amtsleiter an der Abbruchstelle. Am gestrigen Tage besuchte der Amtsleiter die neue Abbruchstelle Am-Bach – Holzstrasse und überzeugte sich vom Fortgang der Arbeiten. An dieser Arbeitsstelle arbeiten auch schon einige hundert Polen, von denen man behauptet, dass sie soeben erst aus Warschau hergekommen sind.

Translokation[16]. Seit gestern werden die Bewohner des Häuserblocks Am-Bach 2 bis Nr. 14 Scheunenstrasse, sowie auch die Bewohner von Holzstrasse 18-22, exmitiert[17]. Diese Objekte stehen ab heute bereits der Abbruchstelle zur Verfügung. Die Räumung dieses Gebietes muss bis morgen vollzogen sein. Das II. O.D.-Revier hat den Auftrag die abzubrechenden Blocks zu durchsuchen, notfalls gewaltsam zu säubern und zu veranlassen, dass sofort auch die Gettoumzäunung entsprechend geändert wird.

Approvisation

Heute erhielt das Getto 20,540 kg Kartoffeln, 6,040 kg Rettich und 2,800 kg Salat. An Fleisch kam heute 5,700 kg herein. Erfreulicherweise wieder ein grösserer Posten Fleischkonserven u.zw. 18,383 kg.
Die sonstige Zufuhr an Lebensmitteln und zusätzliche[n] Bedarfsgüter[n] geht ordnungsgemäss vor sich. Um ein Beispiel anzuführen, geben wir diesmal in diesem Rahmen eine Abschrift der Liste der eingelaufenen Lebensmittel und der zusätzlichen Bedarfsgüter.[18]
Die täglichen Einlaufslisten werden im Archiv gesondert aufbewahrt.
Talone bis 15. Juli eingestellt.
Am Verteilungsladen Steinmetzgasse 10 wurde durch Anschlag bekanntgegeben, dass sämtliche Zuteilungen der 4 Kategorien bis zum 15. Juli eingestellt sind.

Kleiner Getto-Spiegel.

Aepfelchen wohin rollst Du? Der zurückgekehrte Familienvater hat, nachdem er so ein trauriges Wiedersehen mit Frau und Sohn gefeiert hatte, sein Bett im Spital an der Matrosengasse bezogen. Der Präses sorgt für diese völlig heruntergekommenen Menschen. Er besucht sie und fragt nach ihren Wünschen. Auch unser Mann hat einen Wunsch: »Ich habe einen Sohn im Zentralgefängnis«. Er gesteht nicht, dass dieser Sohn sich als Ersatzmann gegen Entgelt freiwillig gestellt hatte. Aber warum soll er das auch gestehen? Unter den gegebenen Umständen kann doch das Geschäft, das da abgeschlossen wurde, nicht mehr zu Recht bestehen, da es doch unter ganz anderen Voraussetzungen abgeschlossen wurde. Der Präses merkte sich vor und richtig, der Junge wird in die Reserve gestellt. Ein hochaufgeschossener 17 jähriger Knabe, dem man es ansieht, dass er schnurstracks der Tuberkulose entgegenmarschiert. Er bleibt also vorderhand im Zentralgefängnis, während die Mutter freigelassen wird, da ja der Sohn als Geisel zurückbleibt.
Alles wird nun davon abhängen, wie lange die Transporte noch werden gehen müssen. Aber man sieht, ein Funken Hoffnung ist da, vielleicht wird die Familie zusammen bleiben können.

Sanitätswesen

Die heute gemeldeten ansteckenden Krankheiten: keine
Die Todesursache der heutigen Sterbefälle:
9 Lungentuberkulose, 1 tuberk. Hirnhautentzündung, 3 Lungenentzündung, 2 Herzkrankheiten, 1 Darmentzündung, 1 Periappendizi[ti]scher Abszess[19].

Tagesbericht von Sonntag, den 9. Juli 1944   Tageschronik Nr. 190

Das Wetter: Tagesmittel 23-34 Grad, sonnig, heiss.
Sterbefälle: keine,   Geburten: keine
Festnahmen: Verschiedenes: 2
Bevölkerungsstand: 73.805

Tagesnachrichten

Zur Arbeit ausserhalb des Gettos. Der Transport für den morgigen Tag ist komplett.
Das Zwischen-Ressort-Komitee arbeitet fieberhaft. Nach wie vor laufen die Gesuche um Befreiung ein und es werden in berücksichtigenswerten Fällen tatsächlich von dieser Stelle aus Befreiungen ausgesprochen.

Intelligenz aus dem Westen. In dieser Angelegenheit hat sich, wie bereits berichtet, Dr. Oskar Singer /Prag/ mit Rechtsanwalt Neftalin verständigt. Auf Grund einer Unterredung zwischen Neftalin und dem Mitglied des Zwischen-Ressort-Komitees Reingold sollte Dr. Singer mit einer Delegation beim Zwischen-Ressort-Komitee vorsprechen.
Dr. Singer holte zu diesem Zwecke Dr. Karl Bondy[20] /Prag/ heran, ferner Herrn Dir. Rudolf Hecht /Prag/. Da Letzterer krank war, gingen nur die beiden obengenannten Herren zum Zwischen-Ressort-Komitee an der Goldschmiedegasse 18. Die Herren wurden vom stellvertretenden Vorsitzenden Winograd empfangen und dem Komitee vorgeführt. Anwesend waren die Herren Winograd, Reingold, Ing. Gutman, Sonabend und Podłaski. Dr. Singer trug den Herren seine Wünsche vor, worauf Winograd erklärte, dass die Erledigung dieser Sache die Kompetenz des Komitees überschreiten würde und dass daher diese grundsätzliche Angelegenheit dem Präses persönlich vorgelegt werden müsste.
Da der Präses unmittelbar darauf beim Komitee erschien, liessen sich die Herren Dr. Singer und Dr. Bondy beim Präses anmelden, der sie auch sofort empfing. Der Präses zeigte volles Verständnis für die Wünsche der beiden Herren und sprach sich mit ihnen etwa ½ Stunde lang über diesen Fragenkomplex aus. Er verlangte dann eine Liste der zu schützenden Personen. Dr. Singer versprach diese Liste noch am nächsten Tage dem Präses einzuhändigen.
Somit ist zu hoffen, dass ein Grossteil der eingesiedelten Intelligenz vor dem harten Schicksal der Aussiedlung bewahrt werden wird.

Approvisation

Heute Sonntag ist eine leichte Besserung festzustellen. Es kamen: ca. 10,000 kg Kohlrabi, ca. 4,000 kg Weisskohl, 750 kg Salat, 5,700 kg Rote Beete und ca. 23,000 kg Kartoffeln. An Fleisch kamen nur 610 kg Pferdsfleisch.
Eine Gemüse-Ration gelangt ab heute zur Ausgabe u.zw.:
        1 kg Kraut und ½ kg Rote Beete /Botwinki/.

Sanitätswesen

Die heute gemeldeten ansteckenden Krankheiten: keine

Tagesbericht von Montag, den 10. Juli 1944   Tageschronik Nr. 191

Das Wetter:	Tagesmittel 24-36 Grad, heiss. In den Abendstunden kurzes heftiges Gewitter.
Sterbefälle:	39, Geburten: 1 m.
Festnahmen:	Diebstahl: 1, Verschiedenes: 1
Ausweisung:	700 Personen /auf Arbeit ausserhalb des Gettos, IV. Transp. vom 30.VI.1944./
Bevölkerungsstand:	73.067

Tagesnachrichten

Zur Arbeit nach ausserhalb des Gettos. Heute ist der VIII. Transport mit 700 Personen, unter Führung des Arztes Dr. Felix Proskauer /Berlin/ abgegangen. Die Abfertigung vollzog sich wie üblich ohne jeden Zwischenfall. Mit dem heutigen Transport sind 202 Männer und 498 Frauen gegangen, davon ein ganz kleiner Prozentsatz Eingesiedelte aus dem Westen.

Der Oberbürgermeister im Getto. Heute besichtigte der Oberbürgermeister Dr. Bradfisch die Abbruchstelle an der Holzstrasse.

Ordnungsdienst-Männer zum Abbruch. Auf Anordnung des Präses wird der Ordnungsdienst 6% der Mannschaft zur Arbeit an der Abbruchstelle dirigieren. Die Delegierten behalten alle die O.D.-Zusatz-Zuteilungen und überdies die Lang- bzw. Schwerarbeiterzuteilung für die 4 Wochen der Delegierung.

Die Sonderabteilung soll in den nächsten Tagen eine Reduktion der Mannschaft vornehmen. Es dürften 10 O.D.-Männer entlassen werden.

Die Abbrucharbeiten Holzstrasse – Scheunenstrasse werden beschleunigt durchgeführt. Das Terrain der Abbruchstelle ist vom Getto isoliert, da dort auch polnische Arbeiter beschäftigt werden.

Approvisation

Eine leichte Besserung ist festzustellen. Heute sind die ersten Frühkartoffeln u.zw. 1530 kg im Getto eingetroffen. Ferner kamen 19,730 kg alte Kartoffeln, 3,860 kg Kohlrabi, 13,320 kg Mairettich, 1680 kg Rote Beete, 1160 kg Salat und 1160 kg Schoten. Auffallend ist, dass neuerdings 2900 kg Brot /1450 Laib/ eingelaufen sind. Fleisch ist heute etwas schwächer mit 1060 kg.

Ration. Ab heute werden in den Verteilungsstellen 40 dkg Schoten, sehr schlechter Qualität, ausgegeben.

Ressortnachrichten

In allen Hausschuhbetrieben herrscht allgemeiner Stillstand. Es besteht keine Hoffnung diese Betriebe auch späterhin aufrecht zu erhalten. Sie werden zweifellos nach der Aussiedlung liquidiert werden.

Man hört, man spricht.....

..... dass die Approvisation sich in den nächsten Tagen wesentlich bessern wird. Vor allem will man wissen, dass etwa 50 Waggons Kartoffeln hereinkommen sollen. Die Gemüseabteilung bestätigt zwar, dass grössere Mengen Kartoffeln zugesichert wurden, ist aber hinsichtlich der tatsächlichen Belieferung sehr skeptisch.

..... dass auch Frischgemüse in grösseren Mengen hereinkommen soll. Dieses Gerücht hat wohl eine natürliche Unterlage. Die Saison ist vorgerückt und warum sollte nicht gerade jetzt Gemüse in grösseren Mengen hereinkommen. Ausserdem ist das schon immer so gewesen. Sowie das Getto unter Aussiedlungen schwer zu leiden hat, bessert sich die Approvisation.

Sanitätswesen

Die heute gemeldeten ansteckenden Krankheiten: 24 Tuberkulose
Die Todesursache der heutigen Sterbefälle:
19 Lungentuberkulose, 1 Nierenentzündung, 2 Bauchfelltuberkulose, 5 Lungenkrankheiten, 9 Herzkrankheiten, 1 Arterienverkalkung, 1 Gehirnschlag, 1 Grippe.

Tagesbericht von Dienstag, den 11. Juli 1944   Tageschronik Nr. 192

Das Wetter: Tagesmittel 22-36 Grad, sonnig, heiss.

Sterbefälle: 16,   Geburten: 2 m.

Festnahmen: Verschiedenes: 1

Bevölkerungsstand: 73.053

Tagesnachrichten

Das Abbruchsgebiet. Die Abbruchstelle zwischen den Strassen Am-Bach – Scheunenstrasse, bzw. Holzstrasse wurde von der Stadtverwaltung übernommen. Es werden dort nur polnische Arbeiter arbeiten.

Auch die Feuerwehr muss 6% der Mannschaft auf 4 Wochen zu den Abbruchstellen delegieren. Auch diese Mannschaften behalten ihre besonderen Zuteilungen.

Das Gericht des Aeltesten stark reduziert. Die Beamtenschaft des Gerichts wurde gestern über Anordnung des Präses so reduziert, dass nur etwa 16 Personen verblieben sind. Selbst die richterlichen Personen wurden in die Produktion beordert, so z. B. die Richter Bytenski und Dr. Feygl[21] in die Metall-Abteilung I.

Die Befreiung der eingesiedelten Intelligenz. Dr. Singer und Dr. Bondy überreichten heute dem Präses die von ihm verlangte Liste der zu befreienden Personen. Der Präses traf jedoch nicht sofort die Entscheidung, sondern beauftragte beide Herren, die vorgeschlagenen Personen für morgen 6 Uhr abends beim Arbeitsamt stellig zu machen, wo er die Personen selbst mustern will.
Die beiden genannten Herren übernahmen es, die in Frage kommenden Personen rechtzeitig stellig zu machen.

Im Auftrage des Präses musterte der Leiter des Arbeitsamtes, Fuchs, verschiedene Abteilungen wie z. B. Darlehenskassa, Zentralbuchhaltung und Referat für Büroarbeiten. Die ausgemusterten Personen wurden verschiedenen Betrieben zugeteilt, u.zw. Holzbetrieb I & IV /Winograd/, Metallabteilung I, Baugelände und Abbruchstelle.

Approvisation

Der heutige Gemüseeinlauf ist wieder etwas schwächer. Es kamen nur 4190 kg Möhren, 7900 kg Kohlrabi, 2600 kg Rote Beete und 1300 kg Frühkartoffeln. Dagegen kam heute etwas mehr Fleisch u.zw. 2240 kg.

Auch heute erhielt das Getto wieder 2170 kg Brot.

Sanitätswesen

Die heute gemeldeten ansteckenden Krankheiten: 9 Tuberkulose
Die Todesursache der heutigen Sterbefälle:
11 Lungentuberkulose, 1 Hirnhauttuberkulose, 3 Herzkrankheiten, 1 Gehirnbluterguss.

Tagesbericht von Mittwoch, den 12. Juli 1944   Tageschronik Nr. 193

Das Wetter:	Tagesmittel 18-30 Grad, sonnig, heiss.
Sterbefälle:	14, Geburten: 6 /5 w., 1 m./
Festnahmen:	Verschiedenes: 2
Bevölkerungsstand:	[keine Angabe]

Tagesnachrichten

Zur Arbeit ausserhalb des Gettos. Heute morgens ist der IX. Transport abgegangen. Mit diesem Transport ging kein Arzt mit. Bestimmt war Dr. Grödel, Köln, der jedoch in letzter Minute zurückgezogen wurde und voraussichtlich mit dem nächsten Transport abgehen wird. Es gingen wieder 700 Personen, sodass insgesamt mit diesem Transport 6.496 Personen bereits ausgereist sind.

Die Lage wird immer gespannter, weil die Kommission mit der Gestellung des erforderlichen Menschenmaterials nicht mehr zu Rande kommt. Der Präses hat sich daher zu schweren Massnahmen entschliessen müssen. Durch Nachtrazzien werden die Menschen aufgetrieben. Die Ordnungsdienstabteilungen bekommen Listen, holen die Menschen aus den Betten, konzentrieren sie in den Revieren und liefern sie dann tagsüber in das Zentralgefängnis ein.

Die Aktion Dr. Singer – Dr. Bondy. Dr. Singer liess die zum Präses bestellten Personen, die zur Befreiung vorgeschlagen sind, heute in den Vormittagstunden zu sich rufen und instruierte sie für die bevorstehende Musterung durch den Präses. Um 6 Uhr abends fanden sich die ca. 70 Personen im Arbeitsamt ein.
Der Präses hielt zunächst eine kurze Ansprache, in der er ausführte, dass seine Lage ausserordentlich schwierig sei: »Mit zwei Hämmern, so sagt er, schlägt man auf mich ein. Der eine auf mein Herz, der andere auf mein Gehirn. Das Herz will nicht bewilligen, was der Verstand verlangt und doch muss das schwere Problem gelöst werden. Ich sehe ein, es müssen gewisse Rücksichten geübt werden und ich will sie üben so gut ich kann.« –
Sodann liess der Präses jeden Einzelnen nach der Liste vor und behandelte jeden Fall individuell. Bis auf einen einzigen Fall, in welchem die Frau, um die es sich handelt, verschwiegen hatte, dass sie bereits seit mehreren Tagen die Vorladung hatte, bewilligte der Präses alle Befreiungen. Zwei Fälle hievon waren schon brennend, weil sie sich schon im Zentralgefängnis befanden. Der Präses hat diese beiden Fälle persönlich telefonisch mit dem Zentralgefängnis im Laufe des Nachmittags erledigt.

Damit hat der Präses volles Verständnis für die wenigen, noch vorhandenen Eingesiedelten bewiesen, die Verdienste haben, bzw. von denen noch gewisse Leistungen zu erwarten sind.
Wenn auch die Initiative von Dr. Oskar Singer ausgegangen ist, so ist die Durchführung der Aktion in erster Linie der Mithilfe von Rechtsanwalt Neftalin und Kommandant Reingold zu verdanken.

Approvisation

Leichte Besserung in der Gemüsezufuhr. Heute kamen 5,530 kg Rote Beete, 10,060 kg Möhren, 22,870 kg Weisskohl, 2080 kg Kohlrabi, 920 kg Radies[22]. An Fleisch kamen heute 2,530 kg. Auch heute kamen wieder 3,300 kg Brot aus der Stadt.

Kleiner Getto-Spiegel.

Aepfelchen wohin rollst Du? /Fortsetzung/.
Inzwischen stopft der Knabe in sich hinein was Platz hat. Er hat sich ja gestellt und hat vollen Anspruch auf den Kaufpreis. Er hofft, gestärkt, erholt, das Zentralgefängnis verlassen zu können. Aber das Uebermass an Essen scheint ihm nicht gut bekommen zu haben, er erkrankt. Er wird aus dem Zentralgefängnis entlassen, die Mutter nimmt ihn in häusliche Pflege. Nun liegt er heute mit hohem Fieber todesmatt allein in der Stube, denn die Mutter rast von Arzt zu Arzt, von Protektion zu Protektion, Typhusverdacht …
Der Vater liegt noch im Spital. Hoffen wir, hoffen wir …

O[skar].S[inger].

Sanitätswesen

Die heute gemeldeten ansteckenden Krankheiten: keine
Die Todesursache der heutigen Sterbefälle:
3 Lungentuberkulose, 2 Lungeninfiltration, 1 tuberkul. Bauchfellentzündung, 2 Herzkrankheiten, 1 Arterienverkalkung, 2 Hirnhautentzündung, 1 Bauchfellentzündung, 1 Darmentzündung, 1 Lebensunfähig /neugeborenes Kind/.

Tagesbericht von Donnerstag, den 13. Juli 1944   Tageschronik Nr. 194

Das Wetter: Tagesmittel 16-29 Grad, zeitweise bewölkt, dann sonnig.

Sterbefälle: 15,   Geburten: keine

Festnahmen: Diebstahl: 1,   Verschiedenes: 1

Bevölkerungsstand: 72.331

Brand: Am 12.7.1944 wurde die Feuerwehr um 18,55 Uhr nach dem Hause Sulzfelderstr. 7 alarmiert, wo starker Funkenflug aus dem Kamin des Hauses festgestellt wurde. Die Kamine wurden gefegt.

Selbstmord: Am 13.7.1944 verübte der Zysman Aron geb. 23.5.1883, wohnhaft Kräutergasse 17, durch Erhängen Selbstmord. Der Arzt der Rettungsbereitschaft stellte den eingetretenen Tod fest.

Tagesnachrichten

Kommission im Getto. Eine SS-Kommission besichtigte einige Betriebe des Gettos.[23]

Razzia in den Mittagstunden. Eine neuartige Methode Menschen aufzugreifen, die sich nicht gestellt haben. Die Erfahrung lehrt, dass die Säumigen sich nur in der Nacht verbergen, tagsüber sogar zur Arbeit gehen und sich in den Strassen bewegen. Wie fasst man diese Menschen? Es ist einfach wie eine Ohrfeige. Ordnungsdienst-Männer durchstreifen eine Strasse, sperren sie plötzlich ab und treiben alle Menschen, deren sie nur habhaft werden können, an irgendeinen Punkt zusammen. Diese Menschen müssen sich legitimieren. Aber an diesen Punkten spricht niemand mit ihnen. Die Formalitäten können erst am Revier erledigt werden. Hie und da gelingt es durch Protektion rascher frei zu kommen, sonst dauert die Prozedur bis in d[ie] späten Abendstunden. Das Resultat ist sehr gering. Die wirklich Gefährdeten haben von der Sache Wind bekommen und verkrochen sich auch bei Tag.
Ein beschämendes, erschütterndes Bild der Strasse. Juden hetzen Juden wie Treibwild. Eine richtige Judenhatz, von Juden organisiert. Aber was ist zu tun, man hat keinen Rat. Wer vorgeladen ist muss sich stellen. Kommt er frei, ist gut, kommt er nicht frei, muss er gehen, da[s] ist das harte Gesetz der Stunde.

Approvisation

Gesteigerte Einfuhr von Weisskohl. Scheinbar wird es in dieser Saison von diesem Gemüse mehr geben als im Vorjahre.

Heute erhielt das Getto 64,650 kg Weisskohl, 2,330 kg Kohlrabi, 2,230 kg Möhren, 1,761 kg Mairettich, 1,100 kg Porree und nochmals 42,160 kg Weisskohl. An Fleisch erhielt das Getto heute 2,546 kg.

Kleiner Getto-Spiegel.

Schreck in den Gassen. So oft es im Getto eine Aktion gibt, die der Ausreise aus dem Getto gilt, entstehen Spannungen, Konflikte, Tragödien. Das Bild des Gettos verändert sich, sogar das Strassenbild.
Die Transporte des Juli 1944 gingen immer knapper zusammen. Die Menschen stellten sich nicht, in der vagen Hoffnung, dass es ja »zu Ende gehe«, daher ein Antreten im Zentralgefängnis purer Leichtsinn sei.
Es kam der 13. Juli, der Donnerstag vor dem Freitag, an dem wieder ein Transport fällig war. Die Menschen gingen wie immer über die Strassen, zu den Küchen, in die Ressorts und Abteilungen, als – wie aus dem Boden emporgewachsen von rechts und links O.D.-Männer auftauchten – und alles, was gerade anwesend war, zusammendrängte.
»Tore schliessen!« riefen einige O.D.-Männer und hielten die Torflügel fest, die zu einer Küche führten. Dahinter staute sich die Menge. »Was ist los? Lasst uns gehen! Wir müssen unsere Mittage /Suppen/ nachhause tragen!« schreien die Frauen durcheinander. Sie bekamen keine Antwort.
Die Jagd ging weiter. Jeder, der über die Strasse ging, war der Gefahr ausgesetzt den Häschern in die Hände zu fallen.
Allen war der Schreck in die Glieder gefahren. Man trieb die Menschen zusammen. Sie gingen, vorn und hinten von Polizisten bewacht, in die Reviere, wo sie gesichtet wurden. Stunden vergingen. Es war allmählich Spätnachmittag geworden.
»Gehen Sie nicht über die Gasse, Sie werden abgefangen werden!« So warnte einer den anderen.
Das Getto war wie gelähmt. Die Glieder wurden schlaff, in der Gurgel sass die Panik und liess nicht los. Solch eine Razzia hatte das Getto in den vier Jahren seines Bestandes nicht erlebt.
Erst gegen 5 Uhr, als sich die Tore der Ressorts öffneten und die Menschen auf die Strasse spien, legte sich die Erregung.
Der 13. Juli 1944 war ein Tag des Schreckens. Die Ausbeute war gering. Keine 50 Menschen, deren man für den Transport habhaft werden konnte.
»Wir haben doch etwas von unseren Hütern gelernt …. die Jagd auf Menschen …«, sagte ein Philosoph des Gettos.

O[skar].R[osenfeld].

Sanitätswesen

Die heute gemeldeten ansteckenden Krankheiten: keine Meldungen
Die Todesursache der heutigen Sterbefälle:
7 Lungentuberkulose, 2 Lungenkrankheiten, 5 Herzkrankheiten, 1 Dickdarmkatarrh.

Tagesbericht von Freitag, den 14. Juli 1944   Tageschronik Nr. 195

Das Wetter: Tagesmittel 20-34 Grad, sonnig.

Sterbefälle: 10,   Geburten: keine

Festnahmen: Verschiedenes: 2

Bevölkerungsstand: 72.321

Tagesnachrichten

Zur Arbeit ausserhalb des Gettos. Heute morgens ist der X. Transport mit wieder 700 Menschen ausgereist. Als Arzt ging Dr. Grödel /Köln/ mit.

Auch in der vergangenen Nacht wurden die Razzien zur Stelligmachung säumiger Personen fortgesetzt, denn die im Zentralgefängnis verbliebene Reserve ist sehr gering.
Das Getto hat mit dem heutigen Transport insgesamt 7,196 Menschen abgegeben. Die Schwierigkeiten werden jetzt von Tag zu Tag grösser. Die Ressorts halten ihre guten Leute mit den Zähnen fest und die Abteilungen wollen das junge Menschenmaterial nicht hergeben, weil sie mit älteren Leuten nicht arbeiten können. Vergeblich trommelt der Präses den Leitern ein, dass man in dieser Lage sogar qualifizierte Arbeiter und selbst Instruktoren hergeben müsse. Dazu kommt, dass der Protektionsapparat mit allen Registern spielt.
Das Getto geht schwersten Stunden entgegen, denn nun greift die Aussiedlung sozusagen an das Herz, an das beste und wertvollste Menschenmaterial.
Man kann es nicht genug oft wiederholen, dass bei dieser Methode, die darin besteht, dass einer den andern herausschickt, selbstverständlich nur die Menschen geopfert werden, die sich's eben nicht richten können, also nicht zur sogenannten Gesellschaft gehören, unabhängig davon, dass natürlich auch unter ihnen sehr viele wertvolle Individuen sind. Aber es ist nun einmal auch im Getto so wie sonst im Leben, der Stärkere frisst den Schwächeren. Jemand muss gehen. 700 Menschen pro Transport. Die Leute, die am Ruder sind, werden ihr eigen Fleisch und Blut nicht herausschicken, so ist auch hier das Schicksal eine Marktfrage. Das ist die nackte Tatsache.
Die Frage, ob der Ausreisende oder der Verbleibende das bessere Los zieht, steht hier nicht zur Diskussion. Nur am Rande sei bemerkt, dass die allgemeine Ansicht die ist, dass die Ausreisenden keinem schlimmen Schicksal entgegen gehen und man erwartet mit Bestimmtheit, dass sie tatsächlich zur Arbeit eingesetzt werden und dass man sie menschlich behandeln wird. Deswegen verlangt auch der Präses, dass man nur wirklich gesunde und arbeitsfähige Menschen aussenden soll.

Approvisation

Der heutige Tag brachte: 47,485 kg Weisskohl, 6,660 kg Kohlrabi, 4755 kg Rettich, 26,750 kg Möhren, 985 kg Rote Beete und 600 kg Zwiebeln.
Also eine wesentliche Besserung in der Belieferung mit Frischgemüse, insbesondere mit Weisskohl, begrüsst die Bevölkerung, zumal im Vorjahr nicht ein Krautkopf zur Verteilung kam. Sehr gebessert ist die Fleischeinfuhr mit 4,700 kg am heutigen Tag.

Sanitätswesen

Die heute gemeldeten ansteckenden Krankheiten: keine
Die Todesursache der heutigen Sterbefälle: 7 Lungentuberkulose, 1 Lungenentzündung, 1 Herzmuskelschwäche, 1 Selbstmord.

Tagesbericht von Sonnabend, den 15. Juli 1944   Tageschronik Nr. 196

Das Wetter:	Tagesmittel 16-26 Grad, bewölkt, nachdem es die ganze Nacht geregnet hat.
Sterbefälle:	20, Geburten: 5 /2 m., 3 w./
Festnahmen:	Verschiedenes: 1
Bevölkerungsstand:	71.606
Ausweisungen:	700 /Personen, zur Arbeit ausserhalb des Gettos, V. Transport am 3.7.1944/

Tagesnachrichten

Jubel im Getto. So glücklich war das Getto noch nie. Heute gegen Mittag erhielt der Aelteste den Auftrag die Aktion der Aussiedlung zu stoppen. Der Präses rief selbst sofort die Kartenstelle an und ordnete an, dass sämtliche Blockierungen der Lebensmittelkarten sofort aufgehoben werden. Wie ein Pfeil schoss er mit seiner Droschke durch die Stadt, von Ressort zu Ressort und ins Zentralgefängnis.

Die Menschen umarmten sich auf der Strasse, küssten sich in den Abteilungen und Ressorts: »Keine Aussiedlung mehr«!

Man dachte erst gar nicht darüber nach, ob dies nur eine kurzfristige Unterbrechung oder eine endgültige Einstellung der Transporte ist. Eines ist sicher, für Montag wird kein Transport mehr vorbereitet. Das Getto hat sich abgewöhnt länger als in Stunden zu denken. Erst wollte man's nicht glauben. Nach soviel Jammer will man auch eine glückliche Nachricht nicht recht glauben. Allmählich aber überzeugt sich das Getto, dass es wirklich so ist und man kann sich denken, was für eine Entspannung das bewirkte. Am Nachmittag schon sah man die ersten Entlassenen aus dem Zentralgefängnis und den Punkten[24] mit ihrem Gepäck durch die Strassen wandern, zurück in ihre Wohnungen. Aber diese Wohnungen sind zum grössten Teil nur noch leere vier Wände, denn alles Hab und Gut wurde doch so rasch als möglich verklopft[25]. Kein Bett, kein Stuhl, kein Schrank, ja man wird auf der Erde schlafen, man wird sich schon wieder helfen. Der Gettomensch ist wie eine Katze, fällt immer auf die Beine, er wird wieder alles schaffen. Die Zentraleinkaufstelle wird wohl alles zurückgeben. Der Präses wird sicherlich dafür sorgen, dass den Rückkehrern aus dem Zentralgefängnis und den Punkten geholfen wird.

Die Kommission im Zentralgefängnis und das Zwischen-Ressort-Komitee kann nur noch Bilanz machen. Im Zentralgefängnis wird es manchen geben, der den plötzlichen Abschluss bedauern wird. Man hat ja gut gelebt, am Unglück der anderen sich vollgefressen. Aber das Getto geht über die Enttäuschung dieser wenigen Menschen hinweg. Alles in allem ein Jubeltag im Getto wie noch nie.

Gegen ½ 7 Uhr morgens wurde der Verkehr an den beiden Toren an der Hohensteinerstrasse gesperrt. Um 7 Uhr morgens marschierte ein Zug von etwa 1000 russischen Kriegsgefangenen, die in irgendeinem Gefangenenlager bei Litzmannstadt beschäftigt sind, durch die Hohensteinerstrasse. Gegen ½ 3 Uhr bewegte sich derselbe Zug in umgekehrter Richtung.

Approvisation

Eine weitere Besserung in der Frischgemüsezufuhr. Heute schon 144,000 kg Weisskohl, 18,000 kg Möhren, 4,600 kg Kohlrabi, 1000 kg Rote Beete und 4,700 kg Mairettich. Gottlob es gibt wieder was zu essen.
Auch Fleisch kam wieder herein u.zw. 1500 kg.
Ration. Betr.: Lebensmittelzuteilung.
Ab Sonntag, den 16. Juli 1944, 6 Uhr früh, wird auf Coupon Nr. 65 der Nahrungsmittelkarte an alle in den für sie zuständigen Verteilungsstellen für die Zeit vom 17.7.1944 bis zum 23.7.1944 einschl. folgende Ration pro Kopf herausgegeben:

300 Gramm	Roggenmehl,	100 Gramm	Suppenpulver,
100 "	Roggengrütze,	500 "	Kaffeemischung,
250 "	Zucker, weiss,	100 "	Erbsenblattmehl,
250 "	Brotaufstrich,	10 "	Zitronensäure,
60 "	Oel,	20 "	Natron.

für den Betrag von Mk. 7.75.

Weiterhin werden pro Familie
1 Schachtel Streichhölzer
1 Päckchen Waschpulver
für den Betrag von Mk 1.-- ausgefolgt.
Ferner gelangen ab Sonnabend, den 15.7.1944 an alle in den für sie zuständigen Milchverteilungsstellen auf Coupon Nr. 63 der Nahrungsmittelkarte
30 Gramm Butter pro Kopf
für den Betrag von Mk 0.50
zur Verteilung.
Litzmannstadt, den 15.7.1944   Gettoverwaltung.

Sanitätswesen

Die heute gemeldeten ansteckenden Krankheiten: keine
Die Todesursache der heutigen Sterbefälle:
11 Lungentuberkulose, 7 Herzkrankheiten, 1 Darmriss [wegen] Darmverschluss, 1 Gehirnquetschung /Unfall/.

Tagesbericht von Sonntag, den 16. Juli 1944 Tageschronik Nr. 197

Das Wetter:	Tagesmittel 20-31 Grad, bewölkt, doch sehr warm. In den Abendstunden kurzes Gewitter mit heftigem Regen.
Sterbefälle:	keine, Geburten: 1
Festnahmen:	Verschiedenes: 1
Bevölkerungsstand:	[keine Angabe]

Tagesnachrichten

Versammlung der Leiter, Rede des Präses. Der Präses hatte sämtliche Leiter der Betriebe und Abteilungen für 11 Uhr Vormittag in die grosse Maschinenhalle der Metall-Abteilung I, Hanseatenstr. 63, einberufen. Er erschien mit A. Jakubowicz und Kommandant L. Rosenblatt um 12 Uhr, betrat sofort die Tribüne und hielt folgende Ansprache: »Etwa 7,500 Menschen haben im Zuge der letzten Aktionen das Getto verlassen, sodass jetzt ungefähr 68,700 Menschen im Getto leben.[26] Es ist klar, dass der Weggang sovieler Menschen Lücken in die Reihen der Arbeiterschaft der verschiedenen Betriebe gerissen hat und dass dadurch die Produktion einigermassen gelitten hat oder leiden könnte. Nun aber, nachdem die Transporte unterbrochen sind, verlangt man von mir eine Erhöhung der Produktion. Es ist jetzt unsere Aufgabe die Lücken wieder aufzufüllen und von morgen an muss die Produktion wieder normal gehen, im Gegenteil sie muss wesentlich verbessert werden. Ich habe es selbst in die Hand genommen die Ordnung wieder herzustellen. Das Arbeitsamt hat im Augenblick kein Recht Arbeitszuteilungen zu geben, sondern es muss jeder einzelne Fall mir persönlich vorgelegt werden und ich selbst werde individuell eine Entscheidung treffen.

Wir werden gezwungen sein einzelne Ressorts völlig zu liquidieren, andere wieder zu fusionieren, sodass man die freiwerdenden Arbeitskräfte dort wieder einsetzen könn[t]e, wo sie im Augenblick am dringendsten gebraucht werden. Einzelne Fabriken werden Nachtschichten einführen müssen und auch da wird es notwendig sein durchgreifend zu reorganisieren. Dazu ist es notwendig, dass sich die Leiter der einzelnen Betriebe ins Klare darüber kommen, was sie entbehren, bzw. was sie brauchen können. Noch heute bitte ich Sie, meine Herren Leiter, sich hinzusetzen und die Lage in Ihren Betrieben genauestens zu studieren, um mir dann genaue Ziffern geben zu können. Möglich, dass es mit dem älteren Material an Menschen schwerer gehen wird, dagegen lässt sich nichts tun. Die Produktion muss erreicht werden und man wird notfalls um zwei Stunden länger arbeiten müssen. Das ist eben der Zweck unserer heutigen Zusammenkunft. Ihr alle müsst es Euch sehr gut überlegen, wie Ihr es anstellt. Eine Richtlinie kann ich Euch jetzt schon geben, die Büros müssen auf mindestens

75% reduziert werden. Ueberdies müssen die jüngeren Kräfte in die Produktion und man wird, ob man will oder nicht, in den Büros mit älteren Leuten arbeiten müssen. Ich weiss, auch das wird schwer sein, aber besser so schwer, als anders noch schwerer. Das muss bis Mittwoch, den 19. ds. Mts. durchgeführt sein. Das gleiche gilt für die Abteilungen. Auch hier müssen die Leiter sich im Klaren sein, dass wir unsere Administrative auf ein Minimum reduzieren müssen. Es gibt in diesem Zusammenhang eine Menge schwieriger Fragen, die zu lösen sein werden, aber so, wie wir uns immer schon in noch schwierigeren Lagen Rat gewusst haben, werden wir auch jetzt die Lage meistern müssen. Ich weiss, wir haben Frauen, die zu Hause kleine Kinder haben, oder kranke Angehörige. Aber sie werden zur Arbeit gehen müssen.
Ich weiss, dass die Frauen der Herren Leiter oft nur pro forma gearbeitet haben und auch das muss aufhören. Ich werde sonst gezwungen sein eine spezielle Fabrik einzurichten, für diese Damen, um sie zur Arbeit in der Produktion zu zwingen. Wir sind in einer schwierigen Lage. Wir müssen uns dessen bewusst sein, dass wir uns in einem Lager befinden. Diesen Bedingungen müssen wir uns unter allen Umständen anpassen. Auch die Praxis der Durchlass-Scheine muss strenger werden.
Zunächst werden wir also wahrscheinlich folgende Betriebe zu Gänze liquidieren: Teppich-, Hausschuhe- und Hut-Abteilung.
Die Umschichtungskommission wird die Frage der Jugendlichen studieren und entsprechende, den heutigen Umständen angemessene, Schritte unternehmen. In der Frage der Kinderfürsorge werde ich noch entsprechende Weisungen geben. Mein Programm ist sehr kurz, es muss aber auch in sehr kurzer Zeit verwirklicht werden. Daher beauftrage ich mit der Reorganisation der Schneiderbetriebe Herrn Grossman[27] und den Leiter von Jakuba[28] 16, Inzelsztajn[29], und für die Tischlerbetriebe Herrn Terkeltaub[30]. Mit der Reorganisation der inneren Abteilungen werde ich noch mit Rechtsanwalt Neftalin zu sprechen haben.
Ich hätte gerne von Euch Anregungen gehört, /der Präses musste für kurze Zeit die Versammlung unterbrechen, da ein heftiges Gewitter seine Stimme übertönte/, aber ich höre auch keinen Widerspruch und ich weiss, dass Ihr alle mit mir einverstanden seid.
So schliesse ich meine Ausführungen, mit der dringenden Aufforderung an Euch, mitzuhelfen an der Reorganisation unserer Produktion.
Wer in dieser Zeit nicht mit allen Kräften dabei ist, schädigt nur unser eigenes Interesse, das Interesse des Gettos.« ---
Die Zusammenkunft der Leiter fand im Zeichen der allgemeinen Entspannung statt. Der Präses war in guter Verfassung und die Versammlungsteilnehmer aufnahmefähig. Trotzdem liess sich aus dem Plenum keine Stimme zu den aktuellen Problemen vernehmen. Es wird auch diesmal so sein, dass sich jedermann auf die Entscheidungen und die sichere Hand des Präses verlassen wird und dass er

von sich aus alle schwebenden Fragen lösen wird, die sich aus der neugeschaffenen Lage ergeben.
Eine ernstliche Störung der für das Getto wichtigsten Betriebe lag sowieso nicht vor, da ja aus diesen Betrieben nennenswerte Kontingente nicht abgegeben wurden. Am meisten betroffen waren durch diese Aussiedlung wohl nur die leichten, sozusagen Nebenbetriebe, die, wie der Präses angekündigt hat, sowieso liquidiert werden. Grössere Aufträge haben zur Zeit nur die Schneidereibetriebe, sodass anzunehmen ist, dass sich das produktive Leben des Gettos wieder sehr rasch ins alte Geleise bringen lassen wird.
Man hatte den Eindruck, als ob der Präses die Leiter wieder fester bei der Hand nehmen wollte, um nach dem Schock der letzten Tage ein Absinken des Verantwortungsbewusstseins im Allgemeinen und der Produktion im Besonderen unter allen Umständen zu vermeiden.

Dr. Klozenberg, der bekannte Nervenarzt, ist seit einiger Zeit schwer krank. Da in den letzten Tagen typhöse Erscheinungen hinzugetreten sind, befürchtet man für die nächsten Stunden das Schlimmste.

Approvisation

Die Lage bessert sich infolge reichlicher Zufuhr von Frischgemüse. Am heutigen Sonntag kamen 5,000 kg Kartoffeln, 6,270 kg Kohlrabi, 25,300 kg Möhren, 21,000 kg Rettich, 3580 Rote Beete, 8,170 kg Schoten, 3,750 kg Wirsingkohl und 161,680 kg Weisskohl.
Schwarzhandelspreise: 1 Laib Brot Samstag noch 1200 Mk, heute Mk 800, Zucker 1600 Mk, heute 1000 Mk. Alle anderen Lebensmittel entsprechend dem Brotpreis gefallen.
Eine Erklärung für den Preissturz ist der Umstand, dass durch die Deblockierung aller Karten die rückständigen Brotrationen ausgefolgt werden, sodass beispielsweise eine viergliedrige Familie für die Dauer von 4 Wochen, in welcher Zeit sie sich verborgen gehalten hat, plötzlich 16 Brote besass. Demzufolge ist die Nachfrage nach Brot einigermassen geringer.
Eine Ressortsuppe, die gestern noch 23 Mk gekostet hat, kostet heute schon 15 Mk. Eine weitere Senkung ist zu erwarten.

Sanitätswesen

Die heute gemeldeten ansteckenden Krankheiten: 6 Tuberkulose, 1 Ruhr.

Tagesbericht von Montag, den 17. Juli 1944   Tageschronik Nr. 198

Das Wetter:	Tagesmittel 15-20 Grad, es regnet unaufhörlich.
Sterbefälle:	39, Geburten: keine
Festnahmen:	Diebstahl: 2, Verschiedenes: 4
Bevölkerungsstand:	[keine Angabe]
Brand:	Am 16.7.1944 wurde die Feuerwehr um 13,10 Uhr nach dem Hause Goldschmiedegasse 18 alarmiert, wo durch einen Kurzschluss, der durch einen Blitzschlag verursacht wurde, die Telefon-Installation in Brand geraten war. Der Brand wurde gelöscht.
Erschiessung am Draht.	Am 17. Juli 1944 wurde die Zarzweska Mindla, geb. 22.6.1910, wohnhaft Am-Bach 15, zwischen 6,30 Uhr und 7 Uhr, am Drahtzaun bei der Holz- und Hermann Göringstr., ausserhalb des Gettos, erschossen.

Tagesnachrichten

Todesfall. Im Alter von 68 Jahren ist in der Nacht auf heute der bekannte und angesehene Nervenarzt, Dr. Fabian Klozenberg nach längerer Krankheit an Paratyphus gestorben.

Nach Beendigung seiner medizinischen Studien in Warschau 1899, liess sich Dr. Klozenberg als Neurologe in Lodz nieder. Gleich nach Errichtung des Gettos wurde er vom Präses ans Krankenhaus I, als Chefarzt und Primarius[31] berufen und übte gleichzeitig die Funktion eines Konsultanten an den Krankenhäusern II., III. u. IV. aus. Später arbeitete er auch in den Ambulatorien III. u. IV.

Seine ausserordentliche Stellung als Arzt und gesellschaftliche Persönlichkeit brachte es mit sich, dass der Präses ihn zum Mitglied des Rates der Gesundheitsabteilung ernannte.

Dr. Klozenberg war bis knapp vor seiner Erkrankung als Nervenarzt tätig. Alle Bemühungen, ihn nach der schweren Infektion, die Paratyphus zur Folge hatte, zu retten, waren vergeblich. Die Teilnahme an seiner Bestattung war entsprechend seiner Popularität überaus gross. Es sprachen Worte des Abschieds der Präses, der stellvertretende Chef des Gesundheitsamtes Dr. Weinberg und Dr. Falk. Ausser seinen Arztkollegen waren Vertreter der Ressorts mit A. Jakubowicz, als Leiter aller Ressorts, an der Spitze und Dr. Miller als Vertreter des Gesundheitsamtes anwesend.

Der Verstorbene hinterlässt eine Frau, eine Tochter und eine Enkelin.

O[skar].R[osenfeld].

Selbstmord am Draht. Eine Frau Zarzewska Mindla, /siehe obigen Polizeibericht/, beging heute Selbstmord, indem sie den Drahtzaun bei der Holz- und Hermann Göringstrasse überstieg. Der diensthabende Schupomann erschoss sie. Näheres im morgigen Bericht.

Im Zuge der in der Rede vom Sonntag angekündigten Reorganisation besuchte der Präses mit Sienicki die Hutabteilung, die liquidiert werden soll, und musterte die dort Beschäftigten.

Sitzung am Baluter-Ring. Wieder Panik. Rechtsanwalt Neftalin wurde auf de[n] Baluter-Ring berufen, wo er nach einer kurzen Unterredung mit A. Jakubowicz von Amtsleiter Biebow den Auftrag erhielt bis Mittwoch, den 19. ds. Mts. 12 Uhr Mittag eine statistische Uebersicht über die Gettobevölkerung vorzulegen u. zw. geordnet nach Jahrgängen und Geschlecht. Der Amtsleiter verlangte von Rechtsanwalt Neftalin auch Angaben über Arbeitsfähigkeit der entsprechenden Jahrgänge. Da Rechtsanwalt Neftalin keine Unterlagen für solche Angaben besitzt, musste er dem Amtsleiter eine solche Aufstellung ablehnen. Der Amtsleiter nahm dies mit dem Bemerken zur Kenntnis, dass er sich diese Daten eben von der Gesundheitsabteilung verschaffen werde. Es ist nicht anzunehmen, dass auch die Gesundheitsabteilung verlässliche statistische Angaben für diese Richtung geben kann, denn diese Abteilung führt keine Evidenz der Arbeitsunfähigen.
Der Amtsleiter betonte in seiner Unterredung mit Rechtsanwalt Neftalin, dass die Angaben von der Geheimen Staatspolizei angefordert wurden und unterstrich daher die ihm erteilte Frist.
Die blosse Tatsache, dass Rechtsanwalt Neftalin zum Amtsleiter berufen wurde und dass eine Besprechung über bevölkerungsstatistische Angaben stattgefunden haben soll, versetzte das Getto neuerlich in Schrecken. Das Getto ist voller Gerüchte über den Zweck dieser vorzulegenden Statistik.

Approvisation

Die Lage bessert sich durch weiteren Einlauf an Frischgemüse. Die Nacht hindurch kamen über Bahnhof Radegast beträchtliche Mengen von Kraut und tagsüber über Baluter-Ring Kraut und Möhren.
Ab heute kommt folgende Gemüse-Ration zur Ausgabe:
2 kg Kraut, 2 kg Möhren und 1 kg Wirsingkohl.

Kleiner Getto-Spiegel.

Krach am Schleichhandelsmarkt. Durch die Einstellung der Aussiedlung ist eine vollkommene Deroute[32] der Schleichhandelspreise in Lebensmitteln eingetreten.

Brot /die Edelvaluta[33] des Gettos/ kostete in den kritischen Tagen 1400 Mk, Suppe /die Scheidemünze[34]/ 30-38 Mk, Botwinki 70 Mk das kg u.s.w. Anderes als Lebensmittel war kaum anzubringen, ausgenommen Reiseeffecten[35], wie Rucksäcke und Koffer. Das ist mit einem Schlage durch die Abstoppung anders geworden. Brot wird mit 700 Mk angeboten, Suppen kosten 15 Mk und weniger, Botwinki 45-50 Mk das kg. Der Grund für diesen Preissturz liegt auf der Hand: Die Ausgesiedelten sind nicht mehr in der Zwangslage sich, koste es was es wolle, ihrer letzten Habe, die sie ja ohnedies nicht mitnehmen können zu entledigen und die Blockierten müssen nicht mehr ihr letztes Hemd hergeben, um das nackte Leben zu erhalten. Die Schäfer haben wieder einmal die Lämmer geschoren und viele geheime Brieftaschen sind dick mit Gettomark angeschwollen.

P[eter].W[ertheimer]

Sanitätswesen

Die heute gemeldeten ansteckenden Krankheiten: keine Meldungen.
Die Todesursache der heutigen Sterbefälle:
32 Lungentuberkulose, 2 Tuberk. anderer Organe, 1 Lungenentzündung, 2 Herzschwäche, 1 Gehirnblutung, 1 Bauchwassersucht.

Tagesbericht von Dienstag, den 18. Juli 1944   Tageschronik Nr. 199

Das Wetter: Tagesmittel 17-24 Grad, es regnet weiter.

Sterbefälle: 24,   Geburten: 2 w.

Festnahmen: Verschiedenes: 2

Bevölkerungsstand: 70.846

Tagesnachrichten

Der Präses setzt die Arbeit an der Reorganisation der Betriebe fort und musterte heute die restlichen Arbeiter des Hutressorts. Morgen dürfte voraussichtlich das Hausschuh-Ressort drankommen.

Die Abteilung für Meldewesen und Statistik arbeitet an der von Amtsleiter Biebow angeforderten Aufstellung der Bevölkerung nach Jahrgängen und Geschlechtern. Diese Aufstellung wird dem Amtsleiter fristgerecht vorliegen. Ob die Gesundheitsabteilung einen Ueberblick über den Stand der Arbeitsunfähigkeit geben kann, ist noch unbekannt.

Amtsleiter Biebow bei der Sonderabteilung. Gegen 7 Uhr abends, gerade als die Paketausgabe erfolgen sollte, erschien Amtsleiter Biebow mit seinem Wagen vor der Sonderabteilung, wo er eine längere Unterredung mit M. Kliger hatte. Der Gegenstand der Unterredung ist unbekannt.
Die im Mannschaftsraum versammelten Abnehmer wurden für diesmal nachhause geschickt. Die Ausfolgung der Pakete erfolgt morgen.

Die Stimmung im Getto. Die Anforderung der Statistischen Angaben und der heutige Besuch des Amtsleiters bei Kliger sind Gegenstand lebhafter Erörterungen im Getto. Allgemeines Rätselraten und allgemeine Besorgnis. Die Gettospitzen sind der Ansicht, dass kein Grund zu ernster Besorgnis vorliegt. Man nimmt an, dass der Amtsleiter lediglich für sich genaue Daten über den Stand der Gettobevölkerung bereit haben will. Andere, pessimistisch Gestimmte glauben, dass es sich um gewisse Vorarbeiten für eine künftige Evakuation handle. Aber auch hier gilt das im Getto kursierende Bonmot des Kripo-Kommissars Sutter[36]: »Bei Rumkowski wirst Du nicht satt und beim Deutsch nicht klug werden!« --
Dass die in der Statistischen Abteilung durchgeführte Arbeit /diese Daten sind schliesslich immer vorhanden und mussten nur nach den Aussiedlungen der letzten Tage aktualisiert werden/ Anlass zu den verschiedensten Gerüchten geben, ist bei der ewigen Nervenreizung der Gettobevölkerung begreiflich. Man spricht von Listen, die angefertigt werden, und kaum hört man das Wort Listen, so hört

man auch schon, dass die Ressorts neue Listen vorzulegen hätten. An alldem aber ist kein wahres Wort.

Approvisation

Die Lage bessert sich durch grösseren ständigen Einlauf von Frischgemüse, hauptsächlich Kraut, Möhren und Kohlrabi.
Man hört, dass morgen eine Ration von ½ kg Kartoffeln herauskommen soll, schon jetzt leuchtet die Freude über die kleine Ration den Menschen aus den Augen. Hoffentlich gibt es keine Enttäuschung. ½ kg Kartoffeln..... und schon sind für den Augenblick alle schweren Sorgen der vergangenen Tage und der nächsten Stunden vergessen.
Heizmaterialien-Zuteilung. Ab Freitag, den 21.7.1944 werden an alle auf Coupon Nr. 72 der Nahrungsmittelkarte
        10 kg Schwelkoks[37] pro Kopf für den Betrag von Mk. 2.--
herausgegeben.
Die Einzahlung erfolgt lt. Verteilungsplan.

Ressortnachrichten

Die Näherei Honigweg 4 wurde bereits aufgelöst. Die Belegschaft wurde auf diverse Ressorts aufgeteilt.
Schäfte-Ressort steht noch immer ohne Arbeit und hat vorläufig keine weiteren Aufträge.
Gestapo-Kommissar Müller besichtigte die Abbruchstelle Holzstrasse – Hamburgerstrasse, und verfügte eine Beschleunigung des Arbeitstempos.

Kleiner Getto-Spiegel.

Selbstmord durch Pflichtmord. /Siehe Bericht vom 17. Juli 1944/.
Der Lebensüberdrüssige hat im Laufe der Zeit auch die Mittel modernster Technik benützt, um sein Leben wegzuwerfen. Die modernste Methode aus dem Leben zu scheiden ist wohl die, sich einfach von dem erschiessen zu lassen der dazu durch seinen Diensteid verpflichtet ist. Wir haben solche Selbstmorde im Getto schon verzeichnet. Man sagt einfach: »Selbstmord am Draht.« Im Getto hat man es nicht nötig sich selbst aufzuhängen oder aus dem 3. Stockwerk aufs Pflaster zu stürzen, sich die Pulsadern zu öffnen oder Gift in Form von grösseren Mengen Schlafmittel zu nehmen. Ertränken kann man sich nicht, weil es kein tiefes Wasser im Getto gibt. Am einfachsten und schmerzlosesten ist, man zwingt den diensthabenden Schupo diese Arbeit zu verrichten. In der ersten Gettozeit war das sehr einfach. Man näherte sich bloss den Drähten und zeigte die Absicht sie zu überschreiten und schon fiel der erlösende Schuss.

Die Lebensüberdrüssige Zarzewska Mindla hatte es diesmal nicht ganz leicht. Sie begab sich in die Blickseite des nächsten Schupos am Zaun an der Holzstrasse Ecke Hermann Göringstrasse und zeigte ihre Absicht den Drahtzaun zu übersteigen. Der Schupo eilte herbei und versuchte die Frau zurechtzuweisen. Ein älterer besonnener Reservepolizist, dem die Kugel nicht allzu locker in der Flinte steckt. Er will die Frau zur Vernunft bringen, ihr begreiflich machen, welche Gefahr ihr droht, aber sie lässt sich nicht abweisen. Zufällig erscheint ein kontrollierender Offizier der Polizei. Auch er kann die Frau nicht abschrecken, sie übersteigt den Draht. Die Dienstvorschrift ist hart: »Wer den Draht überschreitet wird erschossen!« Und so fällt der Schuss. Der Wunsch der Lebensüberdrüssigen ist erfüllt. Ist es Mord, Grausamkeit? Nein, vielleicht passt der Terminus »Pflichtmord« für einen solchen Fall.

O[skar].S[inger].

Sanitätswesen

Die heute gemeldeten ansteckenden Krankheiten: keine
Die Todesursache der heutigen Sterbefälle:
14 Lungentuberkulose, 2 Lungenkrankheiten, 4 Herzkrankheiten, 2 Tuberkulose anderer Organe, 1 Darmentzündung, 1 Schussverletzung.

Tagesbericht von Mittwoch, den 19. Juli 1944   Tageschronik Nr. 200

Das Wetter: Tagesmittel 18-34 Grad, früh bewölkt, dann sonnig, heiss.

Sterbefälle: 18,   Geburten: 1 w.

Festnahmen: Verschiedenes: 2

Bevölkerungsstand: 70.829

Tagesnachrichten

Die Nervosität im Getto hält an. Die heute vorzulegende statistische Uebersicht will den Leuten nicht aus dem Kopf. Die Oeffentlichkeit ist ja auch nicht informiert, was verlangt und vorgelegt wurde. Man spricht noch immer von einer Registrierung und Listen.

Die Unruhe steigerte sich noch, als um die Mittagsstunde Frl. Fuchs, im Kraftwagen des Amtsleiters, vor dem Gebäude Kirchplatz 4 vorfuhr, um Rechtsanwalt Neftalin abzuholen. Zwei Sensationen auf einmal: 1./ Frl. Fuchs zu Neftalin und 2./ im Auto des Amtsleiters. – Was ging vor?

Der Amtsleiter wollte dringend in die Stadt fahren und verlangte noch vorher eine Aenderung in der bereits überreichten statistischen Uebersicht, hinsichtlich der Arbeitsunfähigen, die mit etwa 7.000, schätzungsweise, angegeben wurden. Da es mit der Droschke nicht genug schnell gewesen wäre, beauftragte der Amtsleiter Frl. Fuchs, die Angelegenheit per Auto zu erledigen.

Rechtsanwalt Neftalin begab sich auf den Baluter Ring, brachte die Sache in Ordnung und das war alles.

Ferner hat der Amtsleiter Rechtsanwalt Neftalin beauftragt, statt der summarischen Angabe der Kinder von 0-9 Jahren genau die Anzahl nach Jahrgängen aufzugeben.

Der Präses setzt die Umschichtung fort, indem er heute die Arbeiter der Hausschuhabteilung musterte.

Kiwa Sienicki /Arbeitsamt/ hatte heute, infolge schwerer Ueberarbeitung während der Aussiedlung, einen ernsten Nervenzusammenbruch. In den Nachmittagsstunden besuchte ihn der Präses. Es ist das erste Mal, dass der Präses einen seiner kranken Beamten besucht und ein Beweis besonderer Wertschätzung der Person Sienicki's, ohne den er keine grössere Aktion, auf dem Gebiete des Arbeitseinsatzes, unternimmt.

Sämtliche Apotheken haben den Auftrag zur sofortigen Inventur /Remanent/. Die Apotheke am Kirchplatz ist deswegen heute den ganzen Tag geschlossen. Welchen Zweck diese Massnahme hat, weiss man nicht.

Approvisation

Ausreichender Einlauf von Frischgemüse. Heute kamen 39,480 kg Möhren, 152,770 kg Weisskohl, 7,980 kg Wirsingkohl, 8,960 kg Kohlrabi und 1640 kg Schoten. Da auch heute wieder Frühkartoffeln u.zw. 5,200 kg herein kamen, konnte eine Kartoffelration ausgegeben werden u.zw.

½ kg Kartoffeln pro Kopf

Die Gemüseverteilungsstellen Hanseatenstrasse 1-3 und Basar-Platz sind heute ab 2 Uhr Nachmittag geöffnet, um die Abfertigung der Kraut- und Möhrenration zu beschleunigen.
Man spricht schon von einer neuen 5 kg Kraut-Ration.

Ressortnachrichten

L.N.S.-Zuteilung für Wäschereien. Ueber Anordnung der Gettoverwaltung wurde allen Arbeitern der Waschanstalten die Lang- bzw. Schwerarbeiter-Zuteilung bewilligt.
Neuer Abbruch. Die Abbruchstelle hat ein weiteres Gebiet übernommen u.zw. wird das Terrain Hohensteinerstrasse 49 bis Hausierergasse, der ganze Block bis Steinmetzgasse, d.i. also das an die deutsche Feuerwehr, Hohensteinerstrasse, angrenzende Terrain, abgebrochen.
Die Heimarbeit liquidiert. Sämtliche Heimarbeit für die Abteilungen Handstrickerei, Teppich und Militärstickerei wurden eingestellt. Die Arbeiterinnen werden zur Verfügung des Arbeitsamtes gestellt.
Die Kartenabteilung arbeitet wieder normal, von 2 Uhr Nachmittag bis 10 Uhr Abend für den Parteienverkehr.
Die Kürschner Abteilung hat eine grössere Partie Pelze zur Umarbeitung erhalten.

Sanitätsnachrichten

Die heute gemeldeten ansteckenden Krankheiten: 20 Tuberkulose
Die Todesursache der heutigen Sterbefälle:
12 Lungentuberkulose, 2 tuberk. Gehirnhautentzündungen, 1 Lungenentzündung, 2 Herzkrankheiten, 1 Darmentzündung.

Tagesbericht von Donnerstag, den 20. Juli 1944   Tageschronik Nr. 201

Das Wetter: Tagesmittel 28-35 Grad, sonnig, heiss.
Sterbefälle: 14,   Geburten: 2 /1 m., 1 w./
Festnahmen: Verschiedenes: 2
Bevölkerungsstand: 70.117
Ausweisungen: 700 Personen /IX. Transport zur Arbeit ausserhalb d. Gettos/

Tagesnachrichten

Der Präses setzt seine Umschichtungsaktion auch heute fort.

Aenderung am Baluter-Ring? Der Amtsleiter Biebow hat heute folgende Anordnungen getroffen: Mit Rücksicht darauf, dass sich, seiner Ansicht nach, zuviele Leiter von Betrieben im Büro von A. Jakubowicz bewegen und dieser in der Hauptsache ihm zur Verfügung stehe, wird den Leitern der Betriebe verboten den Baluter-Ring zu betreten.
Herr Jakubowicz wurde beauftragt ein Büro gegenüber dem Baluter Ring zu beziehen und die Stunden bekanntzugeben, zu denen er dort die Leiter empfangen wird. Sonst habe er am Baluter-Ring wie bisher zu amtieren.
Auch alles überflüssige Personal des Zentralbüros der Arbeits-Ressorts, wie z. B. die Buchhaltung, ist vom Baluter-Ring zu entfernen und dem zweiten Büro Jakubowicz anzugliedern. Ausserdem wurde angeordnet, dass auch sonst niemand den Baluter-Ring zu betreten habe, der dort nicht dringend gebraucht wird.
Man behauptet, dass der Grund hiefür in dem Bestreben zu suchen sei, den Kontakt der Juden mit Ariern auf ein Minimum zu beschränken.

Remanent in den Apotheken. Die Inventur in den Apotheken, die über deutschen Auftrag erfolgte, hat den Zweck festzustellen, ob gewisse Medikamente verfügbar wären.

Approvisation

Die Zufuhr von Weisskohl hält auch heute an. Die Bevölkerung verträgt die jetzt gebotenen Krautsuppen sehr schlecht. Ausserdem fehlt es ja an den notwendigen Zutaten, vor allem an Mehl, um eine einigermassen nahrhafte Mahlzeit aus dem Kraut herstellen zu können.
Neue Kraut-Ration. Eine weitere Ration von
      5 kg Kraut wurde heute ausgeschrieben.
Schwarzhandelspreise: Brot /2kg/ 750 Mk, Mehl 500 Mk je kg, Zucker 850 Mkg, Ressortsuppe /bestehend aus 40 dkg Kraut und 2 dkg Grütze/ 5 – 7 Mk.

Kleiner Getto-Spiegel.

<u>Gettohumor</u>: Im Zusammenhange mit dem Tode des Neurologen Dr. Klozenberg, wird im Getto ein Scherz kolportiert: Am meisten betroffen ist Boruch Praszkier, denn Dr. Klozenberg war der einzige Mensch im Getto, der ihm immer bestätigt hätte, dass er geistig normal sei. Jetzt nebbich[38] muss er riskieren auch offiziell meschugge[39] zu bleiben.

Sanitätswesen

Die heute gemeldeten ansteckenden Krankheiten: keine Meldungen
Die Todesursache der heutigen Sterbefälle:
6 Lungentuberkulose, 1 tuberk. Gehirnhautentzündung, 2 Lungenkrankheiten, 3 Herzkrankheiten, 1 Darmentzündung, 1 Halsphlegmone[40].

Tagesbericht von Freitag, den 21. Juli 1944　　　　Tageschronik Nr. 202

Das Wetter:	Tagesmittel 24-36 Grad, frühmorgens starker Nebel, dann sonnig.
Sterbefälle:	26,　　Geburten:　　1 m.
Festnahmen:	Verschiedenes: 2
Bevölkerungsstand:	70.092
Selbstmorde:	Am 20.7.44 verübte die am 27.5.1921 in Lodz geborene Dimant Laja, Holzstr. 63, Selbstmord durch Sprung aus dem III. Stockw.
	Am 21.7.44 versuchte die Klajn Chaja Sura, geb. 9.4.22 in Lask, wohnh. Goldschmiedeg. 21, durch Sprung aus dem I. Stock Selbstmord zu verüben. Sie wurde ins Krankenhaus überführt.
Unfall:	Am 21.7.44 wurde der 41 Jahre alte Łączycki Rafał, Alt-Markt 11, von der Strassenbahn überfahren. Er starb im Krankenhaus an den erlittenen Verletzungen.
Brand:	Am 20.7.44 wurde die Feuerwehr um 18,49 Uhr nach der Gnesenstrasse 2, alarmiert. Dort schlug der Blitz in den Hochspannungstransformator ein. Mit Hilfe trockener Handfeuerlöschapparate wurde das Feuer gelöscht.

Tagesnachrichten

Der Tag verlief ruhig, wenn auch vielerlei Gerüchte, vor allem die Aussenwelt betreffend, umgehen.[41]

Der Präses setzt auch heute seine Arbeit fort, indem er verschiedene Betriebe besucht und die Arbeiterschaft mustert.

Im Zusammenhange mit der Reduktion der inneren Abteilungen sollten mehrere Verteilungsstellen der Kolonialwarenabteilung liquidiert werden. Mit Rücksicht auf das voraussichtlich geringe zahlenmässige Resultat hat sich der Präses entschlossen auf diesem Gebiete vorläufig alles beim Alten zu belassen.

Apotheken-Inspektor Perelmutter abgesetzt. Ueber Veranlassung der deutschen Behörde wurde Perelmutter als Inspektor der Apotheken abgesetzt. S. Kon wurde zum Kommissar über das Medikamenten-Depot ernannt. Kon ist der ehemalige Besitzer und jetzige Leiter der Apotheke am Kirchplatz.

Der Präses hat die Ausgabe der bereits fertiggestellten 20 Mk Münzen angeordnet. Die Kundmachung hat folgenden Wortlaut:

BEKANNTMACHUNG

Betr.: Einführung von Hartgeld /Zwanzig Mark-Quittungen./
Die Gettobevölkerung wird hierdurch darauf hingewiesen, dass mit dem heutigen Tage, also ab 21. Juli 1944,
H a r t g e l d im Werte von Z w a n z i g-Mark-Quittungen
in Umlauf gesetzt wird.
Neben diesen Hartgeld /Zwanzig-Mark-Quittungen/ behalten die Zwanzig-Mark-Quittungen in Papier auch weiterhin ihre Gültigkeit.
Litzmannstadt-Getto, den 21. Juli 1944   /-/ Ch. Rumkowski
Der Aelteste der Juden
in Litzmannstadt

Rückerstattung verkaufter Gegenstände. Personen, die infolge der Abstoppung der Aussiedlung aus dem Zentralgefängnis entlassen wurden, bzw. Personen, die unmittelbar vor ihrem Einrücken in die Sammelpunkte ihre Habseligkeiten verkauft hatten, standen nun nach Rückkehr in ihren Wohnungen vor dem Nichts. Sie hatten ihre Habseligkeiten, je nach der besseren Möglichkeit, entweder der Zentraleinkaufstelle verkauft oder privat verschleudert. Es fehlt ihnen natürlich jetzt am notwendigsten Hausgerät, nicht zu sprechen von Kleidungsstücken und sonstigen Bedarfsgegenständen, die sie losgeschlagen haben, weil eine Mitnahme nicht möglich war. Verkauft wurde gegen Geld, aber auch gegen Naturalien. Die privaten Aufkäufer weigern sich nun vielfach, die Gegenstände zurückzugeben, oft auch deshalb, weil der Verkäufer, wenn er Naturalien erhalten hatte, diese nicht rückerstatten kann.
Diese Fragen löst nun eine Kundmachung, die folgenden Wortlaut hat:

ZUR Beachtung

Es wird hierdurch darauf hingewiesen, dass diejenigen Personen, die für die Ausreise zur Arbeit nach ausserhalb des Gettos bestimmt waren – später jedoch hier verblieben sind – ihre in der Zentraleinkaufstelle verkauften
    Einrichtungs- und sonstigen Gegenstände, einschl. Bettzeug zum selben Preise zurückkaufen können.
Weiterhin sind diejenigen Personen, die von den zur Ausreise-Vorgesehenen irgendwelche Hausgeräte und Sonstiges käuflich erworben haben, verpflichtet, diese Sachen auf Verlangen des früheren Eigentümers gegen den gleichen Kaufpreis – ohne Unterschied, ob die Entschädigung in Geld oder Naturalien erfolgte, zurückzugeben.
Sollten diese Personen die Herausgabe der angekauften Sachen verweigern, so kann vom Interessenten eine entsprechende Meldung in der

I. Ordnungsdienstabteilung, Franzstrasse
erstattet werden, von wo aus dann die entsprechenden Schritte unternommen werden, damit der frühere Besitzer sein Eigentum zurückerhält.

Litzmannstadt-Getto, den 21.7.1944 /-/ Ch. Rumkowski
Der Aelteste der Juden
in Litzmannstadt

Unfallverhütung. Eine weitere Verordnung betrifft die Fensterkisten. Da eine solche Kiste, in der natürlich ein paar Zwiebeln wuchsen, auf das Pflaster fiel und einen Unfall verursachte, erliess der Präses die folgende Verfügung:

Achtung

Betr.: Pflanzenkästen u.a. auf den Fensterbrettern.
Zur Verhütung von Unglücksfällen ist es notwendig, dass die auf den Fensterbrettern angebrachten

Pflanzenkästen u. a.

so befestigt werden, dass dieselben n i c h t herunterstürzen können /durch starken Wind, Reissen der Schnur oder des Drahtes/.
Jeder Inhaber von solchen Pflanzenkästen ist deshalb verpflichtet, peinlichst genau nachzuprüfen, ob dieselben entsprechend befestigt sind.
Bei irgendwelchen Vorfällen sind diese Personen persönlich verantwortlich und werden in vollem Masse für allen eventl. entstehenden körperlichen und sachlichen Schaden haftbar gemacht.

Litzmannstadt-Getto, den 21.7.1944. /-/ Ch. Rumkowski
Der Aelteste der Juden
in Litzmannstadt

Approvisation

Die Belieferung des Gettos mit Weisskohl hält an.

Ressortnachrichten

Für die Schneidereien kommen laufend Textilwaren /Militär-Sektor/ herein. Die Holzbetriebe III und IV führen Hilfsarbeiten durch, für die Munitionskistenproduktion des Holzbetriebes I.
Korsett- und Büstenhalter-Betrieb.[42] In dieser Abteilung befinden sich Spezialmaschinen, die einer Mannheimer Firma gehören. Diese Firma hat soeben die Gettoverwaltung ersucht, die ihr gehörigen Maschinen unverzüglich zurückzustellen.
Es ist nicht das erste Mal, dass Maschinen, die Auftraggebern im Reich gehören, zurückverlangt wurden. Diesmal aber ist die Rückberufung der Maschinen Gegenstand lebhafter Erörterung.

Sanitätswesen

Die heute gemeldeten ansteckenden Krankheiten: [keine Angabe]
Die Todesursache der heutigen Sterbefälle: [keine Angabe]

Tagesbericht von Sonnabend, den 22. Juli 1944 Tageschronik Nr. 203

Das Wetter:	Tagesmittel 25 – 39 Grad, sonnig, heiss.
Sterbefälle:	[keine Angabe], Geburten: [keine Angabe]
Festnahmen:	[keine Angabe]
Ausweisung:	700 Personen /IX. Transport zur Arbeit ausserhalb d. Gettos/am 12. Juli 1944.
Bevölkerungsstand:	69.376

Tagesnachrichten

Die Frage der Umschichtung ist infolge der allgemeinen Lage einigermassen i[n den] Hintergrund getreten. Es scheint, als ob die Aktion nicht mit der ursprünglich vom Präses gedachten Schärfe durchgeführt werden könnte. Es hat auch den Anschein, als ob die Frage der Heimarbeiter nicht so radikal gelöst werden wird, wie es der Präses in seiner letzten Rede angekündigt hat. Mit anderen Worten, es ist eine gewisse Entspannung festzustellen, die zweifellos auf die allgemeine Weltlage zurückzuführen ist.[43]

Der Chronist kann in diesem Stadium unmöglich vorübergehen an den Ereignissen, die schliesslich die ganze Welt bewegen und die natürlich nicht ohne Einfluss auf das Getto bleiben können. Hie und da dringen doch Zeitungen bzw. Nachrichten ins Getto. Die Zeiten sind zweifellos kritisch und die Insassen des Gettos sehen den kommenden Stunden mit gemischten Gefühlen entgegen. Alle Gedanken, Erwägungen, Hoffnungen, Befürchtungen gipfeln schliesslich in der einen Hauptfrage: »Wird man uns in Ruhe lassen?«

Approvisation

Nach wie vor weiterer Einlauf an Kraut, Möhren und Kohlrabi, so dass man wieder mit Gemüserationen rechnen kann.

Heute wurde wieder seit 3 Wochen zum 1. Mal die Ration für 14 Tage ausgegeben. Die Bevölkerung ist im Allgemeinen nicht enttäuscht, da eine leichte Besserung zu verzeichnen ist:

Betr.: Lebensmittelzuteilung an die gesamte Gettobevölkerung.

Ab Sonnabend, den 22. Juli 1944, 5 Uhr 15, wird auf Coupon Nr. 74 der Nahrungsmittelkarte an alle für die Zeit vom 24.7.44 bis zum 6.8.44 einschl. folgende Ration pro Kopf ausgefolgt:

400 Gramm	Roggenmehl,	200 Gramm	Suppenpulver,
300 "	Roggenflocken,	500 "	Kaffeemischung,
100 "	Erbsen,	400 "	Salz,

400	"	Kristallzucker,	25	"	Natron,
350	"	Brotaufstrich,	½	Stück	Seife.
200	"	Oel,			

<u>für den Betrag von Mk 12.-</u>

Ferner gelangen ab Sonntag, den 23. Juli 1944 in den Milchverteilungsstellen auf Coupon Nr. 75 der Nahrungsmittelkarte

100 Gramm Käse und
200 " Gemüsesalat
<u>für den Betrag von Mk. 1.50 zur Verteilung.</u>

Litzmannstadt, den 22.7.1944   Gettoverwaltung.

Betr.: Fleischkonserven-Zuteilung für die gesamte Gettobevölkerung.
Ab Sonntag, den 23.7.1944 wird an <u>alle</u> in den für sie zuständigen Fleischverteilungsstellen auf Coupon Nr. 61 der <u>Nahrungsmittelkarte</u>

1/3 /ein Drittel/ Dose Fleischkonserven pro Kopf
<u>für den Betrag von Mk. 1.50 zur Verteilung gebracht.</u>

Litzmannstadt, d. 22.7.1944   Gettoverwaltung.

Gestern erschien folgende Fleischration:

Betr.: Fleischzuteilung an die gesamte Gettobevölkerung.
Ab Freitag, den 21.7.1944 werden an alle auf Coupon Nr. 66 der Nahrungsmittelkarte

250 Gramm Fleisch herausgegeben.

Litzmannstadt, d. 21.7.1944   Gettoverwaltung.

<u>Ressortnachrichten</u>

Die Ressorts arbeiten durchwegs normal. Die Produktion wird womöglich noch gesteigert. Die Politik des Präses ist, in diesen kritischen Tagen unter keinen Umständen die Disziplin aufzulockern, um keine Gefahren für das Getto heraufzubeschwören.

<u>Die Tischlerei I</u> hat von der Gettoverwaltung den Auftrag bekommen eine grosse Anzahl von sogenannten Nat-Kisten schleunigst herzustellen. Es handelt sich angeblich um Transportkisten für die Beamtenschaft der Gettoverwaltung am Baluter-Ring.

<u>Handstrickerei.</u> Dieser Betrieb gibt wieder Heimarbeit aus. Es werden wieder Netztaschen aus Papiergarn hergestellt. Diese Taschen dienen als Behälter für die Desinfektion von Wäsche der Soldaten.

<u>Sanitätswesen</u>

Die heute gemeldeten ansteckenden Krankheiten: [keine Angabe]
Die Todesursache der heutigen Sterbefälle:
9 Lungentuberkulose, 3 Herzkrankheiten, 2 Krankheiten der Verdauungswege, 1 Magenkrebs, 1 Leberzirrhose, 1 Pellagra[44], 1 Schädelbruch /Selbstmord/.

Tagesbericht von Sonntag, den 23. Juli 1944   Tageschronik Nr. 204

Das Wetter: Tagesmittel 23-38 Grad, sonnig, heiss.

Sterbefälle: keine,   Geburten: keine

Festnahmen: Verschiedenes: 2

Bevölkerungsstand: 69.376

Tagesnachrichten

Der Tag verlief ruhig. Die Bevölkerung zieht so gut sie kann ins Freie nach Marysin, wo sich die Dignitare[45] auch heuer ihre Sommerresidenzen geschaffen haben.
Die Stimmung im Getto ist rosig. Alles ist voller Hoffnung auf ein baldiges Ende des Krieges. Aber alles verhält sich ruhig und so wird es hoffentlich auch bleiben.

Approvisation

Wir bringen heute nachträglich die Lebensmitteleingänge vom 20. ds. Mts. bis heute u.zw.:

20.7.44		21.7.44		22.7.44		23.7.44	
175,795 kg	Weisskohl,	5920 kg	Kartoff.	20330 kg	Kohlrabi,	4070 kg	Kart.
7,995 "	Kohlrabi,	14740 "	Kohlrabi,	2010 kg	Kart.	570 "	Salat
2,000 "	Rettich,	33630 "	Möhren,	52330 "	Möhren,	20387 "	Möhren
60 "	Petersilie,	106260 "	Weisskohl,	240 "	Rettich,	130 "	Rettich
9,070 "	Kartoffeln,	2253 "	Fleisch,	650 "	Rote Beete,	14243 "	Weisskohl
4,964 "	Fleisch,			108360 "	Weisskohl,	7450 "	Wirsing
				137466 "	"	115760 "	Weisskohl
				2000 "	Fleisch,	3508 "	Fleisch

Neue Krautration:
Ab heute werden wieder
     5 kg Kraut pro Kopf ausgegeben.

Kleiner Getto-Spiegel.

»Kraut, Kraut!«
»Seit Wochen kein Gemüse hereingekommen, von Kartoffeln gar nicht zu reden!« So geht es durch das ganze Getto. Kaum einer kann sich solch einer Betrachtung entziehen ..... bis man plötzlich zu flüstern beginnt: »Kraut wird hereinkommen, Weisskohl heisst es offiziell, in Mengen. Wir werden zu essen bekommen. Man wird wieder etwas haben in den Topf hereinzulegen, den Magen zu füllen...«

Und richtig. Kraut kam herein. Vom Baluter-Ring rollten Wagen und Lastautos mit Kraut durch die Gassen: auf die Gemüseplätze und von da in die Kooperative. Kraut kam von der Stadt ohne Unterlass. Die hellgrünen Köpfe leuchteten in der Sommersonne. Wann immer man durchs Getto ging, sah man die Wagen durch die Strassen fahren, vorn der Kutscher mit ausdruckslosem Gesicht, hinten de[r] O.D.-Mann als verantwortungsbedrückte[r] Wächter.
»Noch immer kommt Kraut…«
»Ich zähle schon den zehnten Wagen …«
»Mindestens 200.000 kg sind schon da …«
»Eine schöne Ration!«
»Vorläufig für die Küchen. Die nächsten Wochen wird es in den Küchen Krautsuppen geben …«
»Gottseidank eine Abwechslung.«
Die Krautsuppe kam. Sie kam täglich. Es gab Menschen, die täglich drei Krautsuppen verzehrten. Krautsuppe wurde das Hauptnahrungsmittel für 60.000 Menschen. Ausserdem kamen Krautrationen: 1 kg Kraut, 5 Kilo, 5 Kilo ….. Kraut, Kraut, Kraut! Auch zuhause fabrizierte man Krautsuppe. Das Getto wühlte in Kraut. Das Getto roch nach Kraut.
Allmählich wurde man des Krauts überdrüssig. Der Preis der Suppe fiel von 25 Mk auf 5 Mk. Die Menschen sehnten sich nach der Kolonialsuppe, der sogenannten Klej-Suppe, die aus Mehl und Grütze zubereitet war. Eine unstillbare Sehnsucht! Noch immer rollte Kraut ins Getto. Die Wasserbäuche wurden grösser. Der Magen revoltierte. Dem Darm ging es nicht besser. Durchfall trat ein. Ueblichkeiten[46] waren eine allgemeine Erscheinung. Jeder zweite Gettobewohner litt irgendwie an den Folgen des allzu intensiven Krautgenusses. Bei Tag trank man die Krautsuppen, bei Nacht gab man sie stossweise ab. Mit der Nachtruhe stand es also nicht am besten.
Schon heisst es, dass endlich Kartoffeln kommen werden, grössere Mengen von Kartoffeln, hinreichend genug, um die Küchen zu versorgen, als plötzlich wieder – Kraut ins Getto rollt. Man ist natürlich des Krauts schon überdrüssig, sogar die »kleinen Leute« beginnen ihre Krautrationen zu verkaufen, als ganz überraschen[d] im Getto eine Stimmung entsteht, die man nicht in Worte fassen kann, weil die Ursache dieser Stimmung auf keine greifbare Tatsache zurückgeht. Aber wie dem auch sein mag – die letzte Juliwoche des Jahres 1944 beweist, dass psychische Momente jedes physische Uebel überwinden können. Die letzte Juliwoche des Gettojahres 1944 stand im Zeichen der Hoffnung, dass der Ewige, gelobt Sein Name, das Getto von der Krautsuppe befreien wird, mehero bejomenu ……[47]

O[skar].R[osenfeld].

Sanitätswesen

Die heute gemeldeten ansteckenden Krankheiten: keine
Die Todesursache der heutigen Sterbefälle: keine

Tagesbericht von Montag, den 24. Juli 1944   Tageschronik Nr. 205

Das Wetter: Tagesmittel 20-31 Grad, sonnig.

Sterbefälle: 36,   Geburten: 3 m.

Festnahmen: Verschiedenes: 2

Bevölkerungsstand: 69.343

Tagesnachrichten

Der Präses besuchte verschiedene Betriebe, darunter den Holzbetrieb Winograd und den Schuhmacherbetrieb Iżbicki, wo er an die Leute kurze Ansprachen hielt: Man muss, so führt er aus, in erster Linie äusserste Ruhe bewahren. Man darf nicht politisieren, sondern sich nur auf die Arbeit konzentrieren. Es ist von ungeheuerer Wichtigkeit auch in der äusseren Haltung beherrscht zu bleiben. Es ist weiters daran zu denken, dass in solchen Zeiten Unterbrechungen der Lebensmittelzufuhren möglich sind und man muss daher jeden Kohlkopf küssen, den wir jetzt hereinbekommen. Behandelt das Kraut sorgfältig und sparsam. Die Gettogärten muss man in bester Ordnung halten, denn auch das ist eine wichtige Reserve für die Gettoernährung.-- In diesen, vielleicht entscheidenden Stunden der Geschichte im Allgemeinen und des Gettos im Besonderen, versucht der Präses durch eine würdige und besonnene Haltung die Bevölkerung zu führen. Hoffentlich gelingt es das Schifflein des Gettos, das schon so oft leck geworden, durch die Klippen der nächsten Ereignisse zu führen.

Der Präses hat in den letzten 48 Stunden eine grössere Anzahl von Fleischzuteilungen bewilligt. Ausserdem individuelle Talons. Ferner Talons an eine Reihe von Leitern.

Militärische Kommission im Getto. Eine kleine militärische Kommission besichtigte die Kirche am Kirchplatz und im Besonderen die Türme der Kirche, um diese auf Eignung als Beobachtungspunkte bzw. als Standort für kleine Abwehrgeschütze zu prüfen. Allem Anscheine nach eignen sich die Türme für den letzteren Zweck nicht.

Kommandant Rosenblatt wurde von der Kripo beauftragt 200 O.D.-Männer zur Verfügung zu stellen. Die Mannschaft soll morgen um 6 Uhr morgens am Friedhofsrand Marysin gestellt sein und wird, wie man ihm versicherte, um 8 Uhr morgens wieder zu seiner Verfügung stehen. Der Zweck dieser Bereitschaft ist unbekannt.

Die Getto-Kripo beabsichtigt die O.D.-Mannschaft von 6 auf 2 zu vermindern.

Das Zentralbüro des Arbeitsressorts ist bereits auf Hanseatenstr. 25 eingerichtet. 5 Räume, die ehemals die FUKA und dann die Abteilung für Lang-Zuteilungen benützt hatte, wurden für diesen Zweck in Anspruch genommen. Am Baluter-Ring verbleiben nur A. Jakubowicz und Frl. Walfisz. Das gesamte übrige Personal amtiert bereits in den neuen Räumen. Auch das Personal der Warenannahmestelle wurde auf ein Minimum beschränkt, sodass nur noch sehr wenige Juden den Baluter-Ring betreten.

Approvisation

Keine wesentliche Aenderung. Es rollt ohne Unterbrechung Kraut, Möhren und Kohlrabi ein, sodass bereits für die nächsten Stunden eine weitere Krautration erwartet wird.

Kartoffelration. Ab heute wird in den Kolonialverteilungsstellen an die Bevölkerung

1 kg Frühkartoffeln pro Kopf ausgegeben.

Ueber diese Zuteilung herrscht begreiflicherweise grosse Freude.

Sanitätswesen

Die heute gemeldeten ansteckenden Krankheiten: 33 Tuberkulose
Die Todesursache der heutigen Sterbefälle:
21 Lungentuberkulose, 1 Lungeninfiltration, 10 Herzkrankheiten, 1 Darmentzündung, 1 Schrumpfniere, 1 Gehirnquetschung /Unfall/, 1 Totgeburt.

Tagesbericht von Dienstag, den 25. Juli 1944   Tageschronik Nr. 206

Das Wetter: Tagesmittel 19-29 Grad, sonnig, heiss.

Sterbefälle: 15,   Geburten: keine

Festnahmen: Verschiedenes: 3

Bevölkerungsstand: 69.328

<u>Tagesnachrichten</u>

Der Präses besuchte in den Nachmittagstunden die Abteilung für Meldewesen und Statistik, wo er mit dem Oberleiter Rechtsanwalt Neftalin, dem Leiter der Statistischen Abteilung Erlich und dem Leiter des Archivs Dr. O. Singer eine längere Unterredung hatte. Es wurden laufende Arbeiten geprüft. Insbesondere besichtigte der Präses eine gross angelegte, schön ausgestattete Arbeit der Statistischen Abteilung über soziale Fürsorge.

Koffer für Kripo. Die Kripo behob[48] heute bei der Zentraleinkaufstelle mehrere leere Koffer.

Verdunkelung, ständig. Die Verdunkelung ist von jetzt ab ständig, ohne Rücksicht auf Fliegeralarm. Seit einigen Tagen wird fast täglich Vorwarnung gegeben. Einen wirklichen Fliegeralarm hatte Litzmannstadt bisher nicht zu verzeichnen.

<u>Approvisation</u>

In der Approvisation ist eine Besserung festzustellen seit so grosse Mengen Kraut einlaufen.
Der heutige Tag brachte zwei wichtige Zuteilungen u.zw.:
Betr.: Wurst- und Schmalz-Zuteilung an die gesamte Gettobevölkerung.
Ab Mittwoch, den 26. Juli 1944 werden an alle in den für sie zuständigen Fleisch-Verteilungsstellen auf Coupon Nr. 71 der Nahrungsmittelkarte
100 Gramm Wurst pro Kopf
und auf Coupon Nr. 76 der Nahrungsmittelkarte
50 Gramm Schmalz pro Kopf
herausgegeben.
Litzmannstadt, d. 25.7.1944   Gettoverwaltung.
Betr.: Quark-Zuteilung für die gesamte Gettobevölkerung.
Ab Mittwoch, den 26. Juli 1944 werden auf Coupon Nr. 51 der BROT-Karte an alle in den für sie zuständigen Milchverteilungsstellen
125 Gramm Quark pro Kopf für den Betrag von Mk 0,50
herausgegeben.
Litzmannstadt, den 25.7.1944   Gettoverwaltung.

Ressortnachrichten

Die Arbeitskräfte der in Liquidation befindlichen Fabriken werden je nach Qualifikation anderen Betrieben zugeteilt. Zahlreiche Kinder und ältere Frauen werden augenblicklich der Handstrickerei, Fisch[straße] 21, zugewiesen. Die Arbeit in den Ressorts geht klaglos vor sich und es ist eher eine Steigerung der Produktion festzustellen.

Der Präses setzt alles daran, um in diesen kritischen Tagen keine Desorganisation der Produktion zuzulassen.

Sanitätswesen

Die heute gemeldeten ansteckenden Krankheiten: keine
Die Todesursache der heutigen Sterbefälle: [keine Angabe]

Tagesbericht von Mittwoch, den 26. Juli 1944 　　　Tageschronik Nr. 207

Das Wetter: 　　　Tagesmittel 18-30 Grad, morgens kühl, dann heiss.
Sterbefälle: 　12,　　Geburten: 　　1 m.
Festnahmen: 　Verschiedenes: 1
Bevölkerungsstand: 69.317

Tagesnachrichten

Die 200 O.D.-Männer, welche von der Kripo verlangt wurden /siehe Bericht v. 24. ds. Mts./, haben heute in den frühen Morgenstunden ihre Aufgabe durchgeführt. Es handelte sich um eine, im Auftrage der deutschen Kriminalpolizei durchgeführt[e] Durchsuchung des ganzen Friedhofgeländes in Marysin nach Menschen. Die Aktion wurde vom Chef der deutschen Kriminalpolizei im Getto, Neumann[49], geleitet.
Die Suche verlief ergebnislos und der Leiter der Kripo dankte dem Ordnungsdienst für die klaglose Lösung ihrer Aufgabe.

Frohe Nachricht für´s Getto. Postkarten aus Leipzig. Von Personen, die im Zuge der letzten Aussiedlung zur Arbeit ausserhalb des Gettos abgereist sind, sind heute die ersten Nachrichten im Getto eingetroffen. Es kamen 31 Postkarten, die durchwegs den Poststempel vom 19. Juli 44 tragen. Aus diesen Karten geht erfreulicherweise hervor, dass es den Leuten gut geht und hauptsächlich, dass die Familien beisammen sind. Einzelne Karten sprechen von guter Verpflegung. Eine an einen Küchenleiter gerichtete Karte sagt in einfachen jiddischen Worten »mir lachen vun eiere Suppen«[50]!
Man ist überglücklich im Getto und man hofft, dass nun auch bald von allen anderen Ausgesiedelten ähnliche Berichte eintreffen werden. Es bestätigt sich also, dass tatsächlich Arbeiterkolonnen für das Altreich gebraucht wurden.
Wir erinnern daran, dass vor Abgang des I. Transportes davon gesprochen wurde, dass er nach München gehen soll. Wahrscheinlich dürfte auch eine Gruppe dorthin gegangen sein.
Zu bemerken ist noch, dass aus den Nachrichten hervorgeht, dass die Menschen in bequemen Baracken untergebracht sind.[51]

Eine deutsche Kommission besichtigte die Lebensmittel- und Gemüse-Verteilungsstelle des Gettos.

Approvisation

Der Präses bewilligte allen jugendlichen Arbeitern aus eigenen Beständen 1 kg Zwiebeln.

26.7.1944

Kraut läuft weiter in beträchtlichen Mengen ein.
Weitere Kraut-Ration. Heute wurde folgende Krautration publiziert:
Ab Donnerstag, den 27. Juli 1944, werden an alle auf Coupon Nr. 75 der Gemüsekarte
10 kg Weisskohl pro Kopf
für den Betrag von Mk. 5.- ausgefolgt.
Die Einzahlung für obige Weisskohlzuteilung kann ab Donnerstag, den 27. Juli 1944 in den zuständigen Kolonialwaren-Verteilungsstellen vorgenommen werden. Der Weisskohl wird ebenfalls ab Donnerstag, den 27.7.44 an den von den Kolonialwaren-Verteilungsstellen angewiesenen Plätzen zur Verteilung gebracht. Es wird darauf hingewiesen, dass der Weisskohl u n b e d i n g t
e i n g e l e g t /eingesäuert/ werden muss.
Betr.: Zuteilung von Gemüsesalat an die gesamte Gettobevölkerung.
Ferner werden ab Mittwoch, den 26. Juli 1944 an alle in den für sie zuständigen Milch-Verteilungsstellen auf Coupon Nr. 52 der Brot-Karte
250 Gramm Gemüsesalat pro Kopf
für den Betrag von Mk. 1.- herausgegeben.
Litzmannstadt, den 26.7.1944   Gettoverwaltung.
Die Bevölkerung wird aufgefordert dieses Kraut als Reserve nach Möglichkeit einzulegen. Wenn es sich auch um Frühkraut handelt, so muss doch diese Art der Bevorratung erfolgen, da es unmöglich ist diese Quantitäten zu verzehren, andrerseits kann sich das Kraut – im natürlichen Zustande – nicht länger als eine Woche halten.

Preissturz in Suppen. Die Ressortsuppe kostet heute nur noch 2–3 Mk. Das ist seit einem Jahr der niedrigste Stand.
Bezeichnend ist, dass jedoch Kolonialwaren und Brot das alte Preisniveau halten, während Gemüse ebenfalls stark gefallen ist.
Die Schwarzhandelspreise des heutigen Tages sind:
Brot 700 Mk, Mehl 500-550 Mk, Grütze 500 Mk, Erbsen 450 Mk, Zucker 750 Mk, Suppenpulver 360 Mk je kg. Oel 12 Mk je dkg. Rote Rüben gross mit Blätter 15 Mk, kleine 8 Mk je kg. Möhren 25 Mk, Kraut 8-10 Mk je kg. Saccharin 8 Stück für 5 MK.

S a n i t ä t s w e s e n

Die heute gemeldeten ansteckenden Krankheiten: [keine Angabe]
Die Todesursache der heutigen Sterbefälle: [keine Angabe]

Tagesbericht von Donnerstag, den 27. Juli 1944   Tageschronik Nr. 208

Das Wetter: Tagesmittel 19-34 Grad, sonnig, in den Morgenstunden kühl, dann heiss.

Sterbefälle: [keine Angabe],   Geburten: [keine Angabe]

Festnahmen: [keine Angabe]

Bevölkerungsstand: 69.296

Tagesnachrichten

Kommission im Getto. Eine Kommission vom Rüstungskommando, Berlin, besichtigte heute das Getto und besuchte einige Betriebe.[52]

Der Präses ist ausserordentlich agil und hält verschiedene Beratungen mit führenden Persönlichkeiten des Gettos.

Tabak, Freiverkauf. Der Präses hat die Tabakabteilung beauftragt, Tabak, das Päckchen zu 10 Gramm, zum Preise von Mk 25.- im freien Verkauf abzugeben. Es handelt sich hier um eine fiskalische Massnahme, um möglichst viel Bargeld einzuziehen.

Approvisation

In der Approvisation ist eine wesentliche Besserung, vor allem was die Gemüsezuteilung betrifft, zu verzeichnen. Hauptsächlich natürlich kommt wie bisher Weisskohl in grossen Mengen ein.
Vom 24. bis zum 26.7. einschl. kamen: 528,870 kg Weisskohl, 56,109 kg Kohlrabi, 68,551 kg Möhren /mit Laub/, ausserdem kamen Wirsingkohl, Rettich, Porree und Zwiebeln zusammen 3,610 kg.
Berücksichtigt man, dass jetzt auch schon die Anbauflächen des Gettos etwas Frischgemüse liefern, so ist die allgemeine Lage, was Frischgemüse betrifft, durchaus gut. Die Hauptnahrung des Gettos ist allerdings das Kraut. Diese einseitige Ernährung wirkt sich auf den Gesundheitszustand keinesfalls günstig aus. Leider ist die Kartoffelzufuhr sehr gering. Während dieser 3 genannten Tage kamen nur /am 24.7./ 10,620 kg Frühkartoffeln herein.
In Kreisen der Approvisation ist man besorgt wegen der Verknappung der Mehlvorräte. Wenn nicht spätestens Freitag, Samstag wieder Mehl im üblichen Ausmass hereinkommt, würde die Lage äusserst bedenklich werden.
An Fleisch erhielt das Getto an diesen 3 Tagen: 9,861 kg.

Die Verteilungsstellen sind ab heute wieder ab 7 Uhr morgens bis 19 Uhr geöffnet. In erster Linie handelt es sich darum, die Krautausgabe nach Möglichkeit zu beschleunigen. Auf den Gemüseplätzen liegen ganze Halden von Kraut, die Gefahr laufen zu verderben. Die Bevölkerung steht diesem Segen ziemlich ratlos gegenüber. Ein rascher Konsum ist nicht möglich, denn wie wir bereits gesagt haben, ist auch das Einlegen ein schwieriges Problem, denn es fehlt an Tonnen oder sonstigen Gefässen. Soviel Kraut hat das Getto nie gesehen bzw. hat jemals ein Mensch gegessen.

Ressortnachricht

Die Korsett- und Büstenhalternäherei /Gonik[53]/ erhielt den Auftrag die vorhandene noch nicht fertiggestellte Ware versandbereit zu machen. Der reichsdeutsche Auftraggeber zieht seine Gettobestände ins Reich zurück.
Kleider- und Wäscheabteilung hat einen weiteren Auftrag erhalten, alle nicht gettoeigenen Spezialmaschinen den Auftraggebern zur Verfügung zu stellen. Auch diese Maschinen werden abtransportiert.
Schäfteabteilung. Auch diese Abteilung hat den Auftrag erhalten die nicht gettoeigenen Spezialmaschinen zurückzugeben.

Kleiner Getto-Spiegel.

Aepfelchen wohin rollst Du? /Siehe Tagesbericht vom 8. Juli 1944./
Wir haben geglaubt, dass die Geschichte der Familie abgeschlossen ist. Das Glück war den drei Menschen hold, die Aussiedlung wurde unterbrochen, der Vater kehrte aus dem Spital zurück. Das Getto hat sich, so scheint es, mit diesen drei Menschen ausgesöhnt. Sie haben viel mitgemacht und wir glaubten sie schon in Sicherheit. Aber das Getto ist grausam, es hält seine Opfer fest in seinen faulenden Zähnen.
Der übermässig hochaufgeschossene, geistig begabte Knabe ist heute im Spital gestorben. Er ist einer eitrigen Darmverschlingung nach der Operation erlegen. Der Kaufpreis, den er in den ersten Tagen heisshungrig verschlungen haben musste, hat ihn getötet. So reichlichen Nahrungszuschuss hat der zarte Organismus nicht mehr vertragen. Ein hoffnungsvolles Menschenleben weniger, ein unglückliches Elternpaar mehr.
Der Vater musste zurückkommen, um Frau und Kind aussiedlungsfertig im Zentralgefängnis anzutreffen. Er blieb zurück; der Sohn ist gegangen, einen anderen weiteren Weg, auf dem es keine Rückkehr mehr gibt, er ist gegangen den Irrweg des Gettos! O[skar].S[inger].

Sanitätswesen

Die heute gemeldeten ansteckenden Krankheiten: [keine Angabe]
Die Todesursache der heutigen Sterbefälle: [keine Angabe]

Tagesbericht von Freitag, den 28. Juli 1944   Tageschronik Nr. 209

Das Wetter: Tagesmittel 18-26 Grad, bewölkt, warm.

Sterbefälle: 16,   Geburten: 2 m.

Festnahmen: Verschiedenes: 2

Bevölkerungsstand: 69.282

Tagesnachrichten

Nachrichten ins Getto. Ins Getto sind neuerdings Nachrichten von ausgesiedelten Personen eingelangt, hauptsächlich aus Częstochowa, von wo einzelne Personen mitteilen, dass [s]ie Angehörige von Gettoinsassen dort angetroffen hätten.
Auch aus anderen Städten Deutschlands sind von Personen, die letzthin ausgesiedelt wurden, Nachrichten eingetroffen, die beruhigend wirken.[54]

Der Präses hat heute, über Antrag von Dr. Oskar Singer, einer grösseren Anzahl von Eingesiedelten aus Böhmen und Mähren und dem Reich Fleisch zugeteilt.
Einstellung von Unterstützungsauszahlungen. Der Aelteste hat dem Büro Wołkowna, das eigentlich noch immer besteht und hauptsächlich am Sonntag tätig ist, verboten Unterstützungen auszuzahlen.
Keine Darlehen mehr. Der Aelteste hat der Darlehenskassa untersagt Darlehen auszuzahlen, bzw. Darlehen zu bewilligen.

Approvisation

Auch heute ist wieder Kraut ins Getto gekommen. Hingegen ist noch immer keine Spur von einer Mehleinfuhr. Die Besorgnis in der Approvisation ist gesteigert.

Man hört, man spricht.

Der Aelteste hat den Tabakverkauf freigegeben. Man spricht, dass das eine Finanzmassnahme ist und man ist in Raucherkreisen sehr erbittert, dass angesichts der Geldknappheit der Preis für 10 Gramm Tabak noch immer mit 15 Mk festgesetzt ist. Eine Suppe kostet 2 Mk und ein Bündchen Zigarettenpapier, geschnitten aus einfachem Schreibmaschinen-Durchschreibpapier, kostet 1 Mk. Noch gestern kostete 1 Büchlein echtes Zigarettenpapier »Solali« im Schleichhandel bis 20 Mk. Also für 100 Blatt Zigarettenpapier 10 Suppen. Hat man irgendwo in der Welt so einen grotesken Zustand erlebt? Der Aelteste hat der Wołkowna verboten Geldunterstützungen zu geben, ebenso der Darlehenskassa Anleihen zu bewilligen. Allgemeine Erbitterung! Was geht vor? Noch vor einigen Tagen hat der Patron der Darlehenskassa, Kommandant Rosenblatt, der Leitung der Darlehenskassa untersagt Anträge entgegenzunehmen bzw. Auszahlungen vorzunehmen. Was wollte Rosenblatt, was will der Präses? Da kann man wieder einmal sagen, wenn zwei dasselbe tun, ist es nicht dasselbe.

Jakob Szyper, Mitglied des Direktoriums der Darlehenskassa, verlangte von Rosenblatt die Freigabe eines grösseren verfügbaren Betrages zum Zwecke der Darlehensauszahlungen und wies daraufhin, dass doch gerade jetzt eine ungeheure Geldknappheit herrsche und dass doch die Arbeiter und Beamten, durch die ihnen gemachten Abzüge, das Grundkapital der Darlehenskassa geschaffen hätten. Aber in Leon Rosenblatt regte sich der ehemalige Bankbeamte und entrüstet wies er dieses Ansinnen zurück: »Was gerade jetzt, wo der Krieg möglicherweise in kürzester Zeit zu Ende ist?« »Wie sollen wir dann unseren Schuldnern nachlaufen?« Rosenblatt hat Angst die Drähte könnten fallen und er würde dann ohne »Rumkes«[55] dastehen. Der Finanzkrach wäre unvorstellbar.

Anders der Präses. Man ist erbost über seine völlige Abschnürung aller aussertourlichen Finanzquellen, wie Unterstützungen und Darlehen. Man grollt ihm wegen der hohen Zigaretten- bzw. Tabakpreise und auch wegen der hohen Gemüsepreise. Man schreit, es ist kein Geld da. Was will denn der Präses jetzt in so kritischer Zeit damit erreichen? Er rühmt sich soundsoviel Millionen aus dem Umlauf gezogen zu haben. Nun, er hat seine Auffassung von den Dingen. Er merkt, dass bei dem Preis von 2 Mk für die Suppe der Arbeiter kein Interesse mehr hat ins Ressort zu gehen. Kauft der Arbeiter irgendwo ein Päckchen Tabak für 40 Mk und kann er es für 60 Mk weiterverkaufen, so hat er doch schon 20 Mk verdient, das sind doch 10 Suppen, braucht also nicht ins Ressort zu gehen, vom geringen Verdienst garnicht zu reden.

Wer eine kleine Działka hat verkauft 20 dkg Zwiebeln und hat schon 30 Mk in der Tasche, braucht also nicht zu arbeiten. Aber der Präses ist der Ansicht, dass die Arbeit unter allen Umständen bis zur letzten Minute ordnungsgemäss weiter gehen muss, da sonst dem Getto ernste Gefahren drohen. Noch haben die Fabriken Aufträge, noch sitzen die Behörden da, noch gibt es ein Getto und solange es ein Getto gibt, ist der Präses für alles verantwortlich. Wenn nun die Wołkowna dem arbeitsscheuen Arbeiter 50 Mk auszahlen wird, wenn die Darlehenskassa ihm Geld borgen wird, so wäre das heute Sabotage des Präses an der Arbeit des Präses.

Gibt es aber kein Bargeld, oder nur sehr wenig, so kann der Arbeiter den Tabak nicht verkaufen, weil ihm niemand die 60 Mk dafür bezahlen wird. Seine 40 Mk Verdienst sind pfutsch und für seine Zwiebeln von der Działka bekommt er auch nicht mehr 30 Mk sondern nur 5 Mk, damit kann er nicht mehr die Rationen decken, geschweige denn ein paar Tabletten Saccharin kaufen. Der Präses will also durch eine radikale Deflation das Gettorad in Bewegung erhalten. Das ist der Grund der befremdenden Finanzmassnahmen.

O[skar].S[inger].

Sanitätswesen

Die heute gemeldeten ansteckenden Krankheiten: keine
Die Todesursache der heutigen Sterbefälle: [keine Angabe]

Tagesbericht von Sonnabend, den 29. Juli 1944   Tageschronik Nr. 210

Das Wetter: Tagesmittel 22-36 Grad, sonnig, heiss.

Sterbefälle: 22,   Geburten: 1 m./

Festnahmen: Verschiedenes: 4

Ausweisung: 700 Personen /zur Arbeit ausserhalb des Gettos, X. Transp. am 14.7.1944/

Bevölkerungsstand: 68.561

Tagesnachrichten

Der Tag verlief ruhig. Auffallend ist, dass sich in den Ressorts verschiedene Elemente bemerkbar machen, die sich bisher im Hintergrund gehalten haben und nun glauben, dass jetzt ihre Zeit gekommen sei. Es sind dies Menschen, die nicht verstehen wollen, dass das Getto bis zur letzten Minute in Ruhe und Ordnung erhalten werden muss und dass unter allen Umständen die Produktion so geführt werden muss wie früher, als hätte sich in der Weltgeschichte noch nichts gerührt. Diese Elemente wühlen hauptsächlich in den Schneider- und Schusterbetrieben die Arbeiter auf. Die Produktion in den Schneidereien sinkt, in den Schusterbetrieben sogar rapid.
Der Präses tut alles, um die Betriebe in Schwung zu halten.

Approvisation

Die Belieferung des Gettos mit Weisskohl hält an. Vom 27.-29.7. einschl. erhielt das Getto: 512,965 kg Weisskohl, 2,280 kg Wirsingkohl, 58,560 kg Kohlrabi, dazu etwas Rote Beete und Möhren. Ferner kamen 51,680 kg Frühkartoffeln. Auch die Fleischeinfuhr hält an. An den 3 Tagen erhielt das Getto zusammen 7,006 kg.
Hingegen ist an diesen 3 Tagen kein Mehl eingetroffen, was höchst besorgniserregend ist. Lediglich 12,700 kg Roggenflocken kamen herein.
Erfreulich ist der Einlauf von 10,000 kg Käse.

Sanitätswesen

Die heute gemeldeten ansteckenden Krankheiten: 28 Tuberkulose
Die Todesursache der heutigen Sterbefälle:
11 Lungentuberkulose, 1 Lungenentzündung, 7 Herzkrankheiten, 1 Darmentzündung, 1 Krebs, 1 Lebensunfähigkeit /neugeborenes Kind/.

Tagesbericht von Sonntag, den 30. Juli 1944　　　　　Tageschronik Nr. 211.

Das Wetter:　　　　Tagesmittel 22-38 Grad, sonnig, heiss.

Sterbefälle:　　　1,　　Geburten:　　keine

Festnahmen:　　　Verschiedenes: 2

Eingewiesen:　　　1 /Mann von ausserhalb des Gettos/

Bevölkerungsstand: 68.561

Tagesnachrichten

Auch der heutige Tag verlief sehr ruhig.
Der Präses hielt verschiedene Beratungen ab. Alles in allem aber herrscht im Getto Ruhe und Ordnung.
Die Hohensteinerstrasse hat ihr Antlitz verändert. Der Verkehr ist ausserordentlich lebhaft. Man merkt, dass der Krieg allmählich auch an Litzmannstadt heranrückt. Neugierig schaut der Gettomensch den durcheilenden Kraftwagen der verschiedenen Waffengattungen nach. Das wichtigste aber ist für ihn doch noch immer: »Was gibt es zum Essen?«

Approvisation

Am heutigen Sonntag kamen nur 7,160 kg Kartoffeln, 46,210 kg Weisskohl und 13,790 kg Kohlrabi. Sonst kamen keinerlei Lebensmittel.
Wenn morgen, Montag, kein Mehl einkommt, kann die Lage äusserst kritisch werden. Es wird behauptet, dass die Mehlvorräte des Gettos nur für knapp 2 – 3 Tage reicht[en].
Kartoffelration. Ab heute erfolgt die Ausgabe von
　　　　1 kg Frühkartoffeln in den Lebensmittelverteilungsstellen.

Sanitätswesen

Die heute gemeldeten ansteckenden Krankheiten: keine Meldungen
Die Todesursache des heutigen Sterbefalles:
Selbstmord 1.[56]

Anmerkungen

Tageschronik Juni 1944

1   Im Getto allgemeine Bezeichnung für Fabrik, aus franz. *ressort* ›Amts-, Geschäftseinheit‹. Die »Enzyklopädie des Gettos« merkt zur Genese des Begriffs im Getto an: »Das ›t‹ am Ende des Wortes Ressort wurde ausgesprochen. Bei Gründung des Gettos schuf der Präses Rumkowski das sogenannte Arbeits-Ressort. Dieses Ressort organisierte die Produktionierung des Gettos und die Werkstätten und Fabriken. Etat-Beamte, gleichviel welcher Fabrik, trugen die Armbinde mit der Aufschrift ›Arbeits-Ressort‹. Allmählich bürgerte sich die Bezeichnung Ressort für alle Betriebe ein. Es fiel keinem ein, Schneider- und Metallfabrik zu sagen, sondern man sprach nur vom Schneider- oder Metallressort. Aber richtig blieb nur die Bezeichnung für die Zentrale der Fabriken u. zw. ›Zentralbüro der Arbeitsressorts‹.« (»Enzyklopädie des Gettos«, Warschauer Konvolut, Karte 323)

2   Da das Leder- und Sattler-Ressort nicht voll ausgelastet war, beabsichtige Rumkowski, einige der Frauen, die unter seinem besonderen Schutz standen, an anderer Stelle arbeiten zu lassen. Dafür sollten sie in einem der Erholungsheime wohnen und verpflegt werden.

3   ›Vorsitzender, Leiter‹; aus latein. *praeses* ›Beschützer, Vorgesetzter, Statthalter‹, bildungsspr., eine der im Getto üblichen Bezeichnungen für Mordechaj Chaim Rumkowski, den ›Ältesten der Juden von Litzmannstadt‹. Vgl. Endnote 41 (Juni 1944).

4   ›Kontrollabschnitt einer Wertmarke, Gutschein‹; aus franz. *talon* ›Rest‹. Im Getto die Bezeichnung für die Lebensmittelmarken.

5   Zu griech. *déka* ›zehn‹; im österr. Sprachraum gebräuchliche Maßeinheit. 1 Deka(gramm) entspricht 10 Gramm.

6   ›Lebensmittelversorgung‹; zu latein. *provisio* ›Vorsorge, Vorkehrung‹, hier wohl unter Einfluss von nhd. *Proviant*, österr. Amtssprache.

7   Henryk Neftalin (1908-1944), studierte in Warschau Jura und war im Getto ein Freund und enger Vertrauter Rumkowskis. Seit dem 23.2.1940 war er im Getto Leiter der Wohnungszuweisungsstelle, dann schaffte er im Auftrag des Ältesten hintereinander die wichtigsten Zivilämter und legte somit die Grundlagen zur gesamten Verwaltung: Am 10.5.1940 entstand das Meldeamt, am 4.6.1940 die Statistische Abteilung und am 10.7.1940 das Standesamt, kurz darauf am 17.11.1940 das Archiv. Ab dem 3.12.1941 war er Leiter der Einsiedlungsabteilung (sie befasste sich mit allen Angelegenheiten der ins Getto deportierten Westjuden und den verschleppten Juden aus der Umgebung von Łódź), seit dem 20.12.1941 Mitglied der Aussiedlungskommission, die die Transportlisten für die Deportationen zusammenstellen musste. Am 26.8.1944 wurde er selbst nach Auschwitz deportiert und dort ermordet. Oskar Singer urteilte über Neftalin in der »Enzyklopädie des Gettos«: »Eine der interessantesten und einflussreichsten Persönlichkeiten des Gettos […]. Neftalin war einer der vielseitigsten und ernstesten Mitarbeiter des Aeltesten, blieb aber trotz seines grossen Einflusses immer bescheiden und zurückhaltend, was ihn vor den meisten Dignitaren des Gettos auszeichnete.« (»Enzyklopädie des Gettos«, Łódzer Konvolut, Karte 179)

8   Diese Alben bestanden hauptsächlich aus Bildern, Zeichnungen, Diagrammen und Beschreibungen der Arbeit einzelner Ressorts. Erstellt wurden sie in der Regel von den

Mitgliedern der Statistischen Abteilung und des Archivs. Einige dieser auch in künstlerischer Hinsicht außerordentlich anspruchsvollen Werke sind bis heute u. a. im Staatsarchiv Łódź und im YIVO New York erhalten geblieben.

9 Diese Umbesetzungen bei den Wachmannschaften hatten mit der Frontverlegung der jüngeren Jahrgänge zu tun.

10 Auch Kinder mussten im Getto ab dem 10. Lebensjahr (und oft auch darunter) hart arbeiten, um sich und die Familie zu verpflegen. Die erwähnte Ausstellung diente – wie viele andere ihrer Art – v. a. natürlich dazu, potentielle deutsche Kunden von der Effektivität der Gettoproduktion zu überzeugen. Sie war damit integraler Bestandteil von Rumkowskis Politik zur Rettung des Gettos durch Arbeitsaufträge der deutschen Kriegsindustrie. Selbstverständlich war aber auch Hans Biebow, der Leiter der deutschen Gettoverwaltung, an der Präsentation der Leistungsfähigkeit ›seines‹ Gettos interessiert – auch er wollte, aus gänzlich anderen Motiven, den Fortbestand des Gettos so sichern. Es lässt sich daher heute des Öfteren nur schlecht rekonstruieren, wer letztlich den Auftrag für eine konkrete Ausstellung gab.

11 Aron Jakubowicz (geb. 1910), ein gelernter Ladenverkäufer, war ab dem 1.5.1940 Leiter des Zentralbüros der Arbeits-Ressorts und damit eine der einflussreichsten Persönlichkeiten im Getto. Er galt als ein Vertrauter von Hans Biebow und als Gegenspieler Rumkowskis. Nach der Auflösung des Gettos war er zwei Monate lang gemeinsam mit einer ausgewählten Arbeiter-Gruppe in einem Sammellager an der Lagiewnicka, wonach er am 21.10.1944 in ein Arbeitslager in Königs-Wusterhausen deportiert wurde. Sein weiteres Schicksal ist unbekannt.

12 Marek Kliger (an anderen Stellen auch: Kligier und Klieger geschrieben) war ab dem 12.7.1943 Kommandant der Sonderabteilung des Ordnungsdienstes (O.D.). Diese Abteilung der jüdischen Hilfspolizei wurde von Rumkowski am 1.7.1940 gegründet. Sie bestand bis zur Gettoauflösung im August 1944. Die Funktionäre der Sonderabteilung beteiligten sich als direkte Helfer der Deutschen am Raub der jüdischen Habe im Getto und an der Bekämpfung jeder Form des Widerstandes. Die Kommandanten dieser Abteilung dienten auch der Gestapo nicht selten als Spitzel im Getto. Kligers weitere Lebensdaten sind nahezu unbekannt; er konnte aber die Deportation in ein Konzentrationslager überleben. Nach dem Krieg wurde er 1947 vor ein jüdisches Ehrengericht (»Dintojre«) gestellt, bei dem sich drei Personen für ihn einsetzten und erklärten, dass sie dank ihm den Holocaust überlebt hätten. Damit musste Kliger trotz grosser Empörung unter vielen Überlebenden freigesprochen werden. Er setzte sich – aus Angst vor weiteren juristischen Konsequenzen für seine Kollaboration – nach Südafrika ab, wo er verstarb.

13 Dawid Warszawski (1886-1944), war vor dem Krieg Textilfabrikant, im Getto Mitglied des ersten Ältestenrates und enger Mitarbeiter von Rumkowski. Er war Organisator und Gründer der ersten Textilfabrik im Getto und Organisator wie auch Leiter der Schneiderzentrale. Am 27.6.1944 wurde er von der Gestapo verhaftet und nach dem Verhör am 15.7. zusammen mit seiner Familie ins Vernichtungslager Kulmhof deportiert und dort umgebracht. Oskar Singer urteilt in der »Enzyklopädie des Gettos« ungewöhnlich scharf über ihn: »W. ist auch im Getto der Typus des Unternehmers, der seine Betriebe mit harter Hand führt. So hoch seine Leistung im Interesse des Gettos einzuschätzen ist, kann man nicht unerwähnt lassen, dass er seinen Arbeitern als hartherziger, rücksichtsloser Chef unbeliebt, ja sogar verhasst war.« (»Enzyklopädie des Gettos«, Warschauer Konvolut, Karte 427) Der Eintrag entstand vor Warszwaskis Verhaftung.

14 Dora Fuchs wurde in Hannover als Kind polnischer Juden geboren. Sie ging in Hannover zur Schule, wurde aber 1938 im Zuge der Bentschen-Aktion mit ihren Eltern aus Deutschland ausgewiesen. Nachdem sie das Auffanglager verlassen konnte, zog sie mit ihrer Familie nach Łódź. Sie war aufgrund ihrer Herkunft bilingual aufgewachsen und wurde aus diesem Grund Rumkowskis Sekretärin im Getto. Sie fungierte wesentlich als Übersetzerin für ihn (und für Biebow), da Rumkowski des Deutschen nicht richtig mächtig war – damit nahm sie in der Administrative des Judenältesten eine Schlüsselstellung ein. Sie überlebte die Deportation nach Auschwitz und heiratete nach dem Krieg einen ehemaligen Mitgefangenen aus Łódź. Sie verstarb vor einigen Jahren in den USA. (Die Informationen zu Dora Fuchs stammen von Lucille Eichengreen, die im Getto-Archiv als Sekretärin arbeitete und mit Dora Fuchs Kontakt hatte. Vgl. dazu Schreiben Lucille Eichengreen an Sascha Feuchert, 30.4.2004. Vgl. außerdem Dobroszycki, »Chronicle«, S. 120, Anmerkung 10)

15 Oskar Rosenfeld vermerkt in der »Enzyklopädie des Gettos« zur Person Karos: »geb. 19.2.1893 in Gostinjin /Polen/. Nach traditionell-jüdischer Erziehung schon frühzeitig als Bewahrer geistigen Erbgutes tätig, war K. jahrelang Sekretär der jüd. Gymnasien in Lodz, Vorsitzender der Jugendorganisation /Erziehung zur hebr. Sprache/. Gleichzeitig wurde er in gesellschaftlichen Kreisen als zion. Propagator und Förderer d. zion. Fonds populär. – Im März 1941 berief ihn der Aelteste gemeinsam mit E. Tabaksblat zum Leiter der Schulabteilung, nach deren Auflösung zum Leiter der Umschichtungs-Kommission, in welcher Eigenschaft er ständig mit dem Aeltesten in Fühlung stand. Seit dem Herbst 1942 war K. Mitglied des Lektorenrates beim ›Archivum‹ [...], welcher die Aufgabe hatte, die Arbeiten dieses Instituts auf die Richtigkeit der Verwendung des Materials hin zu prüfen.« (»Enzyklopädie des Gettos«, Łódzer Konvolut, Karte 121)

16 Die Umschichtungskommission wurde 1942 gegründet, um die eigentlich schulpflichtigen Kinder und Jugendlichen nach der Schließung der Schulen (und nach der »Sperre«) in den Arbeitsprozess zu integrieren.

17 Das Sekretariat war eine Fürsorgeeinrichtung des Judenältesten, die Bedürftige unterstützte. Auf Intervention von Biebow musste das Sekretariat aber seine Bemühungen weitestgehend einstellen. Die Deutschen hatten keinerlei Interesse daran, dass nicht arbeitende Getto-Insassen unterstützt und damit am Leben gehalten wurden.

18 ›örtlich begrenzt‹ (von Infektionskrankheiten); zu griech. *éndēmos* ›einheimisch‹, fachspr.

19 *Freibank* ›kommunale oder private Verkaufsstelle am Schlachthof für Fleisch, das bei der Fleischbeschau nur bedingt tauglich gestempelt wurde‹.

20 ›in Erscheinung treten‹; zu latein. *figurare* ›bilden, gestalten‹, bildungsspr.

21 *Karbunkel* ›Ansammlung mehrerer ineinander übergehender Furunkel‹; aus latein. *carbunculus*, fachspr.

22 Das nord-östliche Gebiet innerhalb des Gettos, auf dem sich u. a. der Getto-Friedhof, aber auch Erholungsheime und bescheidene, wenn auch großflächige Nutzgärten befanden.

23 Bittsteller (bei einer höheren Behörde); vgl. latein. *petitor* ›Bewerber‹, zu *petens*, *petentis*, amtsspr.

24 ›Frühretich‹ (Raphanus sat.).

25 Bei der Bezeichnung vieler Ressorts benutzten die Mitarbeiter der Chronik zur genaueren Kennzeichnung einfach die Namen der jeweiligen Vorarbeiter oder Leiter. Der hier erwähnte Berek Iżbicki (1903-1944) gehörte zunächst dem O.D.-Überfall-Kommando

an, ehe er Kommissar für den Schuhmacherbetrieb wurde. Er wurde 1944 nach Auschwitz deportiert.

26   Oskar Singer und die Chronik-Redaktion fassten ab dem 24.7.1943 die bis dahin unter diversen Schlagzeilen aufgeführten Beobachtungen über Episoden, die die besondere Lebensform der Eingesperrten kennzeichneten, in der regelmäßig wiederkehrenden Rubrik »Kleiner Getto-Spiegel« zusammen. Sie wurde auch zum hauptsächlichen Betätigungsfeld von Oskar Singer und Oskar Rosenfeld. Letzterer war es auch, der am 24.7.1943 den ersten »Spiegel« zur Chronik beisteuerte. Er widmete sich den Kindern und ihrem Spielzeug im Getto.

27   Die Postsperre, die seit Ende 1941 bestand, wurde am 9.5.1944 aufgehoben – Pakete und Briefe durften wieder empfangen werden und kürzere, zensierte Mitteilungen konnten verschickt werden. Freilich funktionierten Empfang und Versand unter den katastrophalen Bedingungen nicht mehr richtig, zudem war das Versandgebiet streng beschränkt.

28   Oskar Singer engagierte sich in der Frage der solidarischen Verteilung der so benötigten Lebensmittelpakete auf vielerlei Ebenen. Um einen Eindruck auch seiner publizistischen Umtriebigkeit in dieser Hinsicht zu geben, sei nachstehend ein kleiner Dialog aus seiner Feder angeführt, den er unter dem Titel »Krankenhilfe für Eingesiedelte. Brot-Bulletin Nr. 6« zirkulieren ließ, um möglichst viele Menschen von seinem Anliegen zu überzeugen:

Miloš: Was will eigentlich der Dr. S. von uns! Pakete sind doch eine Privatsache; wie kann er sich unterstehen…
Arnošt: Nur keine Aufregung. Er zwingt doch keinen.
Miloš: Er zwingt mich aber doch!
Arnošt: Wieso, du hast doch nichts gegeben!
Miloš: Das stimmt, aber zwingen tut er mich doch. Moralisch!
Arnošt: Was heisst moralisch? Moralisch fühlst du dich also gezwungen, aber praktisch gibst du nicht, wie ist das?
Miloš: Weil ich ein Prinzip habe.
Arnošt: Was für ein Prinzip?
Miloš: Nichts zu geben. Mir hat auch niemand was gegeben.
Arnošt: Wieso denn? Ich weiss genau, dass du durch Dr. S….
Miloš: Das hat doch nichts damit zu tun. Hat er mir aus seiner Tasche gegeben?
Arnošt: Nein, aber mit seinen Füssen ist er gelaufen und mit seinen Plejzes hat er es durchgesetzt.
Miloš: Was geht mich das an. Warum macht er das? Wer hat ihn gezwungen? Warum hilft er?
Arnošt: Wahrscheinlich aus Prinzip.
Miloš: Mein Prinzip ist gesünder. Es lässt sich nicht ausnutzen.
Arnošt: Aber doch fühlst du dich moralisch gezwungen. –
Miloš: Was heisst moralisch gezwungen? Theoretisch, natürlich. Es ärgert mich. Es ist doch ein Eingriff in mein Privatleben und das ist mir doch das Heiligste was ich habe.
Arnošt: Und worin besteht dieses Heiligste, wenn ich fragen darf?
Miloš: In dem Recht, mich gegen einen moralischen Zwang wehren zu dürfen!
Arnošt: Aber das tust du doch mit Hilfe deines Prinzips.
Miloš: Ja, aber deswegen hört doch der moralische Zwang nicht auf, und das ist doch gemein von diesem Dr. S.

Arnošt: Und leidest du sehr darunter?
Miloš: Leiden? Das wäre übertrieben, ich ärgere mich nur. Am liebsten möchte ich dem S. die Fresse einschlagen, weil er mein ganzes Privatleben vergiftet hat.
Arnošt: Die Sache ist so: Du bist krank. Leidest noch an einer Psychose. Geh hin, gib deine 10 dkg Brot je Paket ab und der moralische Druck hört von selbst auf. Kaum wirst du geopfert haben, so wirst du selbst anfangen auf andere moralisch zu drücken – und warum soll sich nicht auch der Andere ärgern. – Also werde gesund durch Anständigkeit. Dir wird es helfen und Andere wird es retten.
Miloš: Aber mein Prinzip!
Arnošt: Dein Prinzip ist nur der schwindelhafte Vorwand deiner zweiten [See]le. Lass dich nicht beschwindeln. Sei ein anständiger Mensch!«
(Das Dokument, das mit dem Datum vom 18.6.1944 versehen wurde, trägt im Staatsarchiv Łódź die Signatur »APŁ, PSŻ, 1099« [S. 302]).
29 Gerhard Müller (1910-1957 [für tot erklärt]), Kriminalkommissar bei der Gestapo Łódź und dort ab Ende 1943 Leiter des Referats IV B, das für das Getto zuständig war. Müller wurde für seine Verbrechen juristisch nicht belangt.
30 Die Nachricht von der Landung der Alliierten in der Normandie, die an diesem Tag erfolgte (»D-Day«), verbreitete sich auch im Getto rasch. Quelle für diese Neuigkeit waren illegal abgehörte Radiosendungen.
31 Zu den so genannten Suppenstreiks kam es, wenn sich v. a. linke Gruppen im Getto, wie etwa der sozialistische Bund, organisierten und monierten, dass die Behandlung der Arbeiter durch die Fabrikleiter zu brutal wäre oder die Suppen nicht in ausreichender Menge oder Qualität zur Verfügung stünden. Bereits 1940 und v. a. im Januar 1941 war es zu Streiks im Getto gekommen, bei denen sich Rumkowski mit harter Hand durchgesetzt hatte. Vgl. dazu Shmuel Krakowski: »Illegale Organisation im Getto Łódź«. In: Loewy/Schoenberner, »Unser einziger Weg ist Arbeit«, S. 45-49, sowie Shlomo Frank: »Streik«. In: ebd., S. 160.
32 ›auf der Maschine gestricktes, gewirktes Material‹; aus franz. *tricotage*.
33 Seit der Schließung des Gettos durch die Nazis am 30. April 1940 existierten einige wenige Radiogeräte im Getto, um die sich inoffizielle Gruppen bildeten, die regelmäßig Nachrichten abhörten. Die Qualität der Geräte war dabei sehr unterschiedlich: Die meisten waren so primitiv, dass sie nur den regionalen Propagandasender der Nationalsozialisten empfangen konnten, andere wiederum bekamen zumindest ab und an die BBC herein. Die so gewonnenen Nachrichten verbreiteten sich auf sehr verschlungenen Wegen dann häufiger auch im Getto. Offenbar waren die heimlichen Radiohörer angesichts der sehr positiven Nachrichten aus der Normandie unvorsichtig geworden, so dass die Deutschen unmittelbar Verdacht schöpften. Über die hier in der Chronik erwähnten Unglücklichen, die den Nazis in die Hände fielen, lassen sich nicht mehr viele biographische Daten ermitteln, aus diesem Grunde wurden im Text wenigstens – so weit recherchierbar – ihre Vornamen ergänzt. Dass die spürbare Aufregung und Anteilnahme des Chronik-Redakteurs – Verfasser des vorliegenden Artikels war wohl Oskar Singer – mehr als echt war, legt nicht zuletzt die Tatsache nahe, dass mit Rosenfeld und Singer auch zwei Hauptredakteure des Archivs zum Kreis der Radiohörer gehörten. Ervin Singer – Oskar Singers Sohn – erinnert sich, wie er selbst im Getto davon erfuhr, dass sein Vater Zugang zu einem Radio hatte: »Dass ich Radiotechniker war, ist meinem Vater übrigens im Getto Łódź einmal sehr zugute gekommen: Er blieb auch nach seiner Deportation ins Getto nachrichtensüchtig – das hing auch mit seiner Tätigkeit für das Archiv zusammen – und

so hat er zu einem Kreis um einen Mann [namens Weksler, d. Hrsg.] gehört, der ein Radio in seinem Kamin versteckt hatte. Sie haben täglich Nachrichten gehört und sich so über den neuesten Stand informiert. Das war natürlich lebensgefährlich und deshalb hat mein Vater auch niemandem etwas erzählt. Ich habe das auch nicht gewusst, bis er eines Tages zu mir kam und sagte: ›Ervin, ich brauche Deine Hilfe. Du musst ein Radio reparieren.‹ Ich war damals ein fürchterlicher Feigling und hatte Angst. Eigentlich wollte ich das Ding nicht reparieren, aber ich habe gewusst, wie wichtig das meinem Vater war, also habe ich es gemacht. Zum Glück war nur ein Widerstand hin, den konnte ich leicht ersetzen. Das primitive, selbstgemachte Radio habe ich übrigens mit einem Gerät durchgemessen, was ich mit nach Łódź genommen hatte und was mir bis dahin noch nicht abgenommen worden war. Es war eines der wenigen Dinge, die man mitgebracht hatte und die wirklich einmal nützlich wurden. Mein Vater war dann natürlich sehr glücklich, dass das Radio wieder ganz war – und sehr unglücklich darüber, dass das Geheimnis nun kein Geheimnis mehr war.« (Ervin Singer im Gespräch mit Sascha Feuchert, 2.4.2002. Dokumentiert in Feuchert, »Rosenfeld und Singer«, S. 220 f.)

34   Der Ordnungsdienst (O.D.) hatte Polizeifunktion innerhalb des Gettos. Die Mitglieder dieser Polizeitruppe waren in der Regel nur mit einem Schlagstock bewaffnet, aber uniformiert (durch Mütze und Armbinde). Der O.D. wurde von Rumkowski am 27.2.1940 einberufen. Leiter wurde Leon Rozenblatt (1892-?). Er war vor dem Krieg Unterleutnant der k.u.k.-Artillerie und im Zivilleben Bankangestellter. Im Getto war er neben seiner O.D.-Funktion Mitglied der Beihilfekommission und des Präsidiums der Höchsten Kontrollkammer, Vorsitzender der am 20.12.1941 gebildeten Aussiedlungskommission, Mitglied des Vorstandes der Darlehenskasse, seit Mitte 1943 Kommandant des Luftschutzraumes. Am 7.9.1941 wurde er zum Stellvertreter des Ältesten der Juden ernannt. Diese Funktion hatte er bis zur Gettoauflösung im August 1944 inne.

35   ›ausfindig machen‹; subst. *Stelligmachung* ›Ausfindigmachung‹, österr.

36   Die Rede ist von der Litzmannstädter Zeitung, die dennoch häufiger in einigen wenigen Exemplaren ihren Weg ins Getto fand.

37   Der Baluter Ring war der Ort für den Kontakt mit der deutschen Gettoverwaltung. Hier befanden sich die wichtigsten Zentralen und Abteilungen, die dort vom Ältesten der Juden, Mordechaj Chaim Rumkowski, und dem Leiter der deutschen Gettoverwaltung, Hans Biebow, eingerichtet wurden. Die »Enzyklopädie des Gettos« führt zu diesem zentralen Platz für alle Geschicke des Gettos aus: »Der Baluter-Ring war gewissermassen die neutrale Zone des Gettos, wo Juden und Deutsche in stetem Kontakt waren. Der B.R. war mittels Drahtzaunes vollständig vom Getto abgeschlossen. Ein Tor führte nach Zgierska /Hohensteinerstrasse/, Ausgang bezw. Ausfahrt nach der Stadt, ein zweites nach der Lagiewnicka /Hanseatenstrasse/ ins Getto. Beide Tore waren deutscherseits von Schupo- und jüdischerseits von O.D.-Leuten bewacht. Das Tor nach der Zgierska konnte natürlich nur mit besonderer polizeilicher Genehmigung passiert werden. Zutritt zum Baluter-Ring vom Getto aus hatten nur die am B.R. beschäftigten Personen und Etat-Beamten des Aeltesten, die die gelbe Amtsbinde am linken Arm trugen. Anfänglich empfing der Präses Petenten nach vorheriger Anmeldung am Baluter-Ring, später in der Wachstube des O.D.'s an der Lagiewnicka, gegenüber dem B.R. Personen, die nicht in stetem Kontakt mit dem B.R. standen, war es nahezu unmöglich, ohne Einladung durch den Aeltesten oder einen leitenden Funktionär das Tor zu passieren. Lebensmittel und Bedarfsgüter für das Getto /soweit sie nicht per Bahn eintrafen/ gelangten aus der Stadt durch die Waren-Annahme am Baluter-Ring ins Getto. Ebenso Rohstoffe

für die Fabriken. Desgleichen verliessen alle Fertigwaren das Getto über den B.R., soferne sie nicht per Bahn von Radegast expediert wurden.
Besichtigungs-Kommissionen konnten das Getto nur durch den Baluter-Ring betreten. Alle Büros waren in Baracken untergebracht.
In den Büros der Getto-Verwaltung am Baluter-Ring waren anfangs wenig, später /1942-44/ unter Leitung deutscher Referenten fast ausschliesslich jüdische Beamte beschäftigt.
In einer Baracke am Baluter-Ring war eine Desinfektionsanlage für Juden und Waren untergebracht, die nach der Stadt fuhren. Das Getto galt als Seuchengebiet.
Baluter-Ring [steht] im Sprachgebrauch des Gettos symbolisch für Regierungssitz, etwa wie Wilhelmstrasse oder Downingstreet. O.R.
Fortsetzung:
Samstag, den 5. Februar 1944 erhielt der Aelteste der Juden von Amtsleiter Biebow den Auftrag, den Baluter-Ring zu räumen. Am Montag, den 7.II.44 amtierte der Präses mit dem Zentral-Sekretariat bereits nicht mehr am B.R. sondern gegenüber an der Lagiewnicka 23 [...].
Da von der Getto-Verwaltung in Litzmannstadt, Moltkestr. eine grössere Anzahl militärfähiger Beamte eingezogen wurde, entschloss sich der Oberbürgermeister und Chef der Gestapo Dr. Bradfisch, die Getto-Verwaltung aus der Stadt nach dem Baluter-Ring ins Getto zu verlegen und die entstandenen Lücken durch jüdische Angestellte auszufüllen. Um für das ganze Personal der Getto-Verwaltung Raum zu schaffen, musste der Aelteste seine Büroräume verlegen. Das Zentralbüro des Arbeits-Ressorts verblieb in seinen Räumen am Baluter-Ring.
O.S.« (»Enzyklopädie des Gettos«, Warschauer Konvolut, Karte 28-30a)

38 Zu dieser Zeit Kriminalsekretär Ludwig Sievers (1904-1960). Sievers wurde für seine Verbrechen nach dem Krieg juristisch nicht belangt.

39 Am 3.12.1942 wandte sich Reichsinnenminister Wilhelm Frick an den Oberregierungspräsidenten in Oberschlesien und an die Reichsstatthalter. Er verlangte in seinem Erlass die Unterbringung »fremdvölkischer Minderjähriger« in Lagern. Eingeliefert werden sollen nicht nur bettelnde Waisen und Kinder, deren Eltern bereits in Lager verschleppt wurden, sondern auch Kinder, die ihren Eltern aus verschiedenen Gründen geraubt wurden. Die ins so genannte »Polenjugendverwahrlager Litzmannstadt« im Bereich des Łódzer Gettos deportierten ca. 1.600 Kinder und Jugendliche wurden zum größten Teil 1945 von der Roten Armee befreit; 136 waren den katastrophalen Lagerbedingungen erlegen.

40 Lang-Arbeiter erhielten eine höhere Lebensmittelzuteilung.

41 Mordechaj Chaim Rumkowski (1877-1944) wurde von den Nationalsozialisten am 13. Oktober 1939 zum Judenältesten und damit zum Leiter der scheinbaren jüdischen Selbstverwaltung bestimmt. Er war zwischen 1907-1912 Miteigentümer einer Plüschfabrik in Łódź. Nach dem ersten Weltkrieg arbeitet er als Versicherungsagent. 1933 leitet er das Kinderheim »Helenowek«. Er war ebenso zionistischer Funktionär, für die Partei Poalej Syjon wurde er 1921 Mitglied des Gemeinderates. Der durch ihn ausgebaute und gut funktionierende Verwaltungs- und Polizeiapparat, der das ganze Leben der Gettobewohner regelte, wurde zum wesentlichen Instrument der Nazi-Politik der Ausbeutung und Vernichtung der jüdischen Bevölkerung. Die Bewertung dieser Politik und seiner oft wiederholten Strategie »Rettung durch Arbeit und Ruhe« ist sehr umstritten, und das sowohl unter Historikern wie auch unter den Überlebenden. Er wurde mit seiner Familie im Konzentrations- und Vernichtungslager Auschwitz-Birkenau umgebracht.

42 ›Lebensmittelvergiftung‹; zu *alimentär* ›die Ernährung betreffend‹ aus latein. *alimentarius*.

43 Die »Enzyklopädie des Gettos« hält gleich zwei Einträge zu diesem Terminus bereit. Der längere, aus der Feder Oskar Rosenfelds, führt aus: »Diejenigen Bewohner des Lodzer Wohnviertels Balut, die hier bereits vor der Errichtung des Gettos sesshaft waren, also autochtone Bürger dieser berüchtigten Gegend, im Gegensatz zu denjenigen Balutern, welche erst nach der Evakuierung der Juden aus Lodz ins Baluter-Viertel geschwemmt wurden. Der Begriff ›Reichsbaluter‹ entstand in Analogie an den Begriff ›Reichsdeutscher‹, der ja ebenfalls den autochtonen Bürger des Deutschen Reiches im Gegensatz zu den später einverleibten deutschen Staatsangehörigen, bzw. Volksdeutschen bedeutet. Die Bezeichnung ›Reichsbaluter‹ schliesst eine Art Charakteristik der betreffenden Person in nicht gerade schmeichelhaftem Sinne ein.« (»Enzyklopädie des Gettos«, Warschauer Konvolut, Karte 317)

44 *expedieren* ›absenden, befördern‹; zu latein. *expedire* ›losmachen, herrichten‹.

45 Die »Enzyklopädie des Gettos« fasst zu Mojzesz Gumener zusammen: »Geb. am 7.I.1920, seit Januar 1940 eingestellt in der Wohnabteilung, seit dem 1.IV.1940 bei der Post. Er arbeitet eine kurze Zeit im Ressort für Filzpantoffel in der Sulzfelderstrasse 11, im September 1940 kehrt er als Leiter des Referates für die Auszahlung von Beihilfen zur Post zurück. Seit dem 25.XI.1942 Leiter der Postabteilung.« (»Enzyklopädie des Gettos«, Łódzer Konvolut, Karte 107. Übersetzung Joanna Ratusińska)

46 Zum Stichwort *Protektion* verzeichnet ein polnischsprachiger Artikel der Getto-Enzyklopädie: »eine Bekanntschaft im Getto, die das Erreichen von gewöhnlichen Leistungen auf einem einfacheren Weg (z. B. Erledigung von etwas, ohne anstehen zu müssen) oder sogar durch zusätzliche Unterstützung, ermöglicht. Im Getto nutzt man derartige Bekanntschaften auf Schritt und Tritt und in jeder Angelegenheit; mit der Zeit wird die Protektion zur Existenzgrundlage. Dienste, die aufgrund solcher Bekanntschaften erwiesen werden, verpflichten meistens dazu, sich zu revanchieren.« (»Enzyklopädie des Gettos«, Warschauer Konvolut, Karte 303. Übersetzung Joanna Ratusińska)

47 ›Gemüsegarten‹; poln.

48 Oskar Rosenfeld nimmt Bezug auf einen Getto-Spiegel vom 19.5.1944, wo Oskar Singer die traurige und zugleich amüsante Geschichte der Bepflanzung eines Kinderwagens mit Gemüse erzählt. Der Besitzer fuhr diesen Garten aus Furcht vor Diebstahl unablässig im Getto herum.

49 ›Gräben, die Schutz vor Bomben, Granatsplittern o.ä. geben sollen‹.

50 Gemeint ist Dr. Oskar Singer.

51 ›Luftschutzwart‹.

52 Dr. Otto Bradfisch (1903-1994), SS-Obersturmbannführer und ab April 1942 Chef der Łódzer Gestapo, übernahm Mitte 1943 (kommissarisch) auch das Amt des Oberbürgermeisters in Łódź/Litzmannstadt. 1963 wurde er in Hannover wegen zweifachen Mordes, Beihilfe zum gemeinschaftlichen Mord an mindestens 15.000 Menschen in einem Falle und an 7.000 Menschen in einem weiteren für schuldig befunden. Für seine tausendfachen Straftaten erhielt er 13 Jahre Zuchthaus – 1964 war er freilich schon Freigänger.

53 Gemeint ist Werner Ventzki (geb. 1906), der bis zum 30.6.1943 Oberbürgermeister von Łódź/Litzmannstadt war. Nach dem Krieg machte Ventzki eine beachtliche Karriere im bundesdeutschen Vertriebenenministerium. Obgleich von Seiten Polens ein Auslieferungsgesuch vorlag, wurde Ventzki nicht der polnischen Justiz überstellt. Auch in Deutschland ist er für seine Verbrechen nie vor ein Gericht gestellt worden.

54 Eine solche Person ist nicht aktenkundig. Vermutlich handelt es sich um den damals amtierenden Polizeipräsidenten von Litzmannstadt, Dr. Karl Wilhelm Albert (1898-1960). Albert wurde nach dem Krieg nicht für seine Verbrechen belangt. Vgl. auch Klee, »Personenlexikon«, S. 11.

55 Am Tag des deutschen Überfalls auf Polen erneuerte Adolf Hitler 1939 die Stiftung des Eisernen Kreuzes, eines ursprünglich preußisch-deutschen Tapferkeitsordens, der – unterteilt in 2. und 1. Klasse – von 1813 bis zum Ende des Ersten Weltkriegs 1918 an deutsche Soldaten verliehen wurde. Mit der Erneuerung 1939 wurde als höchste Auszeichnung des Eisernen Kreuzes das Ritterkreuz neu eingeführt, das in Form und Gestaltung den beiden ersten Klassen glich, in der Abmessung jedoch etwas größer ausfiel. Später wurden weitere Klassen des Ritterkreuzes eingeführt. Im NS-Regime genossen Ritterkreuzträger ein durch die Propaganda erzeugtes Höchstmaß an Ansehen und Popularität und besaßen nicht selten eigene Autogrammkarten.

56 Günter Fuchs (1911-?), Kriminalkommissar, war Leiter des Referats IV B (vormals II B) innerhalb der Stapostelle Łódź. Dieses Referat war für das Getto zuständig. Fuchs wurde 1958 von einem Überlebenden in Hannover erkannt und 1963 schließlich wegen Mordes in neun Fällen – davon in drei Fällen als Mittäter –, versuchten Mordes in zwei Fällen sowie Beihilfe zum gemeinschaftlichen Mord in 15.000 Fällen zu lebenslanger Haft verurteilt. 1980 wurde er vorzeitig aus der Haft entlassen.

57 Alfred Stromberg (1908-1950) war als Kriminalassistent im Referat IV B der Stapo Łódź angestellt. Er wurde 1948 an Polen ausgeliefert. Am 27.9.1949 wurde er angeklagt wegen seiner Verbrechen im Getto und schließlich zum Tode verurteilt. Das Urteil wurde am 10.3.1950 vollstreckt.

58 ›Einrichtung zur ambulanten Behandlung‹, aus poln. *ambulatorium*, zu franz. *ambulance*.

59 Im Original nachfolgend ein Wort gestrichen, unleserlich.

60 Hans Biebow (1902-1947) wurde in Bremen geboren, erlernte zunächst den Kaufmannsberuf und war als erfolgreicher Kaffeehändler tätig. 1937 trat er der NSDAP bei. Durch seine zahlreichen Kontakte wurde es ihm möglich, sich am 5. Mai 1940 zum Leiter der »Ernährungs- und Wirtschaftsstelle Getto« bei der Stadtverwaltung Łódź/Litzmannstadt ernennen zu lassen. Ab Oktober 1940 wurde die »Gettoverwaltung«, wie die Stelle dann hieß, faktisch selbstständig und Biebow nahezu allmächtig, was das Getto anbelangte. Zunächst arbeiteten 92, später 250 Mitarbeiter für seine Verwaltungseinheit. Biebow entwickelte die diversen Strategien, die das Getto als Wirtschaftsbetrieb begriffen, aus dem größtmöglicher Profit zu schlagen sei. Sie hatten den unmittelbaren und mittelbaren Tod Tausender zur Folge. Biebow gehörte zu den Organisatoren der Deportationen in die Vernichtungslager, wobei er eigenhändig Morde beging. Nach dem Krieg wurde Biebow in Deutschland von einem Überlebenden erkannt und von den Besatzungsmächten nach Polen ausgeliefert. Am 30.4.1947 wurde er in Łódź zum Tode verurteilt. Das Urteil wurde am 23.6.1947 vollstreckt. Vgl. auch Klee, »Personenlexikon«, S. 48.

61 Gemeint ist Erich Czarnulla (1902-1948), Angestellter der Gettoverwaltung. Er wurde am 27.3.1948 im Polizeigefängnis in Lodz hingerichtet. Czarnulla war ab dem 15.6.1940 Stellvertreter von Biebow. Vom Kreisgericht in Łódź wurde er am 24.10.1947 zum Tode wegen fünffachen Mordes sowie der Mitwirkung an der Ermordung der Juden im Getto verurteilt.

62 Heinrich Schwind (1890-1955), Angestellter der Gettoverwaltung und dort verantwortlich für die Deportationen von Łódź nach Chełmno (Kulmhof). Er wurde 1952

wegen Mordes in sieben Fällen in West-Berlin zu lebenslanger Haft verurteilt. Er starb 1955 im Gefängnis.

63   Isaiah Jakobson (1906-?; auch Jakubson geschrieben) wurde in Łódź geboren und studierte bis 1929 Jura in Krakau. Ab 1938 arbeitete er als selbstständiger Anwalt in seiner Geburtsstadt. Er war besonders auch im jüdischen Sportwesen engagiert. Nach der Besetzung durch die Deutschen arbeitete Jakobson auch in der jüdischen Gemeinde und zwar zunächst als Rumkowskis Privatsekretär. Im August 1940 wurde er von diesem beauftragt, das Gerichtswesen im Getto zu organisieren bzw. aufzubauen. Am 3.9.1940 ernannte ihn Rumkowski zum Vorsitzenden des Getto-Gerichts. Dieses Amt übte er bis zu seiner Deportation 1944 aus. (»Enzyklopädie des Gettos«, New Yorker Konvolut, RG 241/831. Übertragung aus dem Jiddischen von Andrea Löw)

64   Gemeint ist vermutlich Jozef Kol, zu dem sich ein polnischsprachiger Eintrag in der »Enzyklopädie des Gettos« erhalten hat: »Geb. am 21.7.1903 in Kalisz. Seine Arbeit im Getto begann er am 13. Mai 1940 als Aspirant des O.D. Er wurde der Kommandanturreserve am Kirchplatz 4 zugeteilt, wo er bis zum 15. Juli 1940 blieb, als man ihn ins II. Revier versetzte. Am 1. September 1940 wird er zum Stellvertreter des Kommissars nominiert, am 1. März 1941 befördert man ihn zum Kommissar des II. Reviers. Auf diesem Posten bleibt er bis zum 4. April 1943, danach wird er ins Zentralgefängnis versetzt.« (»Enzyklopädie des Gettos«, Łódzer Konvolut, Karte 130. Übersetzung Joanna Ratusińska)

65   Zu Samuel Berkowicz hält die »Enzyklopädie des Gettos« folgenden Beitrag bereit: »Geb. am 4. November 1900 in Łódź. Am 1[?]. März 1940 bewirbt sich Herr B. um die Aufnahme in die Reihen des Ordnungsdienstes und am 15. dieses Monats wird er zum Leiter der Sektion der Preiskontrolle und des Sanitärreferats. Auf diesem Posten bleibt er bis zum 1. Mai 1940. Danach wird er vom Kommandanten des O.D. beauftragt, im Zusammenhang mit der Einteilung des O.D.s in einzelne Reviere das III. Revier als Kommissar zu organisieren. Herr B. leitet das III. Revier bis Ende 1940. Am 1. Januar 1941 wird er ins I. Revier als Kommissar versetzt, wo er bis zum 5. Juli 1941 arbeitet. An diesem Tag wird er auf Befehl des Herrn Präses von der Polizei zur Höchsten Kontrollkammer beordert. Im November 1941 beaufsichtigt er das Ressort von Radziejewski, wo er bis zum [?]. März 194[?] bleibt; danach ist er einen Monat lang als Mitglied der Aussiedlungskommission tätig. Am 10. April 194[?] kehrt er als Kommissar ins I. Revier zurück. Am 1. April 1944 wird Herr B. vom Kommandanten Rozenblatt zu seinem Stellvertreter ernannt.« (»Enzyklopädie des Gettos«, Łódzer Konvolut, Karte 40. Übersetzung Joanna Ratusińska)

66   Dr. Ignatz Nussbrecher (1901-1944) absolvierte die juristische Fakultät der Universität Wien und praktizierte ab 1930 als selbstständiger Anwalt. Ins Getto wurde er am 24.10.1941 mit dem III. Wiener Transport verschleppt. Am 22.11.1941 wurde er zum Prokurator des Getto-Gerichts bestellt. (»Enzyklopädie des Gettos«, Łódzer Konvolut, Karte 177. Übertragung Andrea Löw) 1944 wurde er nach Auschwitz deportiert und dort getötet.

67   Vgl. zu dieser Person Chronik vom 19.7.1944.

68   Ein Vitaminpräparat.

69   Ersatzkaffee aus geröstetem Mais.

70   Mit dem Terminus *Eingesiedelte* wird auf jene 19.722 Menschen Bezug genommen, die im Zeitraum vom 17.10. bis zum 4.11.1941 auf Befehl von Heinrich Himmler (vom 18.9.1941) aus Österreich, Böhmen, Luxemburg und dem Altreich ins Getto depor-

tiert worden waren. Freilich waren jetzt, im Juni 1944, nur noch wenige dieser Menschen übrig. Die meisten wurden bereits in Chełmno getötet. Zwischen den Eingesiedelten, den »Westjuden«, und den bereits vor dem Krieg in Łódź lebenden »Ostjuden« kam es im Getto zu heftigen Kontroversen. Oskar Singer hat sich diesen Spannungen in besonderer Weise genähert. Vgl. dazu Singer, »Im Eilschritt...«.

71 Adjektivbildung zu jidd. *mischpóche* ›Familie, Verwandtschaft, Klan‹ aus hebr. *mischpachá*; die negativ besetzte Eindeutschung *mischpoke* beruht auf Vermittlung durch das Rotwelsche.

72 eigentlich ›Militärarzt, älter Barbier‹, zu mhd. *schern* ›schneiden, scheren‹, auch in tschech. *felčar*, poln. *felczer*.

73 Izydor Wisniewski (1900–?), vor dem Krieg Fabrikant, im Getto Leiter der Handstrickerei. Im August 1944 nach Auschwitz deportiert.

74 Vgl. Endnote 12 (Juni 1944).

75 Im Original nachstehend gestrichen: *auf der*.

76 Plakate ankleben, befestigen; zu franz. *afficher*.

77 Mit dem Adjektiv *staatlich* bezeichneten die Chroniqueure nur deutsche Behörden.

78 aus mlatein. *bursa* ›Herberge‹.

79 ›schließen‹, österr.

80 Um auch der letzten Geldreserven der Gettobewohner habhaft zu werden, ließ Regierungspräsident Uebelhoer auf Bitten von Hans Biebow den Zahlungsverkehr mit regulären Währungen verbieten. Stattdessen verfügte er die Einführung von Gettogeld, das ab dem 8.7.1940 das einzig gültige Zahlungsmittel im Getto wurde. Alle Gefangenen mussten ihre Reichsmark, Złoty oder anderen Devisen gegen so genannte »Mark-Quittungen« eintauschen, die zunächst im Nennwert von einer, zwei, fünf, zehn, zwanzig und fünfzig Mark ausgegeben wurden. Dass die Bezeichnung »Quittung« keinerlei Ansprüche signalisierte, stellte die Gettoverwaltung in einem Schreiben vom 23.2.1942 deutlich fest: »Sollte das Ghetto einmal aufgelöst werden, was allerdings nicht anzunehmen ist, dann kann kein Besitzer von Ghettogeld Rechtsansprüche gegen das Deutsche Reich stellen, da der Schein nichts weiter als eine Quittung ist.« Die Einführung der Binnenwährung diente freilich abermals auch der Isolation des Gettos – ein wie auch immer gearteter Handel mit außen war nun nicht mehr möglich.

81 ›Geldgeschäft‹; zu franz. *manipulation* in der Bedeutung ›Verfahren, Handlungsweise‹.

82 Gemeint ist die Marienkirche, die zum Gettogebiet gehörte und zum Warenlager umfunktioniert worden war. Das zugehörige Pfarramt – wegen seiner roten Backsteinziegel in der Gettosprache »Rojtes Hajzel« genannt – diente der deutschen Kripo als Verwaltungs- und Verhörgebäude. Zahllose Opfer wurden hier zu Tode gequält.

83 Hier wohl ›(Aussiedlungs-)Kommission‹; aus latein. *patronatus*, bildungsspr.

84 Im Original gestrichen: *Zur Arbeit ausserhalb des Gettos*.

85 Izak Gutman (1900–?), Leiter der Bauabteilung. Im August 1944 nach Auschwitz deportiert.

86 ›krank‹, aus ahd. *sioh*, mhd. *siech*.

87 Die »Enzyklopädie des Gettos« führt aus: »ein von der Firma Merk in Darmstadt hergestelltes Vitamin D-Präparat, u. a. zur Heilung von ›Knochenerweichung‹; im Getto als ›Wundermittel‹ geschätzt.« (»Enzyklopädie des Gettos«, Warschauer Konvolut, Karte 417)

88 ›versteckte Wertsachen‹; gettospr.

89 Die endgültige Liquidierung des Gettos beginnt. Die Transporte, die ab dem 23.6. bis zum 14.7.1944 regelmäßig abgehen, haben alle das Vernichtungslager Chełmno (Kulmhof) zum Ziel. Alle 7.196 Menschen werden im Gas erstickt.

90 In den Bevölkerungsstand werden die Deportierten nicht sofort eingerechnet; dies erfolgt immer erst dann, wenn auch die Statistische Abteilung entsprechende Änderungen durchgeführt und an das Archiv weitergeleitet hat.

91 ›Beziehungen‹; jidd. *Plejzes* ›Schulter‹, zu poln. *plecy* ›Rücken‹, das im Getto ebenfalls in der Bedeutung ›Beziehungen‹ gebraucht wurde; gettospr.

92 Salomon Lewin (1906-?), vor dem Krieg Angestellter, seit 1942 Leiter der Strohschuhabteilung. Nach Auschwitz deportiert im August 1944.

93 ›nicht verdienstvollen‹; zu latein. *meritorius* ›verdienstlich‹.

94 eigentl. ›Verrechnung gegenseitiger Geldforderungen‹, aus engl. *clearing*, wirtschaft.

95 Die »Enzyklopädie des Gettos« führt zu Josef Podlaski aus: »geb. 6.12.1893, vor dem Kriege leitender Beamter der Firma Etington, Lodz, arbeitete seit Juli 1940 in der Gemeinde und wurde am 19.7.1943 zum Leiter der Leder- und Sattler-Abteilg. ernannt. Nach dem Abgang des deutschen Leiters Schaumburg /Getto-Verwaltung/ berief ihn der Amtsleiter Biebow als Fachmann für die Lederbetriebe in die Getto-Verwaltung unter Beibehaltung seiner Funktion als Leiter des obigen Betriebes. P. galt als einer der fähigsten Männer des Gettos und wurde vom Aeltesten sehr geschätzt.« (»Enzyklopädie des Gettos«, Łódzer Konvolut, Karte 190) Im August 1944 wurde er nach Auschwitz deportiert.

96 Izak Sonabend (1908-?) war vor dem Krieg Büroangestellter, im Getto zunächst in der Filzschuh-Abteilung und dann in der Schuhfabrik tätig, ehe er Leiter des riesigen Altschuh-Lagers wurde.

97 Mieczysław Rosenblatt (1893-?) war Organisator und Leiter der Zentralbuchhaltung des Gettos und damit – wie Rumkowski ihn selbst des Öfteren nannte – »Finanzminister«. Er wurde im August 1944 nach Auschwitz deportiert.

98 Zygmund Reingold (1900-?) wurde in Łódź geboren und arbeitete bis 1932 als Angestellter und Handelsvertreter. 1933 wurde er Vorsitzender eines Industriellen-Verbandes. Die ersten drei Monate des Krieges verbrachte er in einem Gefangenenlager in Lukenwalde, wo er Ältester der jüdischen Gefangenen wurde, später übte er eine ähnliche Funktion auch in Krakau aus. 1939 kehrte er nach Łódź zurück, wo er sich in der Gemeindearbeit engagierte. Er übernahm zunächst die Leitung des »Arbeitseinsatzes« in der Stadt, später koordinierte er auch die Arbeit im Getto. Am 1.5.1940 trat er dem Ordnungsdienst bei und wurde Kommissar des ersten Reviers sowie dessen Vorsteher (daher rührte sein Titel »Kommandant«). Im Ordnungsdienst blieb er tätig bis zum 31.12.1940. Nachdem der erste Leiter des »Sonderkommandos« des O.D., Herzberg, verhaftet wurde, übernahm Reingold zunächst ab dem 7.8.1940 auch diese Abteilung. Am 1.1.1941 wurde er in den Wirtschafts-Ordnungsdienst überführt, wo er eine der beiden Leitungsposten der Approvisationsabteilung übernahm. Zudem wurde er Leiter der Kartoffel-Gruben in Marysin. Am 12.3.1942 wurde er alleiniger Vorsteher des Wirtschafts-Ordnungsdienstes. (»Enzyklopädie des Gettos«, Łódzer Konvolut, Karte 199-201. Übertragung Andrea Löw)

99 Abkürzung für Fach- und Kontrollabteilung. Die FUKA übernahm einige der Aufgaben der am 12.11.1942 geschlossenen »Höchsten Kontrollkammer« (vgl. Organigramm im Anhang).

100 Izaak Lotenberg (1901-?) arbeitete nicht nur für die FUKA, sondern u. a. auch für die zentrale Buchhaltung und das Textilressort.

101   Die beiden letzten Namen wurden handschriftlich ergänzt.
102   Im Original nachfolgend per Hand gestrichen: *untere Grenze unter- und die.*
103   Der Autor des Eintrags – vermutlich Oskar Singer – bezieht sich hier auf die Deportationen des Jahres 1942, in deren Verlauf über 70.000 Menschen brutal verschleppt und ermordet wurden. Seit Mai 1942 verdichteten sich im Getto Łódź die Gerüchte über das Schicksal der verschleppten Menschen: Die Nazis hatten in ihrem Bestreben, durch die Ermordung ihrer Opfer ökonomisch im höchst möglichen Maße zu profitieren, die Hinterlassenschaften der Getöteten in kleinen Lagern bei Łódź für ihr Winterhilfswerk sortieren lassen. Einige Sachen kamen auch direkt ins Getto zurück. Dabei waren die Arbeiter auf blutdurchtränkte Kleidung gestoßen und hatten persönliche Gegenstände – wie etwa Ausweise – gefunden. Die Vermutung, dass die Menschen einem Verbrechen zum Opfer gefallen sein mussten, lag nahe.
Besonders die »Aussiedlungen« im September 1942 waren den Gettoinsassen noch in grauenvoller Erinnerung, denn sie überstiegen alles, was das Getto bis dahin (und bis zur endgültigen Liquidierung) an Gewalt erleben musste: Es waren vor allem die Kinder unter zehn Jahren und die älteren Menschen über 65, die deportiert und ermordet wurden. Da zahlreiche Eltern ihre Kinder nicht hergeben wollten und der jüdische Ordnungsdienst mit dieser Situation nicht fertig wurde, griff die Gestapo ein. Zahlreiche Menschen wurden in der Folge im Getto erschossen, Babys wurden aus den Fenstern auf Transportwagen geworfen, Alte und Kranke aus den Krankenhäusern geprügelt.
104   Gemeint sind die Deportationen vom September 1942, die allgemein unter der Bezeichnung »Gehsperre« oder »Sperre« im Getto bekannt waren.
105   Zwischen dem 7.12.1941 bis zum 28.8.1942 wurden 17.826 Juden aus aufgelösten Provinzgettos im Warthegau ins Łódzer Getto verbracht.
106   Zu dieser Zeit eigentlich umbenannt in Kranichweg.
107   ›Sprechstunde‹; zu latein. *ordinatio* ›Anordnung, Regelung, Reihenfolge, Einsetzung‹, österr.
108   Im Original statt dessen gestrichen: *können.*
109   Empfindung, Gefühl; aus franz. *sentiment*, bildungsspr.
110   ›Bügeleisen‹, zu niederdt. *plätten* ›bügeln‹, zu *platt.*
111   *requirieren* ›(für militärische Zwecke) beschlagnahmen‹; zu latein. *requirere* ›nachforschen, verlangen‹.
112   Die Hintergründe der Verhaftung sind nicht mehr völlig aufzulösen – vermutlich steckte ein Konflikt mit Biebow dahinter, der sich um die Leitung der Schneider-Ressorts drehte.
113   ›armseliges Volk, unterste soziale Schicht‹; latein. (Horaz, Satirae).
114   ›Aufsicht, Übersicht‹; eigentl. ›das Anpassen der Ware an die Bedürfnisse der Verbraucher durch Sortieren, Mischen, Veredeln‹, österr. Amtssprache.
115   *Tetanus* Wundstarrkrampf; aus latein. *tetanus* Halsstarre.
116   Gemeint ist hier ein Kreis von Intellektuellen, der sich regelmäßig in der Wohnung der Autorin Miriam Ulinower (1890-1944) traf. Vor allem junge jiddischsprachige Autoren – wie Chava Rosenfarb, Rivka Kwiatkowski-Pinhasik oder Alter Schnorr (Israel Ber Izinger) – kamen dorthin und diskutierten ihre Werke. Auch die nachstehend Genannten gehörten dieser Gruppe an.
117   Szmul Rozenstajn (1898-1944) war vor dem Kriege Lehrer und Journalist; er arbeitete als Korrespondent von »Hajnt«, einer jüdischen Zeitung in Warschau. Im Getto fungierte er u. a. als eine Art Sprecher von Rumkowski und vermutlich war er es, der

Rumkowskis Reden schriftlich fixierte. Er arbeitete auch kurzzeitig im Archiv. Zwischen März und September 1941 war er Hauptschriftleiter der »Gettozajtung«, eines jiddischen Nachrichtenorgans des Gettos, das freilich wenig Information, dafür umso mehr Propaganda für Rumkowski enthielt. Die Zeitung stieß daher auf wenig Interesse bei den Lesern und wurde eingestellt. Ab 1941 war Rozensztajn Leiter der Getto-Druckerei. Er wurde 1944 in den Gaskammern von Auschwitz-Birkenau ermordet.

118   Josef Zelkowicz (1897-1944) war vor dem Krieg Mitarbeiter des YIVO (Institut für jüdische Wissenschaft) in Łódź und profilierte sich früh als Kenner des Jiddischen und jüdischer Folklore. Im Getto gehörte er seit 1941 dem Archiv an, für das er bis zu seiner Deportation nach Auschwitz arbeitete. Er war dort u. a. regelmäßiger Beiträger zur Chronik und zur »Enzyklopädie des Gettos«. Doch Zelkowicz war auch in anderen Bereichen literarisch äußerst produktiv: Er gehörte verschiedenen literarischen Zirkeln an und schrieb Texte, die im Kulturzentrum zwischen 1941-1942 zur Aufführung kamen. Eine Auswahl seiner Beiträge zum Archiv und Auszüge aus seinem Tagebuch sind von Yad Vashem in englischer Übersetzung vorgelegt worden. Der Band enthält auch eine längere Skizze zu Zelkowiczs Leben. Vgl. Josef Zelkowicz: »In Those Terrible Days. Notes from the Lodz Ghetto«. Hg. v. Michal Unger. Jerusalem 2002.

119   Isaiah/Szaja Szpigel (auch Spiegel) (1906-1991) war vor dem Krieg Lehrer für Jiddisch und jiddische Literatur in Łódź. Im Getto gehörte er bald zu den bekanntesten Literaten – er verfasste u. a. zahlreiche Kurzgeschichten und Gedichte. Während seiner literarischen Tätigkeit kam er mit Rumkowski in Konflikt, der ihn bereits deportieren lassen wollte, ehe er von Henryk Neftalin davon überzeugt wurde, von dieser Maßnahme abzusehen. Anders als seine Eltern und drei seiner Geschwister überlebte Szpigel das Getto, Auschwitz und einige weitere Lager. Nach dem Krieg kehrte er zunächst nach Łódź zurück, um wieder als Lehrer zu arbeiten. Zwischen 1948 und 1950 lebte er in Warschau, danach emigrierte er nach Israel, wo er als Regierungsangestellter und bekannter Schriftsteller bis 1991 lebte. Er starb in Givatajim. Eine Auswahl aus seinen Kurzgeschichten, die bereits im Getto entstanden, findet man in: Isaiah Spiegel: »Ghetto Kingdom. Tales of the Lodz Ghetto«.

120   ›rote Beete‹; aus poln. *botwinka*.

Tageschronik Juli 1944

1   Manche dieser Angehörigen lebten freiwillig im Getto, andere wurden mit ihren Partnern eingewiesen. Das Schicksal einer solchen Frau, die schließlich nach dem Tod ihres Mannes das Getto wieder verlässt, schildert Lucille Eichengreen in ihrer Erzählung »Erika« in: Lucille Eichengreen: »Frauen und Holocaust«, S. 36-42.

2   ›zugeteilt‹; subst. *Ausfolgung* ›Lebensmittelausgabe‹, österr. Amtssprache.

3   öffentlich bekannt gegeben.

4   ›Zuweisung von Kolonialwaren‹; eigentl. ›überseeische (koloniale) Erzeugnisse und Rohstoffe wie Bananen, Reis, Zucker, Kaffee, Kakao, Gemüse, Tee etc.‹. Im Getto gab es freilich solche Produkte nur sehr reduziert und dann nur in ausgesprochen schlechter Qualität, wie etwa Ersatzkaffee.

5 Peter Wertheimer fasst in der »Enzyklopädie des Gettos« zusammen: »Die Esschale des Soldaten, der unzertrennliche Begleiter des Gettobewohners, der darin seine tägliche ›Suppe‹ holt und verzehrt, war bequemer als der auch weitverbreitete Suppentopf. Der Name stammt wohl aus der österreichischen Militärmundard, die die Verpflegung als ›Menage‹ bezeichnete. Ihre Formen waren manigfaltig, doch überwog später die reichsdeutsche nierenförmige Büchsenform, besonders seit diese Menaschka vom Metallressort II in Leichtmetall im Getto selbst hergestellt wurde.« (»Enzyklopädie des Gettos«, Łódzer Konvolut, Karte 255)

6 Rumkowski ist in der historiografischen und in der Erinnerungsliteratur bis heute eine der umstrittensten Figuren des Holocaust. Bei jenen, die ihn ob seines Handelns im Getto verurteilen, wird stets auch sein Hang zum Größenwahn hervorgehoben. Die Anmaßung von Rabbinerrechten – Rumkowski traute die Paare seit der Liquidierung des Rabbinats im Zuge der Septemberaussiedlungen 1942 nicht nur, er segnete sie auch – wird dabei häufig als Beleg angeführt, dass Rumkowski seine wahre Bedeutung völlig überschätzte. Auch Oskar Rosenfeld hatte diese Tendenz beim »Präses« bemerkt und notierte in sein privates Tagebuch: »Alter will für künftige Zeiten historische Rolle spielen. Spricht davon, daß er Menschen aus Getto wieder zurückführen will und an der ›Spitze marschieren‹. Absicht, jetzt schon eine Organisation zu schaffen, die die notwendigen Vorarbeiten durchführen soll. *Der Alte*. Der primitive Subalterne, plötzlich zur Macht gekommen, nur den einen Wunsch: sich an der Macht zu halten. Hätte er Verständnis für Politik gehabt, hätte er staatsmännisches Talent besessen, verhandelt, gedroht, erpreßt, erschmeichelt, ertrotzt – so wäre vieles nicht geschehen.« (Rosenfeld, »Wozu noch Welt«, S. 210) Zur eigentümlichen Sprachform des Tagebuchs von Rosenfeld vgl. Riecke, »Zur Sprache der Opfer des Nationalsozialismus«.

7 ›außerhalb der Reihenfolge, zusätzlich‹; zu franz. *tour*, österr.

8 Dieses Wort ist im Original handschriftlich eingefügt.

9 Gemeint sind die Fabrikanlagen der Großweberei Poznański – eines Industriebetriebs, der von Izrael Poznański gegründet wurde und zwischen dem Ende des 19. Jahrhunderts und dem Ersten Weltkrieg in voller Blüte stand. Das Fabrikgelände – und die herrliche Residenz der Familie – befanden sich ganz in der Nähe des Gettos. Noch heute gehört das Ensemble aus Fabrik, Wohnpalast und Arbeitersiedlung zu den eindrucksvollsten Monumenten der Stadt Łódź.

10 Im Original handschriftlich statt *nicht* gestrichen: *wieder*.

11 Im Original ab hier bis zum Ende des Satzes handschriftlich ergänzt.

12 Mit Dr. Hugo Natannsen wurde ein – nicht nur im Getto – äußerst profilierter Arzt deportiert; er wurde nur wenig später mit seiner gesamten Familie in Chełmno (Kulmhof) mit den übrigen Mitgliedern des hier erwähnten Transportes vergast. Oskar Rosenfeld widmete Natannsen einen kurzen Eintrag in der »Enzyklopädie des Gettos«: »geb. 1897 in Hamburg. […] Veröffentlichte als Arzt in Hamburg 1931 eine Schrift über Glucosebehandlung des Muskelrheumatismus. 1934 Paris. 1935 bis 1937 Sowjetrussland, Dozent am Rheumatolog. Institut, Odessa. Aus Russland als angeblicher Spion der Gestapo ausgewiesen. 1938 bis 1941 in Prag. Als Transportarzt /V. Transport/ November 1941 ins Getto. Hier Chefarzt des Instituts f. Elektro-Medizin, später Ambulanzarzt, schliesslich Ressortarzt. Spezialität: Behandlung von Rheumatismus und Asthma.« (»Enzyklopädie des Gettos«, Łódzer Konvolut, Karte 178)

13 ›außerhalb des Gettos‹; gettospr.

14 Im Original nachfolgend gestrichen: *gemeldet*.

15 Die Chronisten beziehen sich hier auf Schilderungen im Zusammenhang mit den Deportationen von 1942 und 1943. Die Transporte des Jahres 1943 führten dabei nicht in Vernichtungslager.

16 ›Umsiedlung‹; zu latein. *trans* ›hinüber‹ und *locatio* ›Stellung‹, eigentl. ›Ortsveränderung‹.

17 *exmitieren* ›durch gerichtlich angeordnete Zwangsräumung aus einer Wohnung, von einem Grundstück weisen‹; zu latein. *exmittere* ›fortschicken, herauswerfen‹, rechtsspr.

18 Die erwähnte Beilage zur Chronik hat sich nicht mehr erhalten.

19 zu griech. *perí* ›um ... herum‹ und *appendizitisch* ›die Appendizitis, Blinddarmentzündung betreffend‹; fachspr.

20 Oskar Singer hat in der »Enzyklopädie des Gettos« über Bondy festgehalten: »geb. 2.9.1889, kam mit dem II. Prager Transport im Oktober 1941 ins Getto. Zunächst bei der Transportabteilung tätig, übernahm er nach Heinz Fischer die Leitung des II. Trans./Kollektiv [die aus dem Westen in das Getto Deportierten lebten zunächst als Kollektive in ehemaligen Schulgebäuden zusammen, d. Hrsg.]/, sodann die Oberleitung aller Transporte nach deren Auflösung [gemeint sind die Kollektive, d. Hrsg.] im März 1943. Er schuf eine Art Spitzenorganisation der Eingesiedelten im Rahmen der ›Abt. f. d. Eingesiedelten‹. Nach Liquidierung dieser Organisation berief ihn Präses Rumkowski als Leiter der neugeschaffenen Frauenpolizei /FOD/ mit dem Rang eines Aspiranten des O.D. Nach Auflösung des FOD wurde Dr. Bondy dem III. O.D.-Revier als O.D.-Offizier zugeteilt. Dr. Bondy erwarb sich hohe Verdienste um die Betreuung der Eingesiedelten.« (»Enzyklopädie des Gettos«, Łódzer Konvolut, Karte 20)

21 Die »Enzyklopädie des Gettos« teilt in einem jiddischsprachigen Artikel mit, dass Dr. Pawel Feygl (1898-?) in Tabor geboren wurde und die juristische Fakultät der Prager Universität 1922 mit dem Doktorat abschloss. Ab 1927 arbeitete er als Rechtsanwalt in Prag. Am 22.10.1941 kam Feygl mit dem II. Prager Transport ins Getto, schon am 22.11.1941 wurde er als Richter ans Getto-Gericht berufen. Im Januar 1942 übernahm er die Leitung der Strafabteilung des Gerichts. (»Enzyklopädie des Gettos«, Łódzer Konvolut, Karte 78. Übertragung Andrea Löw)

22 ›Rettich‹; bair.-österr., zu latein. *radix* ›Wurzel‹.

23 Der Besuch der SS-Kommission stand im Zusammenhang mit der Unterbrechung der Deportationen nach Chełmno, die ab dem 14.7. gestoppt wurden, da die SS aus Angst vor der heranrückenden Roten Armee das Lager räumte. Hinzu kommt, dass in den beiden letzten Monaten der Kampf um das Łódzer Getto zwischen Reichsführer-SS Heinrich Himmler und Reichsminister Speer eskalierte: Während Himmler die Liquidierung des Gettos weiter vehement vorantrieb, versuchte Speer Hitler vom Erhalt der kriegswichtigen Produktion im Getto zu überzeugen. Speer konnte nur kurze Zeit die Aufmerksamkeit Hitlers gewinnen und damit eine Verzögerung der Getto-Auflösung bewirken; letztlich setzte sich Himmler durch, der »seinen« Krieg gegen die Juden noch gewinnen wollte, wenn auch der »normale« Feldzug verloren ging.

24 Gemeint sind andere Sammelpunkte.

25 ›unter Wert verkauft, zu Geld gemacht‹; umgangsspr.

26 Anders als in der Chronik bis dato ausgewiesen, berücksichtigt diese Zahl bereits die Deportationen.

27 Abram Grosman (1910-1944) war vom 13.5.1940 im O.D., und dort vom 26.6.1942 als Kommissar der Schneiderei Nr. 2 tätig.

28 Abkürzung für *Jakubastraße*. Der Betrieb wurde nicht nach seinem Leiter, sondern nach seiner Lage benannt.
29 Pinkus Inzelsztajn (1910-?) trat am 5.7.1940 in den O.D. ein und war ab 1.4.1941 Kommissar im Schneiderbetrieb Nowomiejska 28, ehe er am 26.6.1942 Leiter des Schneidereibetriebs in der Jakuba 16 wurde.
30 Szoel Terkeltaub (1910-?) war vor dem Krieg Miteigentümer einer kleinen Schreinerei und galt als Möbelfachmann. Im Getto trat er am 25.5.1940 dem O.D. bei und wurde am 1.4.1941 Kommissar aller Tischlerressorts, später der Tischlerressorts in der Drukarska- und in der Urzędniczastr. 3 (I. und II.).
31 ›Leitender Arzt eines Krankenhauses‹; österr.
32 ›Preissturz‹; aus franz. *déroute* ›auseinander laufen‹, wirtschaft.
33 zu nhd. *valuta* Geld, Gegenwert; aus gleichbed. ital. *valuta*.
34 ›Münze mit geringem Wert‹; eigentlich ›Münze, mit der feinere Unterschiede gemacht werden können‹, zu *scheiden*, fachspr.
35 ›Reiseutensilien‹; zu *Effekten* ›bewegliche Habe, Habseligkeiten‹, veraltet, noch schweiz.
36 Auch im Rahmen der Ermittlungen gegen Angehörige der Łódzer Polizeiorgane ließ sich nichts Näheres zu dieser Person ermitteln.
37 ›Brennstoff aus Stein- oder Braunkohle‹; zu engl. *cokes*, *coke* ›Kohle‹.
38 ›nun, wenn schon, was macht das schon‹; jidd., Interjektion.
39 ›nicht bei Verstand, verrückt‹; aus jidd. *meschugge*.
40 ›sich im Hals ausbreitende eitrige Entzündung von Gewebe‹; zu griech. *phlegmoné* ›Entzündung‹, fachspr.
41 Informationen über das tags zuvor gescheiterte Hitler-Attentat gelangten ins Getto. Vgl. dazu etwa: »›Les Vrais Riches‹«, S. 82 f.
42 Im Original nachstehend gestrichen: *Im Betrieb*.
43 Der Chronist bezieht sich hier vermutlich auf die Lage an der Ostfront. Die Rote Armee rückte schnell westwärts; nur zwei Tage nach diesem Eintrag (24.7.1944) wurde z. B. Lublin erobert. Natürlich stellten sich die Gettoinsassen die Frage, wie die Deutschen auf die näher rückenden Truppen der Sowjets reagieren würden – ihnen war freilich nicht klar, dass die Räumung des Gettos längst beschlossene Sache war.
44 ›durch Vitaminmangel hervorgerufene Krankheit, die sich in Müdigkeit, Schwäche, Gedächtnis-, Schlaf- und Verdauungsstörungen und Hautveränderungen äußert‹; zu griech. *pélla* ›Haut‹ und *ágra* ›das Fangen‹, fachspr.
45 ›Würdenträger‹; zu latein. *dignitas* ›Würde‹.
46 Gemeint ist vermutlich »Übelkeiten«.
47 ›noch in unseren Tagen‹; hebr.
48 *beheben* ›abholen‹; hier wohl ›beschlagnahmen‹, aus mhd. *beheben* ›wegnehmen‹.
49 Bei diesem Beamten handelt es sich nicht um den Chef der Kripoaußenstelle Getto, sondern offenbar nur um einen »Wachtmeister der Polizei in Litzmannstadt« (Adolf Diamant: »Ghetto Litzmannstadt. Bilanz eines nationalsozialistischen Verbrechens«. Frankfurt 1986. S. 174). Leiter der Getto-Kripo zu diesem Zeitpunkt war der Kriminalsekretär Ludwig Sievers.
50 ›wir lachen über Eure Suppe‹; jidd.
51 Die Karten waren Fälschungen – sie waren zwar mit einem Leipziger Poststempel versehen worden, doch waren die genannten Personen niemals nach Leipzig, sondern direkt ins Vernichtungslager gebracht worden und zu diesem Zeitpunkt bereits lange tot.

Durch ihre Spitzel waren die Deutschen immer sehr genau über die Stimmungen im Getto informiert, so war ihnen auch die Unruhe nach den letzten Transporten nicht entgangen. Um nun die bevorstehenden Deportationen nach Auschwitz zu verdecken bzw. die Bevölkerung erneut über die wahren Ziele zu täuschen, entschlossen sich die Deutschen zu diesem groß angelegten Betrug.

52 Dies war der letzte Versuch Speers, das Getto vor der bevorstehenden Liquidierung zu retten und als Arbeitsbetrieb zu erhalten.

53 Jakob Gonik (1898-?) war vor dem Krieg Kaufmann und im Getto vom 2.9.1941 an Leiter der Korsett- und Büstenhalter-Näherei.

54 Die Quelle dieser Nachrichten lässt sich nicht mehr verorten. Zu vermuten steht aber, dass die Deutschen nach bewährtem Muster Urheber dieser Nachrichten waren, führten sie doch – wie der Chronist bemerkt – insgesamt zu einer Beruhigung der Gettobevölkerung unmittelbar vor den wiedereinsetzenden Transporten.

55 Einer der (Spott-)Namen für die Getto-Währung, eine Kurzform zu Rumkowski; gettospr.

56 Dies ist der letzte Eintrag der Getto-Chronik, der sich erhalten hat. Sehr wahrscheinlich wurde auch kein weiterer Bericht mehr verfasst, denn schon am nächsten Morgen wurde im Getto bekannt, dass es nun zur endgültigen Räumung kommen wird. Trotz mehrfacher gegenteiliger Versprechungen gingen alle Transporte nach Auschwitz-Birkenau, wo die meisten der dort Ankommenden sofort ins Gas geschickt wurden. Einige Tausend wurden zum Arbeitseinsatz in Auschwitz ausgewählt oder in andere KZs verbracht. Viele von ihnen starben entweder an Entkräftung in den Lagern oder auf Todesmärschen. In Łódź selbst blieb – neben 500 Arbeitern, die man erst später in die KZs Sachsenhausen-Oranienburg und Königs-Wusterhausen deportierte – nur ein »Aufräumkommando« zurück, das das ehemalige Getto-Gebiet nach Wertsachen durchsuchen musste (vgl. auch die Einleitung von Sascha Feuchert). 870 Menschen dieses Kommandos waren noch am Leben, als am 15.1.1945 die Rote Armee Łódź einnahm. Die Deutschen hatten es nicht mehr geschafft, sie zu töten.

Insgesamt geht man davon aus, dass von den 160.000 Juden, die um 1941 im Getto lebten, nur 12.000 das Inferno überlebten (vgl. Diamant, »Bilanz«, S. 160).

Chronologie zur Geschichte des Gettos Łódź/Litzmannstadt

1.9.1939
Deutschland überfällt Polen – der Zweite Weltkrieg beginnt.

8.9.1939
Die Wehrmacht besetzt neben Warschau auch Łódź. Es schließen sich überall in Polen erste Gewaltakte gegen Juden an.

12.9.1939
Da neben zahlreichen Mitgliedern des Łódzer jüdischen Gemeinderats auch der Vorsitzende Jakub Lejb Mincberg geflohen ist, wählt der verbliebene Rest mit Abram Lajzor Pływacki von der religiösen Partei Agudath Israel einen neuen Vorstand. Der aus dem bürgerlichen Lager kommende Mordechaj Chaim Rumkowski wird zum Stellvertreter gewählt, erweist sich aber schon bald als treibende Kraft des Gremiums.

18.9.1939
Die deutschen Besatzer verbieten die Gottesdienste zum jüdischen Neujahrsfest (Rosch ha-Schana) und zum Versöhnungstag (Jom Kippur). Dies ist der Auftakt für eine Reihe weiterer Zwangsmaßnahmen, die in kurzer Folge erlassen werden und Juden das alltägliche Leben nahezu unmöglich machen: Es wird u. a. eine Ausgangssperre verhängt und sämtliche jüdischen Bankguthaben werden gesperrt. Hinzu kommt, dass die Ausübung traditionell jüdischer Berufe (Handel mit Leder- und Textilerzeugnissen) verboten wird. Jüdische Betriebe werden arisiert.

21.9.1939
Reinhard Heydrich, Leiter des SS-Hauptamtes Sicherheitspolizei und zu dieser Zeit zuständig für die »Einsatzgruppen«, ordnet an, dass Juden aus den eroberten Westgebieten auszuweisen seien und dass jüdische »Ältestenräte« gebildet werden sollen, die die Anordnungen der Deutschen umzusetzen haben.

13.10.1939
Der Leiter der Zivilverwaltung bei der Deutschen Wehrmacht, von Graushaar, verlangt vom Rabbinat Łódź ab dem 15.10.1939 die tägliche Bereitstellung von 600 männlichen Arbeitskräften.
Mordechaj Chaim Rumkowski wird von Stadtkommissar Leister zum »Ältesten der Juden« ernannt und beauftragt, einen »Judenrat« zu bilden. Der bestehende gewählte Gemeinderat wird aufgelöst.

30.10.1.1939
Reichsführer-SS Heinrich Himmler verfügt – in Ausführung eines Geheimerlasses von Hitler –, dass zwischen November 1939 und Februar 1940 alle Juden und eine noch festzulegende Anzahl von Polen aus den dem Deutschen Reich neu angegliederten ehemaligen polnischen Westprovinzen in das als »Generalgouvernement« bezeichnete Rest-Polen »ausgesiedelt« werden sollen.

9.11.1939
Die Stadt Łódź wird dem Deutschen Reich angegliedert.

9.11.1939
Erste öffentliche Hinrichtung in Łódź.

10.-15.11.1939
Die Łódzer Synagogen werden von den deutschen Besatzern in Brand gesetzt.

11.11.1939
Die 31 Mitglieder des neuen »Judenrats« werden verhaftet, die meisten von ihnen werden ermordet. Rumkowski wird schwer misshandelt und muss anschließend einen neuen »Judenrat« bestimmen.

12.11.1939
100.000 Juden (darunter 30.000 aus Łódź) und 200.000 Polen sollen nach dem Willen des Höheren SS- und Polizeiführers des Warthegaus, Wilhelm Koppe, ins Generalgouvernement deportiert werden.
Rumkowski erhält die Weisung, 50.000 Namen für die Deportation bereitzustellen. Die Ausgewiesenen dürfen nur Handgepäck und 50 Złoty mitnehmen. Tatsächlich werden bis Februar 1940 40.000 Menschen »umgesiedelt«, viele fliehen ohnehin ins Generalgouvernement.

14.11.1939
Der Regierungspräsident von Kalisch, Friedrich Uebelhoer, legt den Juden eine Kennzeichnungspflicht auf: Sie müssen sich durch eine gelbe Armbinde kenntlich machen. Ab dem 11.12.1939 müssen Juden auf der rechten Brust- und Rückenseite einen gelben Stern tragen.

10.12.1939
In einem geheimen Rundschreiben fordert Uebelhoer die Bildung eines Gettos in der Stadt Łódź. Obgleich noch viele Unklarheiten bestehen – u. a. auch hinsichtlich der Frage, ob Łódź überhaupt im Warthegau verbleibt – legt sich Übelhoer in Bezug auf die Juden fest: »Endziel muß es jedenfalls sein, dass wir diese Pestbeule restlos ausbrennen.«

30.1.1940
Generalgouverneur Frank weigert sich, weitere Juden aus dem Reichsgau Posen (künftig Warthegau) im Generalgouvernement aufzunehmen.

8.2.1940
Eine Polizeiverordnung verfügt, dass sich sämtliche in Łódź verbliebenen Juden in wenigen Tagen in einem ihnen zugewiesenen Gettogebiet, das die nördliche Altstadt, das Elendsviertel Bałut und das Außenviertel Marysin mit dem Friedhof einschließt, einzufinden haben. Das neue Gettogebiet umfasst 4,13 Quadratkilometer und weist ca. 31.000 Wohnungen auf, von denen nur 725 über fließendes Wasser verfügen und die wenigsten an die Kanalisation angeschlossen sind. Über 160.000 jüdische Menschen müssen hierhin umziehen.

5.4.1940
Rumkowski übersendet dem Oberbürgermeister seinen Plan zur Organisation der Getto-Industrie.

11.4.1940
Łódź wird auf Befehl Hitlers zu Ehren des Generals und späteren NSDAP-Funktionärs Karl Litzmann in Litzmannstadt umbenannt.

20.4.1940
Mit der Eröffnung des ersten Schneidereibetriebs beginnt die Getto-Industrie ihre Arbeit.

30.4.1940
Das Getto wird geschlossen und hermetisch von der Außenwelt abgeriegelt. Wer versucht, das Getto zu verlassen, wird sofort erschossen (Sonderanweisung des Polizeipräsidenten vom 10.5.1940). Rumkowski wird befohlen, im Inneren durch den Ordnungsdienst Polizeigewalt auszuüben und alle jüdischen Wertgegenstände zu beschlagnahmen.

1.5.1940
Rumkowski gründet den jüdischen Ordnungsdienst (O.D.).

5.5.1940
Der Bremer Kaufmann und Kaffeehändler Hans Biebow wird Leiter der »Ernährungs- und Wirtschaftsstelle Getto« der Stadtverwaltung Litzmannstadt, die am 29.10.1940 zur selbstständigen Abteilung »Getto-Verwaltung« erhoben wurde, und damit Chef der deutschen Gettoverwaltung.

7.5.1940
Dr. Karl Marder übernimmt für ein Jahr das Amt des Bürgermeisters.

Sommer 1940
Die Kosten für die tägliche Versorgung der Getto-Insassen werden auf 30 Pfennig pro Kopf festgelegt und liegen damit weit unter dem Satz für Gefängnisinsassen (40-50 Pfennig).

2.6.1940
Die Lebensmittelrationierung im Getto wird eingeführt.

8.7.1940
Das Gettogeld wird eingeführt. Sämtliche Währungen sind gegen die »Markquittungen« einzutauschen. Damit ist das Getto auch wirtschaftlich endgültig von der Außenwelt abgeschnitten.

10.8.1940
Erstmals kommt es zu Hungerdemonstrationen gegen Rumkowski, an denen auch die Führer der jüdischen Arbeiterparteien Bund und Poale Zion teilnehmen. Brutal schlägt die Gestapo die Demonstrationen nieder.

20.9.1940
Das Zentralgefängnis im Getto wird eingerichtet. Zwei Tage später erfolgt die Einrichtung des Getto-Gerichts unter Leitung von Szaja Chaskiel Jakobson.

Oktober 1940
Erneute Hungerdemonstrationen.

17.11.1940
Rumkowski richtet das Ressort für Bevölkerungsstatistik ein und übergibt die Leitung Henryk Neftalin.

15.12.1940
Brot wird als letztes Lebensmittel rationiert. Ab jetzt sind alle Nahrungsmittel nur noch über Karten zu erhalten. Wenig später übernimmt die Verwaltung des Ältesten alle bis dahin noch privat betriebenen Lebensmittelläden, Küchen und Restaurants.

Januar 1941
Die Lebensmittellieferungen bleiben aus – es kommt zur ersten großen Hungersnot im Getto.

12.1.1941
Im Archiv, einer Unterabteilung des Ressorts für Bevölkerungsstatistik, beginnt die Arbeit an der Getto-Chronik.

22.1.-30.1.1941
Tischler und Textilarbeiter streiken für bessere Arbeitsbedingungen und Ernährung. Rumkowski lehnt jede Verhandlung ab und sperrt die Ausgabe der Suppen. Nach einer Woche bricht die Streikfront zusammen.

31.1.1941
Durch die Verkleinerung des Gettogebiets verliert das Getto zahlreiche kleinere Gärten, die wesentlich zur Ernährung beigetragen haben.

6.3.-10.3.1941
Erneut erhebliche Hungerproteste im Getto. Rumkowski verhängt den Ausnahmezustand und 1.000 Juden – darunter viele Führer des sozialistischen Bundes – werden nach außerhalb des Gettos zum Arbeitseinsatz verschleppt.

8.5.1941
Werner Ventzki wird neuer Oberbürgermeister von Litzmannstadt.

5.6.1941
Heinrich Himmler besucht das Getto.

22.6.1941
Deutschland überfällt die Sowjetunion.

Sommer 1941
Obgleich sich Oberbürgermeister Ventzki beschwert, dass nur 80 Prozent der Kosten, die das Getto verursacht, gedeckt seien, ist das Getto mittlerweile ein gut funktionierender Wirtschaftsbetrieb, der v. a. für die Wehrmacht produziert.

14.9.1941
Leon Rozenblatt (Kommandant des Jüdischen Ordnungsdienstes) und Aron Jakubowicz (Chef des Arbeitsressorts) werden zu Stellvertretern Rumkowskis ernannt.

24.9.1941
Oberbürgermeister Ventzki protestiert bei Regierungspräsident Uebelhoer gegen die Anordnung Himmlers, 20.000 Juden aus dem »Altreich«, Österreich, Böhmen und Luxemburg sowie 5.000 Sinti und Roma ins Getto einzuweisen. Der Protest bleibt erfolglos und bis zum November werden die avisierten Menschen »eingesiedelt«. Die Sinti und Roma werden in einem separierten »Zigeunerlager« untergebracht. Innerhalb von zwei Monaten sterben dort über 700 Menschen an Hunger und der sofort ausbrechenden Typhusepidemie oder werden ermordet.

Oktober 1941
Erstmals kommt es im Warthegau zu Massentötungen: Im Wald von Kazimierz werden 3000 Juden aus der Gegend von Zagorze erschossen. Das Vernichtungslager Chełmno (Kulmhof) wird vom so genannten Sonderkommando Lange, das schon für knapp 2.000 Morde im Rahmen des »Euthanasie-Programms« verantwortlich ist, 55 Kilometer von Łódź entfernt aufgebaut.
Im Getto werden die Schulen geschlossen, um den ankommenden »Westjuden« in »Kollektiven« Unterkunft bieten zu können. Die Bildungsanstalten werden nie wieder geöffnet.

1.12.1941
163.623 Menschen leben im Getto – das ist die höchste Bevölkerungszahl in seiner vierjährigen Geschichte.

6.12.1941
Das Vernichtungslager Chełmno nimmt seine Arbeit auf: Bis zum 14.1.1942 werden dort knapp 6.400 jüdische Menschen aus kleineren Gemeinden des Warthegaus in Gaswagen ermordet.

16.12.1941
Die deutschen Behörden verlangen von Rumkowski eine Liste mit 20.000 Namen von Personen, die ausgesiedelt werden sollen. Rumkowski handelt die Zahl auf 10.000 herunter – die Auswahl obliegt alleine ihm.

5.-12.1.1942
Die letzten Sinti und Roma, die im Getto die katastrophalen hygienischen Zustände überlebt haben, werden nach Chełmno deportiert und dort getötet.

16.1.1942
Die Deportation von Juden aus dem Getto Łódź nach Chełmno beginnt. Bis Mai 1942 werden 55.000 Menschen diesen Mordaktionen zum Opfer fallen. Die Listen für die Deportation muss Rumkowski unter Aufsicht der Łódzer Kripo zusammenstellen. Im Getto bleibt das Schicksal der Deportierten unbekannt.

20.1.1942
Wannsee-Konferenz in Berlin. Führende Vertreter deutscher Ministerien beraten unter dem Vorsitz von Reinhard Heydrich die konkrete Durchführung der Vernichtung der europäischen Juden.

23.3.1942
Um die ständig wieder aufflammenden Konflikte zwischen der Gettoverwaltung und anderen deutschen Dienststellen um das Getto Łódź zu beenden, verfügt Gauleiter Dr. Arthur Greiser, dass alleine die Gettoverwaltung als Vertretung der »Haupttreuhandstelle Ost« (HTO) für die Beschlagnahmung jüdischen Vermögens zuständig ist.

26.4.1942
SS-Hauptsturmführer Dr. Otto Bradfisch übernimmt die Leitung der Gestapo in Łódź. Er war zuvor Kommandant einer Einsatzgruppe in der Ukraine und dort an zahlreichen Massenerschießungen beteiligt.

Mai 1942
SS-Hauptsturmführer Bothmann wird Leiter des Sonderkommandos Lange in Chełmno.

15.5.1942
In den letzten elf Tagen wurden 10.493 der erst im Oktober 1941 ins Getto eingesiedelten »Westjuden« nach Chełmno verbracht und getötet.

Mai bis August 1942
17.826 Juden aus verschiedenen Gemeinden und Provinzgettos des Warthegaus werden ins Łódzer Getto eingesiedelt. 150.000 jüdische Menschen werden im Laufe des Jahres 1942 direkt nach Chełmno gebracht und ermordet.

30.5.1942
Die Getto-Chronik berichtet, dass auffallend große Mengen an Kleidungsstücken und Dingen des täglichen Gebrauchs (u. a. auch Gebetsriemen und Pässe) ins Getto gebracht werden. Die Bevölkerung ist erheblich verstört, weil offensichtlich ist, dass diese Gegenstände nicht freiwillig von den betroffenen Personen aufgegeben wurden. Gerüchte über massenhafte Tötungen machen die Runde.

1.9.1942
700 Kinder und Kranke werden aus Heimen und Krankenhäusern brutal verschleppt und nach Chełmno gebracht, wo sie sofort ermordet werden.

5.9.1942
Eine allgemeine »Gehsperre« wird verhängt.

12.9.1942
Innerhalb von acht Tagen werden noch einmal knapp 16.000 Menschen nach Chełmno verschleppt und getötet. Diesmal sind v. a. die Kinder unter zehn Jahren und Menschen über 65 betroffen. Da der O.D. nach Ansicht der Gestapo zu langsam arbeitet, übernehmen die Deutschen selbst die Durchsuchung des Gettos. Diese Aktion übertrifft alles bis dahin Bekannte: Mit unglaublicher Brutalität werden Kinder und Greise zusammengetrieben, Menschen aus Krankenhäusern auf die Straße geworfen. Zahlreiche Menschen werden bereits im Getto getötet – die meisten, weil sie ihre Kinder beschützen wollen. Nach dieser Deportationswelle leben im Getto noch 89.500 Menschen.
Das Getto hat nun endgültig den Charakter eines reinen Arbeitslagers angenommen, in dem nur derjenige, der arbeitet, eine Existenzberechtigung hat.

November 1942
Die Gettoverwaltung verlangt von Rumkowski die Erarbeitung einer Ausstellung von Produkten der Getto-Industrie, um weitere »Kunden« zu werben.

1.12.1942
Das »Polenjugendverwahrlager« wird neben dem Friedhof eingerichtet. Rund 1.600 polnische Kinder (oft Waisen und Kinder von Eltern, die anderweitig in deutschen Lagern eingesperrt sind) werden im Laufe der Zeit dorthin eingeliefert und zur Zwangsarbeit missbraucht. 136 von ihnen werden getötet bzw. fallen den Lagerbedingungen zum Opfer.

9.1.1943
150 arbeitsfähige Männer werden in mehreren Nachtrazzien zur Arbeit »außerhalb des Gettos« zusammengetrieben.

16.1.1943
In einem Schreiben an die Gettoverwaltung beschwert sich das Winterhilfswerk Posen, dass Kleidungsstücke, die aus Chełmno geliefert wurden, in schlechtem Zustand seien und dazu auch noch Blutflecke aufwiesen. Außerdem sei an 51 Stück der Judenstern noch nicht entfernt gewesen.

23.3.1943
1.000 Menschen werden deportiert, darunter 850 Juden, die aus Posen ins Getto gebracht wurden. Die restlichen 150 werden in den folgenden Tagen in der üblichen Art und Weise durch Nachtrazzien v. a. in Krankenhäusern zusammengetrieben.

April 1943
Nachdem bereits am 16.4.1943 die Kartoffelvorräte aufgebraucht sind, herrscht im Getto eine unvorstellbare Hungersnot. Zahllose Menschen sterben.

11.6.1943
Himmler ordnet die Auflösung des Gettos Łódź an; er will es möglicherweise nahe Lublin wiedereröffnen – freilich dann unter der Kontrolle der SS. Diese Anordnung, die trefflich den ständigen Streit deutscher Behörden um das Getto illustriert, wird aber nicht ausgeführt, obgleich in den folgenden Monaten immer wieder Versuche von Himmler unternommen werden, das Getto in seinen Machtbereich zu bringen.

12.7.1943
Dawid Gertler, Leiter der Sonderabteilung des O.D. und mittlerweile mächtiger Gegenspieler Rumkowskis im Getto, wird von der Gestapo verhaftet und durch Marek Kliger ersetzt.

14.8.1943
Erneut extreme Hungersnot im Getto – für fünf Tage bleiben die Kartoffellieferungen aus.

31.8.1943
Wieder Deportation von 325 Menschen aus dem Getto zum »Arbeitseinsatz«. Zahllose Schwerkranke sind unter den Opfern dieser »Aussiedlung«.

September 1943
Erneute Hungersnot wegen ausbleibender Kartoffellieferungen und neue Suppenstreiks auf Grund der Ernährungslage.

17.11.1943
Im Zusammenhang mit den Rivalitäten um die Herrschaft über das Getto besucht eine Delegation von Wehrmacht und SS das Getto und besichtigt Betriebsstätten.

Dezember 1943
Himmler verschärft seine Versuche, das Getto unter die Kontrolle der SS zu bringen: Er lässt vom Geschäftsführer der SS-Ostindustrie, Dr. Max Horn, einen Plan entwerfen, wie das Getto in ein Konzentrationslager umzuwandeln ist, und entsendet Horn und Adolf Eichmann nach Łódź, um vor Ort zahlreiche Betriebe und die »Statistische Abteilung« der Verwaltung des Judenältesten zu besichtigen. Ende 1943 arbeiten 117 Werkstätten und Fabriken im Getto auf Hochtouren für die Kriegswirtschaft.

14.2.1944
Nachdem die Verlegung des Gettos nach Lublin durch den Vormarsch der Russen unmöglich geworden ist und zudem ein interner Bericht von Horn zur Überzeugung gelangt ist, dass im Getto unwirtschaftlich gearbeitet wird, einigt sich Himmler schließlich mit Gauleiter Greiser darauf, das Getto nicht in ein KZ umzuwandeln, sondern es Schritt für Schritt zu »reduzieren«. Für diese Reduzierung wird SS-Hauptsturmführer Bothmann verantwortlich gemacht. Die Leitung des Gettos bleibt aber weiterhin in den Händen der Gettoverwaltung, ebenso behalten die Behörden des Warthegaus den erwirtschafteten Profit.

4.3.1944
Nachdem das Arbeitsamt Posen 1.500 (später erhöht auf 1.600) Menschen zur Arbeit angefordert hat, werden die ersten 750 Menschen nach Częstochowa bzw. Skarżysko-Kamienna deportiert, wo sie in Zwangsarbeitslagern der HASAG-Werke arbeiten müssen. Sechs Tage später folgt eine Gruppe von weiteren 850 Menschen.

Mai/Juni 1944
Immer wieder flammen erneut Suppenstreiks im Getto auf. Sie nehmen ihren Ausgang in der Nagelfabrik und der Sattlerei. Die Proteste richten sich gegen die schlechte Qualität der Verpflegung.

6.6.1944
Landung der Alliierten in der Normandie.

7.6.1944
Eine Gruppe illegaler Radiohörer wird im Getto verhaftet. Alle Mitglieder dieser Gruppe werden später ermordet, einer begeht Selbstmord.

9.6.1944
Nachdem Himmler die endgültige Räumung des Gettos angeordnet hat, wendet sich Gauleiter Greiser an den Reichsführer-SS, um ihm mitzuteilen, dass Reichsminister Speer versuche, die Liquidation des Gettos zu verhindern, um es als Produktionsstätte zu erhalten. Himmler antwortet sofort und ordnet die umgehende Räumung an.

15.6.1944
Der kommissarische Oberbürgermeister und Gestapo-Chef Dr. Bradfisch verlangt von Rumkowski pro Woche 3.000 Menschen, die angeblich zu Aufräumarbeiten ins Reich geschickt werden sollen. In Wahrheit sollen sie in Chełmno getötet werden.

16.6.1944
Rumkowski ruft zur freiwilligen Meldung zum Arbeitseinsatz auf. Am Abend desselben Tages stürmt Biebow in Rumkowskis Büro und verprügelt ihn derart, dass er mehrere Tage im Krankenhaus liegt. Biebow fühlte sich von Rumkowski vor Bradfisch brüskiert.

23.6.1944
Die Deportationen beginnen. 7.196 Menschen werden bis zum 14.7.1944 in Chełmno getötet.

15.7.1944
Die Deutschen entscheiden sich angesichts der vorrückenden Roten Armee, Chełmno zu schließen und alle Spuren zu beseitigen. Die Deportationen werden kurzzeitig ausgesetzt.

20.7.1944
Das Attentat auf Hitler misslingt. Die Nachricht dringt allerdings ins Getto vor und verbreitet trotz des Fehlschlags Hoffnung.

25.7.1944
31 Postkarten, angeblich aus Leipzig, kommen im Getto an und berichten von guter Verpflegung und Unterbringung der Deportierten. Die Karten wurden von der Gestapo gefälscht.

30.7.1944
Der letzte Eintrag der Chronik wird verfasst.

2.8.1944
Angeblich wird das Getto an einen anderen Ort verlegt. Täglich sollen sich jetzt 5.000 Menschen zur Deportation melden. In Wahrheit fahren die Züge alle nach Auschwitz-Birkenau. Dort werden die meisten Ankommenden sofort selektiert und vergast. Einige tausend werden zum Arbeitseinsatz ausgesucht und in verschiedene Konzentrations- und Arbeitslager im Reich verbracht. Dort verhungern die meisten oder sterben vor Entkräftung.

28.8.1944
Rumkowski wird mit seiner Familie nach Auschwitz deportiert und dort ermordet.

22.10.1944
500 Menschen aus einem Schneiderbetrieb, die bis dahin noch nicht deportiert wurden, werden nun in das KZ Sachsenhausen-Oranienburg und in das Nebenlager Königs-Wusterhausen verschleppt. Dort nimmt Biebow mit ihnen wieder die Produktion auf.

18.1.1945
1.000 polnische Häftlinge werden im Gefängnis in Radegosz, einem Vorort von Łódź, von der Gestapo brutal ermordet.

19.1.1945
Łódź wird von der Roten Armee befreit. 600 Menschen, die im Getto als Aufräumkommando zurückgelassen wurden, sowie rund 270 Menschen, denen es gelungen war, sich vor den Deportationen zu verstecken, haben das Getto überlebt.

Liste der Straßennamen im Łódzer Getto

deutscher Name	polnischer Name
Ackerweg	Lewa-Kielma
Alexanderhofstraße	Limanowskiego
Alt-Markt	Stary Rynek
Am-Bach	Podrzeczna
Am-Quell	Źródłowa
Arminstraße	Miarki Karola
Baluter Ring	Bałucki Rynek
Basargasse	Bazarowa
Blaugasse	Modra
Bernhardtstraße	Zagajnikowa
Bertholdstraße	Jagiellońska
Bertramstraße	Jonschera
Bierstraße	Piwna
Blattbindergasse	Lotnicza
Blechgasse	Towiańskiego
Bleicherweg	Ciesielska
Bleigasse	Mianowskiego
Bolzengasse	Gnieźnieńska
Braune Gasse	Lwowska
Breite Gasse	Szeroka
Brotgasse	Zbożowa
Brunnenstraße	Berka Joselewicza
Buchbinderstraße	Goplańska
Buchdruckergasse	Okopowa
Cranachstraße	Żydowska
Dunkle Gasse	Ciemna
Edmundstraße	Brudzińskiego
Ewaldstraße	Bracka
Elizabethstraße	Kaufmana
Fischstraße	Rybna
Franzstraße	Franciszkańska
Frohe Gasse	Hoża
Froschweg	Żabia
Gänsestraße	Gęsia
Gärtnerstraße	Inflancka
Gerberstraße	Garbarska
Gewerbestraße	Przemysłowa
Glöcknerstraße	Miernicza
Gnesener Straße	Gnieźnieńska
Goldschmiedegasse	Tokarzewskiego
Halbe Gasse	Niecała
Hamburger Straße	Lutomierska
Hanseatenstraße	Łagiewnicka
Hausierergasse	Flisacka
Hertastraße	Staszica
Hildebrandstraße	Skłodowskiej
Hirtenweg	Pasterska
Hofgasse	Podwórzowa
Hohensteiner Straße	Zgierska
Holzstraße	Drewnowska
Honigweg	Miodowa
Hüttenwinkel	Hutnicza
Idastraße	Koziołkiewicza
Inselstraße	Zawiszy Czarnego
Kachlergasse	Sukiennicza
Kelmstraße	Marynarska
Kirchgasse	Kościelna
Kirchplatz	Plac Kościelny
Knüpferstraße	Franciszkańska
Königsberger Straße	Wrześnieńska
Konradstraße	Głowackiego
Korbgasse	Koszykowa
Korngasse	Żytnia
Krämergasse	Lekarska
Kranichweg	Żurawia
Kräutergasse	Zielna
Kreuzstraße	Krzyżowa
Krimhildstraße	Starosikawska
Kühle Gasse	Chłodna
Kurze Gasse	Krótka
Leere Gasse	Próżna
Leibstraße	Oblęgorska
Lindwurmstraße	Smugowa
Lustige Gasse	Wesoła
Maienstraße	Majowa
Matrosengasse	Dworska
Maxstraße	Plater Emilii
Mehlstraße	Grabinka
Mühlgasse	Młynarska
Müllerstraße	Chopina
Nebengasse	Mroczna
Neustadtstraße	Nowomiejska

Nordstraße	Północna	Waldemarstraße	Niemojewskiego
Oskarstraße	Dekerta	Winfriedstraße	Środkowa
Ottilienstraße	Otylii	Wirkergasse	Stefana
Questenbaustraße	Kaufmana	Zimmerstraße	Drukarska
Packerstraße	Żabia		
Paulastraße	Moskulska		
Pfauenstraße	Pawia	*polnischer Name*	*deutscher Name*
Pfeffergasse	Pieprzowa		
Putziger Straße	Pucka	Bałucki Rynek	Baluter Ring
Raststraße	Orawska	Bazarowa	Basargasse
Rauchgasse	Wolborska	Berka Joselewicza	Brunnenstraße
Reigergasse	Spacerowa	Bracka	Ewaldstraße
Reiterstraße	Urzędnicza	Brudzińskiego	Edmundstraße
Rembrandtstraße	Jakuba	Brzezińska	Sulzfelderstraße
Richardstraße	Przelotna	Ceglana	Steinmetzgasse
Richterstraße	Mickiewicza	Chłodna	Kühle Gasse
Riemergasse	Rymarska	Chopina	Müllerstraße
Robert-Koch-Straße	Sterlinga	Ciemna	Dunkle Gasse
Robertstraße	Roberta	Ciesielska	Bleicherweg
Rubensstraße	Jerozolimska	Czarnieckiego	Schneidergasse
Runde Gasse	Wincentego	Dekerta	Oskarstraße
Rungestraße	Widok	Dolna	Talweg
Sackgasse	Krótko-Lwowska	Drewnowska	Holzstraße
Sattlergasse	Wawelska	Drukarska	Zimmerstraße
Scheunenstraße	Stodolniana	Dworska	Matrosengasse
Schloss-Straße	Pałacowa	Dzika	Stolpergasse
Schlosserstraße	Ślusarska	Flisacka	Hausierergasse
Schmiedegasse	Kowalska	Franciszkańska	Franzstraße
Schneidergasse	Krawiecka	Franciszkańska	Knüpferstraße
Schneidergasse	Czarnieckiego	Garbarska	Gerberstraße
Schulzenstraße	Sołtysówka	Gęsia	Gänsestraße
Siegfriedstraße	Marysińska	Głowackiego	Konradstraße
Sophienstraße	Zofii	Gnieźnieńska	Bolzengasse
Sonnleite	Łagiewnicka	Gnieźnieńska	Gnesener Straße
Sperlinggasse	Wróbla	Goplańska	Buchbinderstraße
Steinmetzgasse	Ceglana	Grabinka	Mehlstraße
Stolpergasse	Dzika	Hoża	Frohe Gasse
Storchengasse	Masarska	Hutnicza	Hüttenwinkel
Sudetenstraße	Wrocławska	Inflancka	Gärtnerstraße
Sulzfelderstraße	Brzezińska	Jagiellońska	Bertholdstraße
Talweg	Dolna	Jakuba	Rembrandtstraße
Tirpitzstraße	Rawicka	Jerozolimska	Rubensstraße
Tizianstraße	Nad Łódką	Jonschera	Bertramstraße
Trödlergasse	Szklana	Kaufmana	Elizabethstraße
Telegrafenstraße	Lutomierska	Kaufmana	Questenbaustraße
Udostraße	Rozwadowskiego	Koszykowa	Korbgasse
Veit-Stoss-Straße	Smugowa	Kościelna	Kirchgasse

LISTE DER STRASSENNAMEN

Kowalska	Schmiedegasse	Przelotna	Richardstraße
Koziołkiewicza	Idastraße	Przemysłowa	Gewerbestraße
Krawiecka	Schneidergasse	Pucka	Putziger Straße
Krótka	Kurze Gasse	Rawicka	Tirpitzstraße
Krótko-Lwowska	Sackgasse	Roberta	Robertstraße
Krzyżowa	Kreuzstraße	Rozwadowskiego	Udostraße
Lekarska	Krämergasse	Rybna	Fischstraße
Lewa-Kielma	Ackerweg	Rymarska	Riemergasse
Limanowskiego	Alexanderhofstraße	Skłodowskiej	Hildebrandstraße
Lotnicza	Blattbindergasse	Smugowa	Lindwurmstraße
Lutomierska	Telegrafenstraße	Smugowa	Veit-Stoss-Straße
Lutomierska	Hamburger Straße	Sołtysówka	Schulzenstraße
Lwowska	Braune Gasse	Spacerowa	Reigergasse
Łagiewnicka	Hanseatenstraße	Starosikawska	Krimhildstraße
Łagiewnicka	Sonnleite	Stary Rynek	Alt-Markt
Majowa	Maienstraße	Staszica	Hertastraße
Marynarska	Kelmstraße	Stefana	Wirkergasse
Marysińska	Siegfriedstraße	Sterlinga	Robert-Koch-Straße
Masarska	Storchengasse	Stodolniana	Scheunenstraße
Mianowskiego	Bleigasse	Sukiennicza	Kachlergasse
Miarki Karola	Arminstraße	Szeroka	Breite Gasse
Mickiewicza	Richterstraße	Szklana	Trödlergasse
Miernicza	Glöcknerstraße	Ślusarska	Schlosserstraße
Miodowa	Honigweg	Środkowa	Winfriedstraße
Młynarska	Mühlgasse	Tokarzewskiego	Goldschmiedegasse
Modra	Blaugasse	Towiańskiego	Blechgasse
Moskulska	Paulastraße	Urzędnicza	Reiterstraße
Mroczna	Nebengasse	Wawelska	Sattlergasse
Nad Łódką	Tizianstraße	Wesoła	Lustige Gasse
Niecała	Halbe Gasse	Widok	Rungestraße
Niemojewskiego	Waldemarstraße	Wincentego	Runde Gasse
Nowomiejska	Neustadtstraße	Wolborska	Rauchgasse
Oblęgorska	Leibstraße	Wrocławska	Sudetenstraße
Okopowa	Buchdruckergasse	Wróbla	Sperlinggasse
Orawska	Raststraße	Wrześnieńska	Königsberger Straße
Otylii	Ottilienstraße	Zagajnikowa	Bernhardtstraße
Pałacowa	Schloss-Straße	Zawiszy Czarnego	Inselstraße
Pasterska	Hirtenweg	Zbożowa	Brotgasse
Pawia	Pfauenstraße	Zgierska	Hohensteiner Straße
Pieprzowa	Pfeffergasse	Zielna	Kräutergasse
Piwna	Bierstraße	Zofii	Sophienstraße
Plac Kościelny	Kirchplatz	Źródłowa	Am-Quell
Plater Emilii	Maxstraße	Żabia	Froschweg
Podrzeczna	Am-Bach	Żabia	Packerstraße
Podwórzowa	Hofgasse	Żurawia	Kranichweg
Północna	Nordstraße	Żydowska	Cranachstraße
Próżna	Leere Gasse	Żytnia	Korngasse

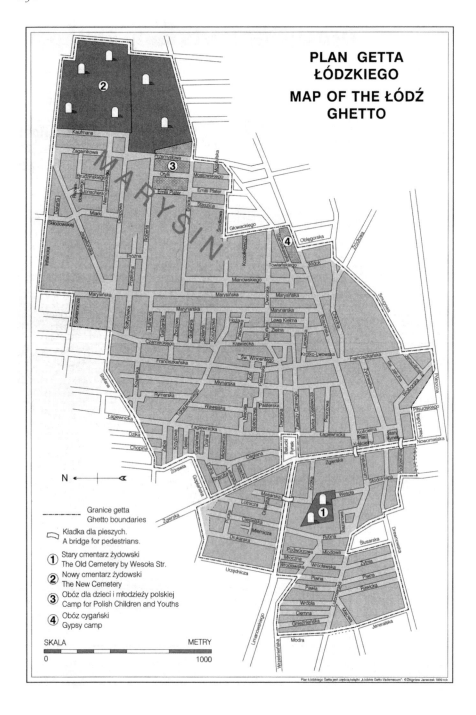

Abbildungen

Gebäude des Archivs heute
Foto: Sascha Feuchert

Oskar Singer, Leiter des Archivs, mit seiner Frau Margarethe, seiner Tochter Ilse und einer weiteren Verwandten vor dem Beginn des Zweiten Weltkriegs in Prag.
Foto: Ervin Singer Collection/Arbeitsstelle Holocaustliteratur Universität Gießen

235

Henryk Neftalin, Leiter der Evidenzabteilungen, anlässlich einer Feier zum einjährigen Bestehen dieser Abteilungen.
Foto: Archive/Getto Fighters' Museum/Israel

»Einsiedlung« von Juden ins Getto
Foto: Staatsarchiv Łódź

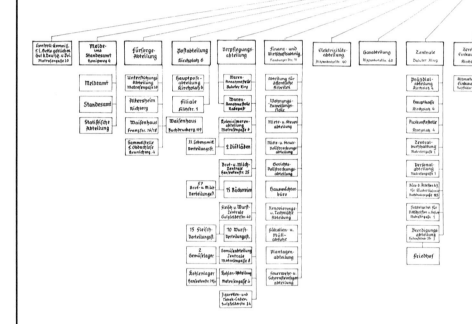

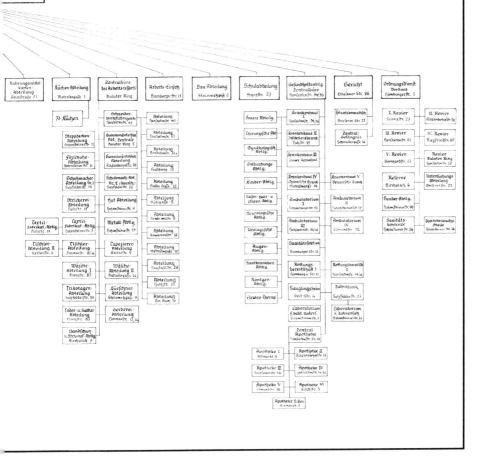

Eine von Rumkowskis zahlreichen Bekanntmachungen
Foto: Staatsarchiv Łódź

Mitglieder des jüdischen Ordnungsdienstes
Foto: Staatsarchiv Łódź

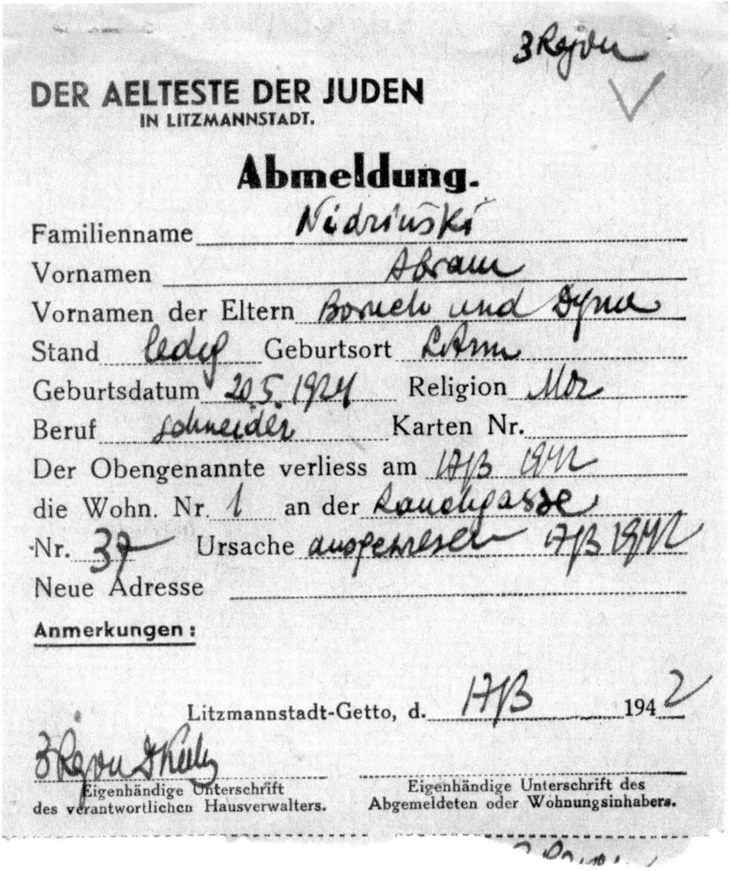
3 Rejon

DER AELTESTE DER JUDEN
IN LITZMANNSTADT.

Abmeldung.

Familienname Nidzinski
Vornamen Abram
Vornamen der Eltern Boruch und Dyna
Stand ledig Geburtsort Litzm.
Geburtsdatum 20.5.1924 Religion Mos
Beruf Schneider Karten Nr.
Der Obengenannte verliess am 17/3 1942
die Wohn. Nr. 1 an der Rauchgasse
Nr. 37 Ursache ausgesiedelt 17/3 1942
Neue Adresse

Anmerkungen:

Litzmannstadt-Getto, d. 17/3 1942

Eigenhändige Unterschrift des verantwortlichen Hausverwalters.

Eigenhändige Unterschrift des Abgemeldeten oder Wohnungsinhabers.

Meldekarte
Foto: Staatsarchiv Łódź

Blick ins Schneiderei-Ressort
Foto: Staatsarchiv Łódź

Blick ins Getto
Foto: Jüdisches Museum Frankfurt am Main

Rettungsstation im Getto
Foto: Jüdisches Museum Frankfurt am Main

Blick in eine der Getto-Küchen
Foto: Staatsarchiv Łódź

»Kinderkolonie« in Marysin
Foto: Staatsarchiv Łódź

243

Spielende Kinder
Foto: Staatsarchiv Łódź

Trauung im Getto
Foto: Staatsarchiv Łódź

Straßenszene
Foto: *Jüdisches Museum Frankfurt am Main*

Schulspeisung
Foto: *Jüdisches Museum Frankfurt am Main*

»Handel«
Foto: Jüdisches Museum Frankfurt am Main

»Wilde« Buchhandlung
Foto: Jüdisches Museum Frankfurt am Main

Ausstellung der Arbeitslegitimation
Foto: Staatsarchiv Łódź

Transport
Foto: Staatsarchiv Łódź

Gerberei
Foto: *Staatsarchiv Łódź*

Arbeit im Metall-Ressort
Foto: *Staatsarchiv Łódź*

Besuch Himmlers im Getto
Foto: Jüdisches Museum Frankfurt am Main

Von links nach rechts: Leon Rozenblat, Leiter des Ordnungsdienstes, David Warszawski, Textilabteilung, Mordechai Chaim Rumkowski, Aron Jakubowicz, Leiter des Arbeitsressorts. Foto: Jüdisches Museum Frankfurt am Main

Jüdischer Ordnungsdienst
Foto: *Jüdisches Museum Frankfurt am Main*

Briefträger
Foto: *Jüdisches Museum Frankfurt am Main*

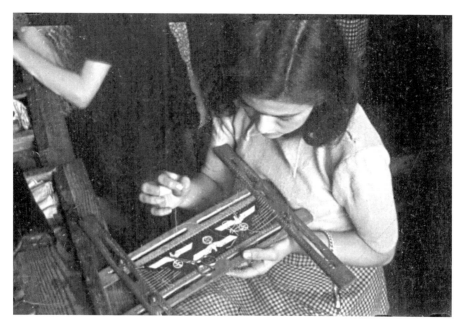

Sticken von Militärabzeichen
Foto: Staatsarchiv Łódź

Mahlzeit in der Arbeitspause
Foto: Staatsarchiv Łódź

251

Kinderarbeit
Foto: *Staatsarchiv Łódź*

In der Näherei
Foto: *Staatsarchiv Łódź*

Weberei
Foto: Jüdisches Museum Frankfurt am Main

Sattlerei
Foto: Jüdisches Museum Frankfurt am Main

Ausstellung von Erzeugnissen des Gettos
Foto: Jüdisches Museum Frankfurt am Main

Transport 14.

272

Transportliste

Evakuirte Juden aus dem Getto Litzmannstadt

Lfd. Nr.	Name	Vorname	Strasse	Geb. Datum	Verheir. ja nein	Beruf
1.	Flajszhakier	Josef	Hirtenweg 4	87	ja	Weber
2.	Flajszhakier	Ruchla	Hirtenweg 4	94	ja	Schneiderin
3.	Flajszhakier	Chana	Hirtenweg 4	22	nein	Schnederin
4.	Flajszhakier	Jankiel	Hirtenweg 4	24	nein	Arbeiter
5.	Flajszhakier	Chil-Wolf	Hirtenweg 4	29	nein	ohne
6.	Gutsztadt	Lajb	Blech.4	02	ja	Koch
7.	Szwet	Rajzla	Blech.4	01	ja	ohne
8.	Doktorczyk	Abram-Lajb	Goldschmiede 51	98	Witwer	Arbeiter
9.	Salomonowicz	Sura-Rywka	Sulzfeld.7	90	ja	Schneiderin
10.	Rozen	Szlama	Cranach 29	00	ja	Wirker
11.	Rozen	Rywka-Liba	Cranach 29	03	ja	Arbeiterin
12.	Rozen	Chana-Dwojra	Cranach 29	27	nein	ohne
13.	Rozen	Szaja	Cranach 29	34	nein	ohne
14.	Rozen	Izrael	Cranach 29	35	nein	ohne
15.	Chrzan	Chil-Lajb	Bleicherweg.9	25	nein	ohne
16.	Chrzan	Ruchla	Bleicherweg.9	98	ja	ohne
17.	Chrzan	Tratel	Bleicherweg.9	33	nein	ohne
18.	Wajsblach	Gecel	Sulzfeld.43	01	ja	Schneider
19.	Wajsblach	Jakób	Sulzfeld.43	27	nein	Sattler
20.	Wajsblach	Moniek	Sulzfeld.43	29	nein	Schuster
21.	Wajsblach	Hela	Sulzfeld.43	33	nein	ohne
22.	Pelc	Hudes	Müller 2	79	ja	Arbeiterin
23.	Pilichowski	Dawid	Krimhild.1	99	ja	Arbeiter
24.	Pilichowska	Noma	Krimhild 1	99	ja	Arbeiterin
25.	Pilichowski	Rachmil	Krimhild.1	25	nein	ohne
26.	Pilichowski	Zelig	Krimhild.1	27	nein	ohne

Transportliste
Foto: Staatsarchiv Łódź

Deportation nach Chełmno 1942
Foto: Staatsarchiv Łódź

Deportation 1942
Foto: Staatsarchiv Łódź

Getto »Einsiedlung«
Foto: Jüdisches Museum Frankfurt am Main

Deportationszug in das Vernichtungslager Chełmno Mai 1942
Foto: Jüdisches Museum Frankfurt am Main